思想政治教育
话语转型研究

孙丽芳 ／ 著

新 华 出 版 社

图书在版编目（CIP）数据

思想政治教育话语转型研究 / 孙丽芳著. -- 北京：
新华出版社, 2023.4
ISBN 978-7-5166-6790-3

Ⅰ. ①思… Ⅱ. ①孙… Ⅲ. ①高等学校 – 思想政治教
育 – 研究 – 中国 Ⅳ. ①G641

中国国家版本馆CIP数据核字（2023）第072474号

思想政治教育话语转型研究

作　者：孙丽芳

责任编辑：唐波勇　　　　　　　　特约编辑：张汇元
选题策划：唐波勇　　　　　　　　封面设计：优盛文化

出版发行：新华出版社
地　　址：北京石景山区京原路8号　　邮　　编：100040
网　　址：http://www.xinhuapub.com
经　　销：新华书店、新华出版社天猫旗舰店、京东旗舰店及各大网店
购书热线：010-63077122　　　　中国新闻书店购书热线：010-63072012

照　　排：优盛文化
印　　刷：石家庄汇展印刷有限公司

成品尺寸：170mm×240mm
印　　张：17　　　　　　　　　　字　　数：290千字
版　　次：2023年4月第一版　　　印　　次：2023年4月第一次印刷

书　　号：ISBN 978-7-5166-6790-3
定　　价：88.00元

前　言

　　思想政治教育是以教育为中心的实践活动，其话语必然是围绕着思想政治教育的目标、内容、过程等展开的实践活动。思想政治教育具体的术语、概念、理论、结构、体系等通过思想政治教育话语的描述、解读、分析等传授给受教育者。思想政治教育术语、概念、理论、结构、体系等基本理论研究是思想政治教育现代化、学科化发展的基础，更是思想政治教育话语创生与传播必须遵循的理论逻辑。自1984年思想政治教育学科设立以来，党的创新理论指导思想政治教育持续深化与发展，为思想政治教育学科发展提供了理论遵循和发展导向。同时，党和国家出台的一系列政策、制度，为思想政治教育创新和发展提供了坚实的保障。思想政治教育学相关研究者不断深入探索思想政治教育学科化、科学化的理论内涵，不断深化思想政治教育理论建构、规律认知和实践内涵，为学科发展提供了坚实的理论和实践基础。

　　思想政治教育话语是思想政治教育基础理论研究的一个重要领域，其在社会转型语境中不断生成和发展，促进了中国特色社会主义的发展及社会主体思想道德观念的提升。话语本身就是建构自我、建构社会、建构世界的实践活动。思想政治教育话语深植于社会转型语境，有着坚实的现实基础和良好的时代契机，也遇到了现实症候的阻碍和发展间隔。社会发展的现实条件及实践基础共同建构着思想政治教育话语的现实图景和未来蓝图。思想政治教育话语转型就是要发掘新时代思想政治教育话语生成、传播及创新的方法和路径，探究思想政治教育话语的认同感及自主话语符号意义、价值的生成，实现思想政治教育话语对社会主体的真实观照。思想政治教育话语转型既要基于理论视域进行历史溯源、脉络梳理及分领域推演，又要放置于时代发展的社会大语境之中，探察话语转型与党的理论文本宣传教育之间的耦合关系和逻辑建构，在习

1

近平新时代中国特色社会主义思想阐释和宣介过程中体悟思想政治教育话语的风格、魅力及价值意义。因此，思想政治教育话语转型不仅要建构教育主体和谐的话语交往关系，还要处理好继承与发展、虚拟与现实、理论与实践、民族化与国际化的关系，探究从个体到群体、文本到生活、虚拟到现实、传统到现代、理论到实践的思想政治教育话语现代转型的方法及路径。

思想政治教育话语转型是一个复杂而系统的过程，本书主要阐述思想政治教育话语转型研究的背景及理论与实践意义，分析和梳理目前思想政治教育话语转型研究的现状，对思想政治教育话语的特点、规律、影响因素进行归纳和总结，为研究奠定前期基础；系统研究思想政治教育话语转型的基本内涵及理论基础，厘清话语、思想政治教育话语、思想政治教育话语转型等相关概念，归纳新时代思想政治教育话语转型的特点，借鉴相关话语理论资源，为思想政治教育话语转型研究提供丰富的理论资源和启示；从纵向视角梳理思想政治教育话语转型的历史动因，总结其转型的历史经验；立足思想政治教育话语转型的现实基础、现实契机、现实症候构建思想政治教育话语的现实图景；立足思想政治教育话语转型风格的本质，从表达风格、形态风格的转型研究新时代思想政治教育话语风格的具体呈现；着力从塑造思想政治教育话语主体自主意识、构建新型思想政治教育话语交往关系、考察思想政治教育话语基本内容的具体转向方面探秘其转型的路径；以习近平新时代中国特色社会主义思想宣传教育为文本案例研究思想政治教育话语转型，构建思想政治教育话语转型视域下的理论文本宣传教育图景。

目 录

第一章 绪 论

　　思想政治教育话语是思想政治教育学科基础理论研究的一个重要领域。当前，思想政治教育话语在社会转型语境中的不断生成和发展，促进了习近平新时代中国特色社会主义思想的发展及社会主体思想道德观念的提升。思想政治教育话语深植于社会转型语境中，有着坚实的现实基础和良好的时代契机，也遭遇了现实症候的阻碍，社会发展的现实条件及实践基础共同建构着思想政治教育话语的现实图景和未来蓝图。思想政治教育话语转型不仅要建构教育主体和谐的话语交往关系，还要处理好继承与发展、理论与实践、虚拟与现实、民族化与国际化的关系。因此，探究从个体到群体、从文本到生活、从虚拟到现实、从传统到现代、从理论到实践的思想政治教育话语现代转型方法及路径具有重要的理论及实践价值。

第一节　思想政治教育话语转型的问题意识

当前，全球化进程的推进、网络技术的普及和我国改革开放的不断深入以及社会结构的调整、转型升级为思想政治教育话语的发展提供了契机。世界范围内的各国文化与中华民族优秀的传统文化、革命文化和社会主义先进文化的融合共生，为思想政治教育话语转型提供了丰富的话语理论与实践资源。全球化、信息化、现代化发展为思想政治教育话语的转型提供了新的理念、格局、结构、功能、条件、领域及形态，其最终目的是满足社会发展及人的思想和观念发展过程中产生的的价值及意义诉求。当前，我国社会结构正在经历调整与转型，随着科技发展的新业态、新产业、新模式的层出不穷，涌现出了诸多新兴阶层，对思想政治教育话语转型提出了新要求——对于社会发展中呈现的新气象，思想政治教育必须予以新的话语描述、解读和分析。当代社会人们的思想、观念及行为更加强调自我，特别是借助于网际空间，人们的话语生成、言说、传播能力得到前所未有的提升，而青年受教育者是接受、生成、消费、传播和创新思想政治教育话语的主要群体。当代经济、政治、文化、社会及生态的发展为青年受教育者提供了较好的条件支持，青年受教育者的话语表达、诉求、憧憬等承载着他们的情感、思想、行为及价值取向。但不可否认，无论是在现实生活中还是虚拟空间中，青年受教育者的话语在体现青春、时尚、前沿的同时伴随着争议、质疑、担忧和批判的声音。而现代性的变革、话语间的多样性、话语权的博弈，主体交往方式的日益国际化、复杂化、虚拟化以及文化霸权加剧了文化间的话语隔阂、冲突和对抗。因此，必须着力构建以习近平新时代中国特色社会主义思想为主导的话语体系，探究思想政治教育话语转型的内在逻辑、特点、规律和趋势，实现思想政治教育话语向承载传统中国文化、表达中国精神、展示中国魅力和力量的话语转型。

思想政治教育话语转型是对传统思想政治教育话语的审视与反思，在传统思想政治教育话语交往中教育者与受教育者话语交往关系失衡，致使思想政治教育话语的生成、消费、传播及发展与其语境及主体的话语诉求相背离，思想政治教育话语的意义无法生成。思想政治教育话语转型可以破除传统话语的窠臼，使思想政治教育话语从政治化、载体化的角色转向理性的建构者，从着眼于以"现实的个人"研究范式转向开展对思想政治教育话语目标、内容、方法等的研究。高校思想政治理论课的改革和创新需要思想政治教育话语的转型，需要深入研究思想政治理论课教材文本与课堂、理论与实践、传统与现代、教育者与教育对象、虚拟与现实生活等话语的转译、传播、生成、融合共生的内容、方法、原则等，促使思想政治教育话语的价值及意义的实现。思想政治教育话语转型研究就是要发掘新时代思想政治教育话语生成、传播及创新的方法和路径，探究思想政治教育话语的认同感及自主话语符号意义、价值的生成，实现思想政治教育话语对社会主体的真实关照。思想政治教育话语转型既要基于理论视域进行历史溯源、脉络梳理及分领域推演，又要在时代发展的社会大语境中，探察话语转型与党的理论文本宣传教育之间的耦合关系和逻辑建构，在阐释和宣介习近平新时代中国特色社会主义思想过程中体悟思想政治教育话语的风格、魅力及价值意义。

第二节　思想政治教育话语转型的研究意义

思想政治教育话语转型研究是我国社会结构调整与转型的必然要求，思想政治教育话语要深刻反映和揭示我国社会在转型过程中经济、政治、文化、社会、生态发展趋势及社会主体思想、观念和行为的变化。思想政治教育话语转型是思想政治教育话语内部结构的协调创新，是优化思想政治教育话语内部结构及话语交往的过程，有助于提升思想政治教育话语对新时代社会发展状况及社会主体思想、观念的描述、解读、理解和分析力。

第一，丰富思想政治教育理论。思想政治教育话语承载着思想政治教育的目标、内容、价值及意义，思想政治教育话语的有效程度决定着思想政治教育活动实施的整体效果。任何思想政治教育活动都必须通过具体的话语来承载其内容，通过具体教材、课堂、教育者、受教育者、理论、学术、实践等话语来建构思想政治教育话语的交往关系及话语体系。在思想政治教育现代化、学科化建设的过程中，存在学科边界模糊、理论研究与实践研究断层、思想政治教育实效性不足等问题。本书从话语理论及实践视角探寻解决这些问题的方法及措施，尝试从思想政治教育话语的转型来改善思想政治教育学科固有的学科痼疾及模式。教育者通过教材话语、课堂话语将思想政治教育的内容、要求、目标等传授给受教育者，受教育者通过认同、接受及践行思想政治教育话语来实现"知""行"统一，提升自我思想认识及道德素养。在思想政治教育研究过程中忽视思想政治教育话语的价值性功能，必然会导致思想政治教育话语主体之间沟通不畅、话语阻隔与断层等现象频发。思想政治教育话语转型则试图厘清思想政治教育学科的基本概念、术语、理论及体系，立足思想政治教育话语转型的历史考察，从纵向视域概括和总结思想政治教育话语转型的特点、规律及经验。立足思想政治教育话语的现实基础、契机及其存在的现实症候揭示思想政治教育话语亟须转型的理论及实践依据，从思想政治教育话语转型的主体关系、风格、实践等方面构建思想政治教育理论话语、学术话语、宣传话语、实践话语等全景式转型途径。思想政治教育话语转型研究为思想政治教育学科的理论建设、高校思想政治理论课创新与发展提供了新的研究视野和理论启示，拓展了思想政治教育话语的当代价值及意义。

第二，推动思想政治教育学科专业化发展。思想政治教育是一门综合性的实践性学科，而话语则是具有建构意义、活动、身份、联系等人与社会的实践过程。思想政治教育话语彰显着思想政治教育的学科属性，具有区别于其他学科话语的独特标识。思想政治教育学科的发展是思想政治教育话语学科化、专业化的过程，但与此同时，作为一门综合类的实践性学科，思想政治教育话语是在学习和借鉴其他各学科理论及经验的基础上发展起来的，这就导致在学习和借鉴的过程中易出现"本末倒置"现象，即在学习和借鉴其他学科理论的过程中出现了话语模仿、照搬、移植等导致思想政治教育话语被遮蔽。同时，思想政治教育学者在学习和借鉴的过程中由于对相关学科理论话语的不熟知、理解不透彻，甚至出现了以其他学科理论话语直接替代思想政治教育话语的现象，导致思想政治教育学科的本质性话语被降格或移位。思想政治教育话语转型就是要厘清学习与借鉴、继承与弘扬的关系，对于优秀话语理论资源，思想政治教育话语要结合自己的学科属性将其积极地纳入以丰富理论范畴，坚守和巩固思想政治教育话语的政治性和学科性。思想政治教育话语转型就是要建构话语主体的生成性、理解性、反思性的交往关系，为思想政治教育话语的创生与发展建构良性的关系网。通过思想政治话语转型的研究促使教育者不断增强对学科话语的认知及话语言说的能力，把握受教育者话语的特点和规律，促进教育者话语"主导性"功能的发挥，引导受教育者积极主动地参与话语交往活动，促使思想政治教育话语交往成为教育主体自我提升与发展的实践活动。

第三，提升思想政治教育的实践效果。思想政治教育的理论话语、学术话语、教材话语等最终都要在实践中落实，而实践话语承载着思想政治教育具体实践的内容、方式及目标。思想政治教育话语转型就是要解决当前思想政治教育理论话语与实践话语的断层所导致的话语实效性式微问题。思想政治教育话语实践在当前社会发展过程中的内容更加丰富、形式更加多样化，各类凸显地方特色的实践基地的建设为思想政治教育话语提供了更多的实践资源。思想政治教育的实践话语比教材、课程、理论及学术话语的内容和形式更加丰富和形象，通过实践建构可以使具体物、景以及典型人物的宣传更真实地体现出话语的鲜活性、生命力和震撼力，进而能够直观地触动受教育者的心灵世界。尤其是网络技术的发展及普及，使思想政治教育可以借助网络平台搭建虚拟实践场域，突破了思想政治教育实践地域、时间及空间的限制，网络虚拟场域将虚拟话语与实践话语结合为教育主体创设了更开阔的话语交往空间，创新了思想政治教育实践的形式。但不可否认，在当前思想政治教育实践过程中出现"形式大于内容"的现象而导致其实践的形式化频发。思想政治教育话语转型就是要改变这种困境，真正实现理论话语与实践话语的融合式发展。思想政治教育话语转型研究要立足新时代社会语境，实现对主体、社会、生活、环境等的有效解读，完善思想政治教育话语的评价机制及反馈机制。构建思想政治教育主体话语的生成、分配、消费及话语理论到实践的交往体系，在具体的话语实践中满足受教育者的话语诉求、期待的体验，引导他们树立正确的话语观。思想政治教育实践话语的构建及其具体实践过程的完善提升了思想政治教育的实践效果，丰富和拓展了思想政治教育的实践形式及内容。同时，学校、军队、企业、社区等领域的思想政治教育话语的相互交流与沟通，构建了各领域思想政治教育话语特色化的实践平台，为思想政治教育实践提供了更开放、多元的研究视域和空间。思想政治教育话语应以习近平新时代中国特色社会主义思想为理论文本进行科学阐释、理论转译和实践指引，探察在语境变迁中理论文本和思想政治教育话语间的延续与承继、聚合与转向、升华与自觉等互通关系。基于历史演进与现实呼应视域理性阐释思想政治教育话语的风格流变、言说转向及意义沟通以解蔽理论话语本义，塑造话语风格，共享意义价值，建构认同共识，廓清国内外社会思潮的观念侵蚀和话语干扰，在多元主体间的思想对冲、理念碰撞、话语争辩、利益博弈和价值考量中将思想政治教育话语的魅力、气质及内涵、功能予以全面呈现。

综上所述，思想政治教育话语转型研究有助于完善思想政治教育话语体系，丰富和充实了思想政治教育理论基础，为提升思想政治教育实践效果创造了条件和可能。思想政治教育话语转型应立足新时代受教育者的思想特点、需求及发展状况，针对新兴群体及其分化现象，准确把握受教育者思想认识规律、心理特质及话语体系，使受教育者真正成为思想政治教育话语的生成者、传播者和践行者，为思想政治教育理论及实践的发展提供动力。

第三节　思想政治教育话语转型研究述评

思想政治教育话语是承载思想政治教育内容、价值及意义的重要载体，学界关于思想政治教育话语的研究成果颇多，学者们从思想政治教育话语的要素、结构、价值、功能等方面系统论述了思想政治教育话语的重要性及逻辑体系，梳理了传统思想政治教育话语的嬗变历程、揭示了现代思想政治教育的发展现状，憧憬了新时代思想政治教育话语的发展趋向，在传承与创新发展等方面取得了丰硕成果，为思想政治教育话语转型研究提供了丰富的理论和实践基础。

一、关于话语基本理论的研究

思想政治教育话语转型研究首先从话语理论研究基础入手，关于话语及其相关范畴的研究，我国学者主要从语言学、哲学、社会学、思想政治教育等不同学科来开展研究。不同学科视阈研究话语的内容、特点及性质等都有其学科的特殊属性。因此，思想政治教育话语转型研究，首先要对国内外相关话语基本理论进行基本的梳理和归纳，从话语的基本理论、特点及规律中探讨思想政治教育话语转型研究的内在逻辑及结构。

（一）国外关于话语的研究

国外学者关于话语的研究不侧重一般的、普遍的关于教育目的、价值、功能、本质等教育学体系的逻辑构造，而主要集中于学校日常进行的教学活动，并把它放在社会（阶级）关系、文化的再生产机制中来进行具体的、细致的批判性分析研究。从 20 世纪 60 年代末、70 年代初开始，认知心理的变革使各学科开始广泛关注语言在知识创造中的作用，引起了众多学科的"语言学"

转向。这种转向要追溯到瑞士语言学家费尔迪南·德·索绪尔（Ferdinand de Saussure），索绪尔最基本的观点是概念以及与之相连的言语声音的差异。索绪尔称言语"音响—形象"为能指，"概念"为所指，而二者的结合被称为语言符号。能指是声音留下的印迹，是声音给人留下的印象，而所指是社会性的"集体概念"（collective concepts），两者都是独立于外界客体的心智体，不管是能指还是所指，都只存在于"符号结构"的内部。索绪尔区分了"语言"（language）和"言语"（parole），认为"要言语为人所理解，并产生它的一切效果，必须要有语言；但是要使语言能够建立，必须有言语。""促使语言演变的是言语：听别人说话所获得的印象改变着我们的语言习惯。由此可见，语言和言语是互相依存的；语言既是言语的工具，又是言语的产物。"①索绪尔对于能指与所指、语言与言语的区分为话语理论研究奠定了基础。

德国哲学家马丁·海德格尔在《存在与时间》中认为语言问题只是在情境、理解和解释等问题之后才被引入的。他认为语言仍然是表达的第二个层次，即在"陈述"中解释的表达。语言的这一最高功能仅仅反映了其从先于它的存在论结构中的引申内容。这就是海德格尔在《存在与时间》中指出的"语言只是现在才第一次成为我们考察的主体，这一事实表明这一现象的根源在于此在展现的生存建构中。"海德格尔进一步指出"话语是可理解的表达"。他认为话语是"在世存在"的可理解结构的"意义"表达。海德格尔的后期哲学开始直接关注语言的表现力问题，他在《存在与时间》中指出"聆听构成着话语"。聆听标志着言语建构了与他人、社会及世界的基本关系。言谈使我们关注言谈的人，而话语迫使我们关注所说事件本身。海德格尔在《在通向语言的途中》中进一步强调了话语的重要地位及意义。

关于话语所指向的言谈者或所指向的事物，法国语言学家埃米尔·本维尼斯特称之为"话语的当下性"（in-stance of discourse），将话语的出现指认为一个事件。虽然事件特征与说话主体相关联，事件存在于主体讲话这一事实，而主体采用说话的方式自我呈现。但话语是一个第三者方式的事件，即语言符号仅仅指向同一系统内部的其他符号，结果语言所拥有的仅仅是某一时间和主体的世界。但是，话语总是指向某物的，也就是说话语是指向一个它声称描述、表达或表征的世界的。在第三种意义上，事件是通过话语方式的语言世界出现的。最后，当语言仅仅是为了给交流提供代码的先决条件之时，便意味

① 费尔迪南·德·索绪尔.普通语言学教程 [M].高名凯，译.北京：商务印书馆，2011：28.

着话语中的所有信息得到了交流。因此，话语不仅拥有一个世界，而且拥有一个他者，一个听他讲话的对话者。在这种意义上，时间是暂时的交流现象，是建立了一种可以开始、继续和被中断的对话，所有这些特征放在一起就构成了事件的话语。值得注意的是，它们仅显现在话语的语言实现中以及语言表现能力的现实化中。话语的事件特征构成了话语两端中的一端。现在我们必须说明第二端，即意义。如果所有的话语都表现为一个事件，那么，所有的话语都可以被理解为意义。正是在话语的语言学中，事件和意义得到了关联。就像语言通过话语的现实化，使得超越自身体系，将自身实现为事件一样，话语也是如此，它通过进入到理解的过程，超越自身的实践变得有意义，通过意义超越事件是话语本身的特征。这一特征证明了语言的意向性，证明了意向性中的意向活动（noesis）和意向对象（noema）的关系。如果语言是一个意指（meinen），一个有意义的意向，那么，这恰恰是由于意义对事件的超越。

英国哲学家奥斯汀和美国哲学家赛尔从行为发生学视角提出的"言语行为"（speeceacts）理论认为话语行为由分布于三个层次上的从属行为构成：①以言表意行为（locutionary act）或命题行为层次、说的行为；②以言行事行为（illocutionary act）层次，即人在说话时做了什么；③以言取效行为（perlocutionary act）层次，即通过说话而达到的效果。以言表意行为、以言行事行为和以言取效行为按递减次序走向意向的外化。因此，通过话语行为的意义或通过言说的意向对象必须了解的是，不仅在狭义的命题行为的句子中，而且在标准的以言行事行为以及以言取效行为方面，言语行为的这三层次都被代码化并被聚集在范式中。因而，它们可以被识别和再识别为拥有相同的意义，这里的意义包括了意向外在化的所有方面和层次，从而使得话语刻写成为可能。他们的所主张的研究方法不是实验，而是主要依赖对陈述的考察；他们也不是去寻找因果法则，而是要确认社会行动者发出他们的行为时所使用的规则和习俗。美国语言学家乔姆斯基认为语言能力是说话者对一套潜在规则的掌握能力，英国哲学家黑尔进一步提出，社会能力是由一套社会规则的知识所构成的，这些规则使得人们可以非常熟练和理性地行动，进而可以展示出他们的熟练和理性。行为发生学的主要目的就是要寻找出构成某个人、某种亚文化乃至整个社会知识和习俗的规则。这些规则主要包括规范性规则（regulative rules）（被用于引导行为进入适当的轨道）和解释性规则（interpretative rules）（使得人们可以赋予动作和事件以意义）。黑尔进一步提出，人们使用这样一套认知资源——由规范性和解释性规则所构成的人们共有的社会能力——来产生有效的和合法的社会活动，并与他人的行为相契合。黑尔等研究者希望用对规则的控制来解释行为，他们所面对的一般性问题是，没有中立地和没有利益介入地对规则及其使用的陈述。黑尔将规则视为人们的社会能力的一部分，这种能力只能通过对行为也就是谈话的研究才能显示出来。但话语分析家和行为发生学研究者都赞同的一点就是，语言是被用来达成各种目的的。

法国哲学家米歇尔·福柯在《疯癫与文明》《规训与惩罚》《知识考古学》中指出，话语是在话语实践中形成的，话语又深刻地影响着话语实践，福柯最大的贡献在于他使话语不再局限为话语本身，而是把它发展成了一种研究方法和研究对象。法国思想家罗兰·巴特的《符号学原理》主张把话语当作社会符号来进行研究。法国思想家布尔迪厄的"符号暴力教育理论"提出"语言和符号暴力"的论述，阐述了语言内涵的权力关系，即语言不仅是沟通的一种手段，还是权力关系的一种工具或媒介。索绪尔的《普通语言学教程》、费尔克拉夫的《话语与社会变迁》指出，在考查社会与话语之间的关系时要避免两个极端：一是过分强调话语对社会的建构，如理想主义将话语视之为社会的源泉；二是片面强调社会对话语的决定力量，只是将话语当作一种更深层次的社会现实的反映。法国哲学家雅克·德里达的《声音与现象》《论文字学》主张以"原文字"取代言语的本体性地位，通过将本体性观念的"问题化""分裂化"对其进行"解构"，使"在场"的言语被消散了。德国哲学家尤尔根·哈贝马斯《交往行为理论》明确反对传统的语言工具观，其话语概念是建立在现代语言学基础上的，认为现代性从根本上来说是话语建构的。日本课程论、教学论研究者佐藤学的《课程与教师》认为，强制性权力和权威所带来的教学话语必然是僵化的、压抑的、缺乏生命力的话语，生成这种话语的教师也必然会丧失其话语的主体性、个性化而导致自我的迷失。可见，关于话语国外研究者聚焦的对象更多是具体的教育实践活动。

（二）国内关于话语的研究

国内关于话语的研究近年来成果颇多，相关话语理论主要是对西方相关话语著作理论的翻译，以及以西方话语分析理论为基础进行跨学科基本话语理论的研究，主要集中在以下几点：

1.以分析和研究国外学者相关话语理论为主的研究

陈媛在《解构中的建构：福柯思想解读的一种视角》中分析和论述了福

柯是如何剥离了主体与人性的，并指出福柯在"主体话语重置"之后返回到了"哲学开端"，完成了他最终的解构。汪行福的《通向话语民主之路：与哈贝马斯对话》立足哈贝马斯的早期政治哲学，对话语民主进行了批判，从话语伦理学的角度研究政治道义逻辑。夏宏的《从批判走向建构——哈贝马斯法哲学研究》将话语理论引入法学领域，对当今西方各种法学流派进行了批判，并试图在批判的基础上，对现代法学从理论上进行重构；夏宏还将这一理论引入实践领域，努力使现代法治走出时代的困境。车致新的《媒介技术话语的谱系——基特勒思想研究》试图重构基特勒对不同历史时期的媒介系统的谱系学批判，通过梳理基特勒与三条异质性的思想传统（麦克卢汉、香农与福柯）之间的对话关系，勾勒基特勒思想的基本特征与历史位置，把基特勒的理论思想重新放置于当下的历史语境中，从而反思从图灵机到人工智能的数字时代。

2. 跨学科方面的话语研究

关于话语及其相关范畴的研究，我国学者主要从传播学、语言学、政治学等学科视域研究话语理论。例如，郭光华在《从话语权到公信力：我国媒体国际传播能力建构探索》一书认为，我国媒体国际传播能力的建构研究，应由重视"我说"转变为重视"他信"的研究。而重视"他者"对信息处理态度的测量与研究，将倒逼媒体传播行为的调整。胡春阳认为"传播是信息的传输和接收的行为过程，这个过程包括传播者、内容、渠道、受者、效果五个因素"，但经典的传播分析模式存在局限性，"我们意识到传播过程也是需要'解魅'的，而'解魅'的利器莫过于'话语分析'"。[①] 刘永涛的《话语政治——符号权力和美国对外政策》立足政治学视角，指出在国际关系的全部过程中，除了战争、冲突和暴力情形之外，还包含着"沟通""对话"乃至"唇枪舌战"的基本特征。正是有了语言并通过语言，人们才能不断诠释、理解并重建世界政治"现实"。

3. 网络场域中话语的研究

随着网络技术的发展，很多学者立足网络视域研究话语，其中具有代表性的有张国庆的《话语权：美国是怎样取得主动的》《媒体话语权——美国媒体如何影响世界》，作者分析了很多案例和图解及数据，对探讨中国的国家话语权、媒体话语权、国际形象、文化软实力等时下的热门话题都具有借鉴意义；

---

① 胡春阳. 话语分析：传播研究的新路径 [M]. 上海：上海人民出版社，2007：2.

吕欣的《网络话语的符号特征与修辞建构研究》中以网络媒介中的话语符号与话语修辞为研究对象，深入考察媒介形态演进与媒介话语变迁的历史规律，揭示网络话语符号的构成要素、特征及运行机制；王永进的《网络意识形态工作话语权研究》论述了网络意识形态的概念、基本特征、传播机制、构成要素，从思想、话语体系、队伍、制度建设等方面提出了掌握网络意识形态工作话语权的策略。

4.中国特色的话语研究

关于话语相关理论的研究，国内学者不囿于借鉴西方相关的话语理论，而是在此基础上进一步将其与我国经济、政治、文化、社会、生态环境相结合，研究具有中国特色的话语体系。例如，施旭的《文化话语研究——探索中国的理论、方法与问题》从话语语境的转向、从内容分析到话语分析、从话语内效果到外效果、批评的话语分析以及话语研究等语言分析角度提出一套既根植本土、又放眼世界的当代中国话语的研究范式。周栋的《中国特色社会主义话语体系初探》提出全新的"话语体系核心要义"理论框架，即建立以包含立场、观点、方法、表达、传播和影响为核心要素的有影响力、主导力的中国特色社会主义话语体系。吴格奇在《话语分析视角下的城市形象研究——以杭州为例》中以系统功能语言学的三大纯理功能为分析框架，分析国外媒体 G20（Group of 20，简称"G20"）峰会涉杭报道中的话语主题和话语特征，从而探讨中国城市在国外媒体中的形象，立足城市品牌建设和城市文化传播两个方面对城市形象的建构提出建议。

综上所述，话语的研究成果较为丰富，可以为本研究提供研究视点和理论坐标。但已有研究成果中思想政治教育话语的研究呈现零散化与表层化，内容缺乏宽度和深度，关于思想政治教育话语转型的价值及意义生成尚未得到充分的重视；对思想政治教育话语多是从宏观的人文关怀、回归生活世界等角度进行研究，缺乏具体的可操作性，对主体的心理世界、精神世界、生活世界的话语诉求思想政治教育话语缺乏有效的回应，或是生成了"无意义""失效"话语；缺乏对思想政治教育话语在习近平新时代中国特色社会主义思想语境下的整体考察和系统分析，主体"去语境化"对思想政治教育话语意义感的消解，致使思想政治教育话语存在的意义及价值被遮蔽。

二、关于思想政治教育话语的研究

思想政治教育话语是思想政治教育主体思想、文化、观念交流的主要方式体现，是思想政治教育学科生命力和影响力的重要彰显。当前，学界研究主要集中在思想政治教育话语的基本内涵、生成逻辑与过程、体系及现状等方面。

（一）思想政治教育话语基本内涵的研究

思想政治教育话语基本内涵研究包括思想政治教育话语概念、性质、构成要素等方面。

1.思想政治教育话语的概念研究

思想政治教育话语的概念是在话语、教育话语概念的基础上进一步形成的具有思想政治教育学科属性的话语，它既具有教育话语的普遍性质和特征，又具有思想政治教育的学科属性。教育话语一般指在教育学领域中运用的普通性话语，主要涉及实践、规律、语境、主体，话语的描述、解释、评价、建构的过程。思想政治教育话语作为教育话语的分支，必然遵循了其一般原则和规律。目前，学界关于思想政治教育话语的概念主要包括：一是受社会主流意识形态支配的言语符号。邱仁富提出："思想政治教育话语是指在一定社会主导意识形态支配下，遵循一定的语言规范、规则和规律，并在特定的话语语境里，思想政治教育活动过程中的教育者和受教育者用来交往、宣传、灌输、说服，以及描述、解释、评价、建构思想政治教育内容和主体间思想观念、价值取向和行为表征的言语符号系统"[①]。二是目的说。思想政治教育学科的思想、理念、价值、功能等都必须通过思想政治教育话语传达给受众。盛新娣、杨丽指出："思政教育的话语，就是思政教育主体为达到向客体传输受一定意识形态支配的思想观念所借助的主要工具或手段之一，是一种特殊的言语符号系统"[②]。向绪伟、谭琪红强调，思想政治教育话语主要通过表达性话语和象征性话语在主体间进行思想政治教育信息的传递，以此对受众产生积极影响实现教育目标[③]。从这方面论述可见，学界着重强调和凸显思想政治教育话语的价值性功能及意义性存在。三是主体间交往关系的实践活动。话语是主体间交流的

[①] 邱仁富.思想政治教育话语论 [M].上海：上海交通大学出版社，2013：28.

[②] 盛新娣，杨丽.关于思想政治教育话语针对性提升的辩证理析 [J].新疆大学学报：哲学·人文社会科学版，2018（2）：27-32.

[③] 向绪伟，谭琪红.论思想政治教育话语的价值实现 [J].思想政治教育研究，2015（1）：40-43.

桥梁，话语最重要的功能是有效话语意义沟通的实现。因此，话语不仅包括表达、描述和解释，更重要的是主体间关系的建构。思想政治教育话语的目的不仅在于传递教育思想、观念等，更重要的是承载超越话语等固有知识性关系的建构，即话语所承载的思想政治教育意义的生成，这才是思想政治教育话语的力量及影响力。乔靖文在其博士论文《新媒体时代思想政治教育话语创新研究》中认为，思想政治教育话语给话语对象传播话语内容，就是以达到掌握话语方向、认同话语价值、建构话语交往的符号系统为话语目标。

2.思想政治教育话语的性质研究

学界主要从宏观思想政治教育学科属性的角度界定思想政治教育话语的性质，认为思想政治教育话语具备科学性、时代性、系统性、阶级性等性质。洪波在《思想政治教育话语范式转换研究中》一书中指出，思想政治教育话语性质主要体现在理论性和实践性、一元性和多元性、主导性和引领性的统一等方面；从实施过程的角度考察，思想政治教育话语具有思想承载性、主体主导性和内容契合性等特质；高鑫的《思想政治教育话语范式解读》①从思想政治教育话语范式转型过程中存在的被误读和泛化等问题的视角指出，思想政治教育话语范式必须遵循目的性、规范性及价值性。

3.思想政治教育话语构成要素的研究

关于这方面的研究，学界的研究内容一方面主要集中体现在理论基础上的分析，主要包括："思想政治教育话语间性、思想政治教育话语语境、思想政治教育话语预设、思想政治教育话语交往、思想政治教育话语内容和思想政治教育话语形式"等②。乔靖文、洪波等进一步指出思想政治教育话语的核心问题是沟通与理解，而沟通和理解是在这些要素相互作用、相互影响的动态过程中实现的。另一方面主要集中在思想政治理论课话语和思想政治教育语言研究的分析方面。例如，何理的《思想政治理论课话语体系生成和发展研究》认为，思想政治理论课话语体系的要素结构主要包括思想政治理论课话语主体、客体、内容、方式和语境；袁张帆在《思想政治教育语言研究》③中从思想政治教育语言情境、语言权利、语言主体、语言内容、语言载体五个方面分析了思想政治教育语言的系统要素。

---

① 高鑫.思想政治教育话语范式解读 [J].湖北社会科学，2018（1）：187-192.

② 邱仁富.思想政治教育话语论 [M].上海：上海交通大学出版社，2013：46.

③ 袁张帆.思想政治教育语言研究 [M].北京：社会科学文献出版社，2017：163-168.

（二）思想政治教育话语逻辑的研究

关于思想政治教育话语逻辑的研究主要集中在以下几方面：一是基本内涵的研究。李宪伦提出："思想政治教育话语逻辑应按中国特色社会主义理论体系的内在逻辑运行并以此展开"[①]。张国启在《论思想政治教育学科话语的发展逻辑》中指出，思想政治教育话语逻辑包括学理逻辑、历史逻辑与生活逻辑三个层次。孙晓琳、庞立生认为，"思想政治教育话语逻辑包含具有时代涵容性的问题逻辑、承载意识形态发展需要的内涵逻辑、具有批判性与建设性双重向度的辩证逻辑的三重指向"[②]。张艳新指出，走向工具理性与交往理性有机统一的"主体—客体—主体""引导—建构"方式是我国思想政治教育话语权力与话语权利运作的辩证模式。二是网络思想政治教育话语逻辑的研究。王延隆、蒋楠从"符号、模因、人际传播和群体传播的角度对网络流行语理论维度进行研究，探讨了传统青年思想政治教育的话语范式和面临的困境"[③]。刘余勤、刘淑慧认为，网络思想政治教育话语表达的"说理"逻辑要在"求同"中构建价值基础，在交往中加深价值内化，在"穷理"中凝聚价值认同。[④] 三是高校思想政治教育话语逻辑研究。杨建峰认为，大学生思想政治教育语境的逻辑向度应把握以"权力边界"为内核的理论逻辑和把握以"人的需求"为基点的现实逻辑。[⑤]

（三）思想政治教育话语现状研究

关于思想政治教育话语现状研究，学界主要集中于思想政治教育话语现实困境的具体分析。

1. 思想政治教育学科视域的话语困境研究

张哲在《论思想政治教育的话语困境与出路》中认为，面对思想政治教育话语自觉、自信、解释力的欠缺，话语内容的贫瘠，话语资源的缺乏，话语传

---

① 李宪伦，梁小延，覃萍. 论思想政治教育话语逻辑常规属性、边缘属性与哲学思维构建——步进当代中国马克思主义大众化的启示 [J]. 广西社会科学，2009（7）：8-12.

② 孙晓琳，庞立生. 思想政治教育话语逻辑的内涵本质、发展趋向与优化路径 [J]. 思想理论教育，2019（1）：67-71.

③ 王延隆，蒋楠. 网络流行语与青年思想政治教育网络话语权的重塑 [J]. 中国青年研究，2016（6）：87-92.

④ 刘余勤，刘淑慧. 网络思想政治教育话语表达的"说理"逻辑和转换机制 [J]. 思想理论教育，2017（10）：77-80，96.

⑤ 杨建峰. 基于话语分析的大学生思想政治教育语境建构 [J]. 教育探索，2016（5）：113-116.

播技术与基于信息技术的新媒体融合迫在眉睫；尤红姣、侯勇指出，思想政治教育话语呈现"学院化"趋势、"断层化"困境、"内卷化"倾向、"失语化"状态；①林振东认为，思想政治教育话语还存在"玄学化""离散化""虚弱化"等现实困境②。

2.高校思想政治教育话语困境研究

关于高校思想政治教育话语困境研究，学者主要立足高校思想政治理论课和思想政治工作的话语困境研究。李悦池、姚小玲在《从精英到大众：高校思想政治教育话语表达的实然与应然》中从理论话语层、学术话语层、实践话语层揭示思想政治教育话语价值引领乏力、吸引力疲软、话语实效消减的实然困境；张翼、崔华华则认为，高校思想政治教育话语存在传统与现代、断裂与接续、冲突与融合话语建构含混化、话语文化资源本土汲取虚弱化、话语文化形态理性镜鉴复杂化等现象③；靳玉军、罗春艺揭示了青年思想政治教育话语发展面临话语理念"缺位"、内容"越位"、方式"错位"的现实困境④。

3.网络思想政治教育话语困境研究

周春晓在《高校网络舆情视阈下思想政治教育话语权研究》中认为，高校思想政治教育话语权困境主要体现在思想政治教育话语权力被削弱、话语权利失衡和思想政治教育话语管理滞后等方面；侯勇、纪维维认为，新媒体视域下青年思想政治教育话语呈现出话语内容"堕距化"、语境"多元化"、传播"风险化"、效应"边缘化"等困境。⑤胡玉宁、薛云云的《融媒传播环境下高校思想政治教育话语权的变迁与形塑》从高校思想政治教育话语权的建构方面进行研究，认为自媒体时代对高校思想政治教育话语权的冲击导致了话语解释力、凝聚力、形塑力、调控力的消解。

---

① 尤红姣，侯勇.思想政治教育话语的现实困境及解困之思 [J].广西社会科学，2015（8）：199−202.

② 林振东.略论思想政治教育话语及其现代转型 [J].思想理论教育导刊，2016（5）：137−140.

③ 张翼，崔华华.论高校思想政治教育话语的文化困境与文化进路 [J].学术论坛，2017（1）：162−166.

④ 靳玉军，罗春艺.青年思想政治教育话语发展研究 [J].中国青年社会科学，2018（3）：73−79.

⑤ 侯勇，纪维维.新媒体视域下青年思想政治教育的话语困境 [J].中国青年社会科学，2017（2）：31−36.

三、关于思想政治教育话语转化、转换与转型研究

思想政治教育话语转型研究首先必须厘清在当前研究过程中与转型相关的概念，目前，学界研究主要集中体现在思想政治教育话语转化、转换、转型等方面。

（一）思想政治教育话语转化研究

转化是事物在发展过程中所发生的阶段、形态或质的变化，它既是思想政治教育过程的核心要素，也是教育内容的重要来源，更是提升教育有效性的重要手段。罗仲尤、邹德萍在《思想政治教育转化属性探析》中分析了转化的基本特征，认为转化属性作为思想政治教育的重要属性之一，其运用实践需要把握转化重点，提升转化的艺术性，掌握转化特征；王永友、龚春燕通过分析思想政治教育话语表达的转化机制认为，必须"实现政治话语向科学话语转化，以提高话语解释力增强话语底气；必须实现理论话语向现实话语转化，以增强话语生命力形成话语生气；必须实现教材话语向教学话语转化，以提升话语感召力更接地气"[①]；杨建锋在《基于话语分析的大学生思想政治教育语境建构》中认为，大学生思想政治教育语境应由师生关系向"合作"转向、由接受形式向"个性"转向、由话语效果向"共鸣"转向。

（二）思想政治教育话语转换研究

刘建军在《思想政治教育的话语转换及其路径》中指出，转换的基本路径是政治话语学理化、学理话语通俗化、通俗话语趣味化等。其在《思想政治教育话语转换的三重基础》中进一步探讨了话语转换的基础，并指出话语娴熟、思想透彻、思维圆融分别是话语转换的表层基础、内层基础和深层基础；向绪伟、张芳霖则在《略论思想政治教育话语的现代转换》中从话语的思维方式、范式、内容、效用、场域分析了思想政治教育话语的现代转换；蔡婷婷在《思想政治教育话语范式转换路径》中认为，"立足人本向度：话语范式转换的价值诉求；回归生活世界：话语范式转换的根本理路；走向和谐共生：话语范式转换的理念构架"。刘余勤、刘淑慧的《网络思想政治教育话语表达的"说理"逻辑和转换机制》认为，网络思想政治教育话语表达的转化机制主要为主体、语言、范式和内容转换。

---

① 王永友，龚春燕. 蕴底气、涵生气、接地气：实现思想政治教育话语"三转化"[J]. 湖北社会科学，2018（7）：183-188.

（三）思想政治教育话语转型研究

孙其昂认为思想政治教育现代转型具有特殊性，即"体现为系统性、受动性和社会性"[①]，并指出思想政治教育话语转型的路向，即民生化、大众化、民族化和连通化。林振东认为，当前思想政治教育要解困必须实现从"工具话语"向"价值话语"、从"官样话语"向"日常话语"、从"控制话语"向"互动话语"、从"独享话语"向"共享话语"等转变。[②] 张翼《现代性境域下高校思想政治教育话语及其转型》，崔华华、张翼《思想政治教育话语及其现代转型》认为，现代性境遇下的思想政治教育话语转型是多维共在化、生活体验性、交往引导式、现代共享型的话语整合、价值超越、范式转换、理念创新。徐海楠认为，新媒体境遇下要创新高校思想政治教育工作话语表达、交往方式及传播方式，实现"政治话语向公共话语转型""新媒体话语传播转型""精英话语向大众话语的转变"[③]。

四、基本评价

目前学界关于思想政治教育话语的研究已经有一些基础性的研究成果，尤其是近年来关于思想政治教育话语转化、转换、转型的成果显著，继承和发展优秀的理论成果为本研究提供了相关研究视点和理论坐标。但关于思想政治教育话语转型研究成果呈现零散化与表层化趋势，缺乏具体的可操作性，尤其是缺乏在新时代语境下对思想政治教育话语转型的整体考量和系统分析。因此，对于该研究存在的问题和不足的揭示，有助于思想政治教育话语在新时代语境中价值和功能的实现。

第一，思想政治教育话语转型概念及内涵研究模糊。学界关于思想政治教育话语的概念及内涵都有基本的共识，但是对于思想政治教育话语转换、转化、转译、转型等存在概念及内涵的等同或混淆问题，只从思想政治教育学科视域认识到这几方面的一般特性及其存在的必然性，但是对它们的特殊性缺乏全面的分析。同时，关于思想政治教育话语转型中的相关基本理论成果集中在对西方学界话语理论和语言学理论的分析上，存在"重应用轻原理"的现象。

---

① 孙其昂.思想政治教育现代转型研究 [M].北京：学习出版社，2015：284.

② 林振东.略论思想政治教育话语及其现代转型 [J].思想理论教育导刊，2016（5）：137-140.

③ 徐海楠.论新媒体境遇下高校思想政治工作话语的转型 [J].学校党建与思想教育，2017（6）：41-43.

注重对国外话语理论的学习和借鉴，缺乏发掘具有中国特色的话语理论资源及话语风格的阐释，导致思想政治教育话语现代转型研究创新成果较少。在社会转型时期，思想政治教育话语的阐释力、表达力、影响力等仍然被诟病，尤其是进入新时代以来，科学技术引领社会潮流及青年受众知识接受方式的多元化等导致思想政治教育话语处于被动适应主体受众的境地。因此，面对种种困境，亟须展开对思想政治教育话语转型的研究，促进思想政治教育学科的发展。

第二，思想政治教育话语转型研究缺乏系统性。思想政治教育话语转型研究首先要回答"为什么转型"，即思想政治教育话语转型的必要性；其次要回答"转向哪里"，即思想政治教育话语转型的目标和趋向；最后，要回答"如何转型"，即在明确了转型的目标后，应该采取怎样的方法、措施、条件以保障实施有效、成功的转型。目前，学界关于思想政治教育话语转型研究的逻辑主线主要围绕着关于"为什么转型"，集中于社会环境、教育主体以及高校思想政治理论课程改革等现实需求，缺乏从纵向视角梳理思想政治教育话语发展、转型的历史脉络，尤其是缺乏关于改革开放以来思想政治教育话语转型的研究。关于"转向哪里"，主要涉及思想政治教育话语转型的目标，学界的研究主要集中于思想政治教育学科视域、高校思想政治教育和管理工作及新媒体领域，关于农民、军队、社区、企业等领域的思想政治教育话语转型研究比较薄弱，缺乏全面性。关于"如何转型"的方法、措施、路径等研究主要集中于思想政治教育文本、教材、话语、政治、官方等话语的转型，研究视域窄化，对于思想政治教育话语的主体理想、信仰及生命意义的指引缺乏深度研究。教育的本质是人点亮人，真正的话语是触及灵魂的话语。因此，思想政治教育话语应该以话语去影响、鼓励、支持人，以及塑造真、善、美的灵魂。

第三，思想政治教育话语转型研究视域窄化。思想政治教育话语转型研究涉及宏观、中观、微观要素，深受社会转型期宏观环境的影响，在网络技术发展过程中网络场域思想政治教育亟须发声，不是迎合网络，而是要借助网络平台拓展思想政治教育话语的影响力。目前，学界关于思想政治教育话语宏观环境分析较多，对于新媒体空间的研究侧重于分析如何改变思想政治教育话语的言说方式，而对于新媒体话语空间的拓展和话语资源的开发研究则比较稀缺；在微观研究方面，青年是思想政治教育的主要受众，青年的话语代表着青年的思想、心理、精神需求、生活方式、行为模式及价值观念。学界主要侧重于高校思想政治理论课和管理工作的话语研究，而对于身处于转型期思想政治教育话语所呈现的娱乐化、庸俗化、物质化、肤浅化等现状缺乏从思想政治教育话语视角进行的深度分析、诊断、治疗和引领的研究。学界关于思想政治教育话语转型相关研究成果以文献研究为主，实证研究比较匮乏，导致研究成果实效性不足、说服力不强。同时，思想政治教育话语转型研究的目标、原则、内容结构、实践方式等方面的研究有待加强。综上所述，本书期望对思想政治教育话语转型在理论、结构、内容和形式等方面的研究进行有益的尝试和拓展。

第四节 思想政治教育话语转型研究的基本内容、思路及方法

思想政治教育话语转型立足对思想政治教育话语理论及话语实践的前提性反思，建构新型的思想政治教育话语主体交往关系，创设正当的、理性的、生活的、有意义感和有幸福感的话语是思想政治教育话语转型研究的主要内容。思想政治教育话语转型中话语思维、话语指向和话语资源的开发，以及话语实践的实施推进，实现着思想政治教育方法的不断创新和发展，为其提供了更好的方法支持。

一、思想政治教育话语转型研究的基本内容

本书研究内容共有七章，即关于思想政治教育话语转型的理论基础、历史考察、现实图景、风格呈现、路径建构及案例研究。

思想政治教育话语转型是一个系统的过程。第一章，本书主要阐述思想政治教育话语转型研究的背景及理论与实践意义，分析和梳理目前思想政治教育话语转型研究的现状，对思想政治教育话语的特点、规律、影响因素进行总结和归纳，为研究奠定前期基础；第二章，系统研究了思想政治教育话语转型的基本内涵及理论基础，厘清话语、思想政治教育话语、思想政治教育话语转型等相关概念，归纳新时代思想政治教育话语转型的特点，借鉴相关话语理论资源，为思想政治教育话语转型研究提供丰富的理论基础和启示；第三章，从纵向视角梳理了思想政治教育话语转型的历史动因，总结历史经验；第四章，立足思想政治教育话语转型的现实基础、现实契机、现实症候，构建思想政治教

育话语的现实图景；第五章，立足思想政治教育话语转型风格的本质，从表达风格、形态风格方面的转型内容研究新时代思想政治教育话语风格的具体呈现；第六章，着力塑造思想政治教育话语主体的自主意识，构建新型思想政治教育话语交往关系，考察思想政治教育话语基本内容的具体转向内容，探秘其转型的路径；第七章，以习近平新时代中国特色社会主义思想宣传教育为文本案例研究思想政治教育话语转型，构建思想政治教育话语转型视域下的理论文本宣传教育图景。本书内容既有总体性的内容分析，又包括对思想政治教育话语内部各要素的分析；既有对转型期的历史考察，亦有对现状的分析；既有理论性的阐释与解读，又有对具体实践案例的研究。

二、思想政治教育话语转型研究的基本思路

思想政治教育话语转型的研究思路，一是对话语、思想政治教育话语、思想政治教育话语转型等相关概念、理论进行系统梳理，并以思想政治教育话语转型为核心，分析现有思想政治教育话语转型研究的涵义解析、相关理论、实践探索，总结思想政治教育话语转型的特点和规律，梳理思想政治教育话语转型的历史动因及总结转型的经验；二是立足思想政治教育话语转型的现实基础、契机、症候，构建当前思想政治教育话语转型的现实图景；三是对思想政治教育话语转型的整体性、独特性、艺术性、现代性风格的呈现进行研究，从思想政治教育话语转型风格的本质到表达风格、形态风格探索其转型的整体特点、趋势及规律；四是塑造思想政治教育话语主体的自主意识，建立思想政治教育话语主体新型交往关系为思想政治教育话语转型提供原动力。从思想政治教育话语内容、方式、语境及传播的转型中探究研究新路径，破解思想政治教育话语转型的现实症候；五是基于典型案例分析，对思想政治教育话语的语境变迁、风格流变、言说转向、意义沟通等问题进行深入探察，并将其在实践化、现代化、网络化等不同领域中的新景观、新风尚、新意义予以全面呈现。

三、思想政治教育话语转型研究的基本方法

研究方法是指在研究过程中揭示事物内在规律的思维工具和手段。思想政治教育话语转型研究必须有正确、科学、有效的研究方法，这样才能深入把握思想政治教育话语转型的本质，揭示其发展的客观规律。思想政治教育话语转型研究主要采用文献研究法、系统分析法、比较分析法等。

（一）文献研究法

文献研究法主要指搜集、鉴别、整理文献，并通过对文献的研究形成对事实的科学认识的方法。运用文献研究法就是对与"思想政治教育话语转型研究"相关的现有理论、事实、依据等文献进行搜集、分析整理、重新归纳研究的构思。对于思想政治教育话语转型的研究从最基本的理论、现状、研究趋势等方面进行准确把握，厘清目前学界关于此研究的脉络，对思想政治教育话语转型的相关研究内容开展具体的文献研究活动，进而确立研究的规律，在此基础上形成明确的研究思路。从思想政治教育话语"为什么转型""转向何方""如何转型"等问题意识出发对研究内容进行科学布局。思想政治教育话语转型研究是以马克思主义基本理论和现代思想政治教育理论为根基，马克思主义经典作家相关的话语理论以及思想宣传工作等方面的方法和措施，为思想政治教育话语转型研究提供了丰富的理论资源；从文献资料的梳理中厘清目前学界关于思想政治教育话语转型的基本概念、现实境遇、理论基础、基本特点和规律，为本研究的开展奠定坚实的理论和实践基础；思想政治话语转型研究借鉴教育学、语言学、传播学、政治学、人类学等多学科相关的理论、成果和方法，推进了思想政治教育话语转型研究的全面性发展。但是在借鉴相关学科理论和方法成果的过程中，要坚持思想政治教育的学科属性和特色，避免对相关理论的堆砌、移植和模仿。

（二）系统分析法

系统分析法在对思想政治话语转型这一主题的全面揭示多维度、系统、全面地呈现思想政治教育话语转型研究过程，从系统的着眼点或视角去考察和研究思想政治教育话语转型的时代背景、现状、内容结构及发展趋势等。系统分析是咨询研究最基本的方法，在研究过程中可以把思想政治教育话语转型作为一个系统的工程。主要包括以下内容：一是系统的目标分析。研究思想政治教育话语转型的目标取向，这是对思想政治教育话语转型"转向哪里"的目标预设，从马克思主义意识形态、思想政治教育学科发展、社会全面协调可持续发展、人自由而全面发展等视域设置思想政治教育话语转型的目标，为本研究提供基本方向。二是系统要素分析。任何事物都是一个系统，思想政治教育话语转型便是一个复杂的系统，在研究中必须深入探析思想政治教育话语转型研究过程中所涉及的要素，如思想政治教育话语间性、话语语境、话语预设、话语交往、话语内容、话语形式，思想政治教育话语转型的效果是由各话语要素有机结合的程度所决定的。三是系统环境分析。思想政治教育话语转型深入于现实环境之中，涉及宏观环境、中观环境和微观环境。宏观环境主要关涉政治、经济、文化、社会和生态，尤其是在新技术环境下思想政治教育话语在新媒体场域中面临的现实场域与虚拟场域的转型研究；中观环境主要涉及领域思想政治教育话语的转型，如高校、军队、农村、社区等，领域思想政治教育由于区域环境的差异决定了思想政治教育话语的特殊性，以及在话语转型过程中必须契合区域环境特色有针对性地开展研究；微观环境主要关涉社会主体，主体的思想观念、成长经历、知识层次、兴趣爱好、职业领域等都是思想政治教育话语转型研究过程必须涉及的。四是系统管理分析。系统管理分析主要是指在思想政治教育话语转型研究过程中不仅要注重转型的过程、环境、要素等，更重要的是要涉及转型过程的反馈研究，注重研究过程的科学、严肃、严谨和严密，提高研究的有效性和科学性。总之，要在系统分析法的关照下，构筑思想政治教育话语转型的整体图景。

（三）比较分析法

思想政治教育话语转型研究采用比较分析法，就是从纵向视角分析我国传统思想政治教育话语的基本状况，厘清传统思想政治教育在发展的过程中受历史局限性所导致的问题，在现代思想政治教育发展过程中进一步继承和发展其可借鉴性的优秀成果，理性把握传统思想政治教育话语和现代思想政治教育话语之间的层次性、延续性和发展性；从横向角度分析国外教育话语、课程话语的发展状况，从国别视角开展横向研究，从而认识教育、课程话语发展变化的过程。探究话语在课程教学中的内容、结构、机制、方法等方面的规律性，可以更全面地掌握思想政治教育话语转型研究的本质。比较分析法就是"求同""存异"的过程，通过纵向和横向比较揭示思想政治教育话语转型、发展的特殊性和规律性，促使人们在研究过程中更好地认识思想政治教育话语发展的多样性和统一性。高校思想政治教育话语转型是本研究的主要范畴，通过调查、访谈和个案研究法，对不同地区、不同高校的思想政治教育话语资源的发掘、载体的运用等情况进行调研，比较分析思想政治教育教材、课程、教学、管理、实践等话语的生成、传播及主体的接受过程，探索高校思想政治教育话语发展的特点和规律。

第二章　思想政治教育话语转型的基本内涵与理论基础

　　随着经济、政治、文化、社会和生态环境的发展变化，思想政治教育学科亟须转型。从思想政治教育学科环境来考察，思想政治教育学科自身面临的学科边界模糊、实效性不足、发展不充分、不协调等困境亟须通过转型来破解。从微观个体来说，思想政治教育要满足主体思想、观念、文化、精神等各方面的需求并给予有效的引导和支持，需要思想政治教育话语转型来实现其功能和价值。思想政治教育转型是"思想政治教育结构的分化与调整，生成思想政治教育新形态。这种新形态，包括新理念、新格局、新结构、新功能、新条件、新运动、新类型、新领域、新特征和新要求，不但满足社会和人对思想政治教育的需要，实现思想政治教育新价值"。①思想政治教育话语转型的研究首先必须厘清相关概念、理论，梳理思想政治教育话语转型的内在逻辑及发展趋势。

---

① 孙其昂.思想政治教育现代转型研究 [M].北京：学习出版社，2015：29.

第一节 思想政治教育话语转型简述

思想政治教育话语转型涉及的基本概念有"话语""思想政治教育""思想政治教育话语"和"转型"，关于"思想政治教育"的概念学界已经达成了基本的共识，即指"一定的阶级、政党、社会群体遵循人们思想品德形成发展规律，用一定的思想观念、政治观点、道德规范，对其成员施加有目的、有计划、有组织的影响，使他们形成符合一定社会、一定阶级所需要的思想品德的社会实践活动"。[①] 本书是在这一概念共识基础上研究思想政治教育话语转型的基本内涵、理论及本质的。

一、"话语""思想政治教育话语"与"转型"

话语是特定社会语境中人与人之间从事沟通的具体言语行为，即一定的说话人与受话人之间在特定社会语境中通过文本而展开的沟通活动。对于学科发展来说，任何一门学科从诞生到发展都形成了具有自身特质的学科话语，这种话语既是区别于其他学科最重要的学术边界，也是学科研究者的身份象征及其共同体发展的共识。

（一）话语

语言是人类交往的工具和媒介，使用话语和话语叙事是人们最基本的交往方式，也是人类生存、延续、进化和发展的重要方式。人类在通过劳动创造世界和改变自我的同时，语言和文字应运而生，话语维系着人类的社会交往，促进了人类社会的发展。在我国传统文化中，话语是被分为"话"和"语"来分别解释和运用的。在《辞海》中"话"是指"①话语。②告喻。③指讲史或小说的故事。④说，谈论"。"语"是指"①话，言语。亦指文句②谈话；说话。又指鸟虫啼鸣。③大于词、具有相对固定结构的叙述性语言单位，包括成语、谚语、惯用语和歇后语。④指用以示意的动作或信号。"在《新华字典》中，"话"名词的含义是说出来的能够表达思想的声音，或者把这种声音记录下来的文字，动词的含义是说、谈。"语"是指"①话。②说。③谚语，

[①] 张耀灿，郑永廷等.现代思想政治教育学 [M].北京：人民出版社，2006：50.

成语。④代替语言表示意思的动作或方式"这四种用法。从上述内容可以看出，"话"和"语"在传统文化中都有言说、说话的含义，只是"语"的动词指向更为明确，含义更为丰富。从上述对话语的界定中可以看出，"话语"就是人们在社会交往中的工具，或者说是人们在交往过程中使用的语言，也可以将其理解为人们对客体对象进行的有声描述。在语言学研究领域中，话语被运用于语言结构的分析，并作为一种叙事的方式存在于文学作品中。

话语概念在话语分析理论中是一种比较复杂的术语，学者们从语言学、符号学等领域一种给予了不同的解读，从话语意义、功能、语境等视角赋予话语不同含义。话语最初是被作为语言学范畴的概念，一种解读是将话语等同于语言，另一种解读是将话语等同于文本，这主要为语用学和修辞学等语言学科所采用。英国学者乔纳森·波特和玛格丽特·韦斯雷尔等将"话语"作为一个更加开放的概念来使用，他们认为话语本身涵盖了各种形式的正式和非正式的言语互动以及各种形式的书面文本。在这方面有学者把非语言形式的体态、动作、感觉都视为话语，而法国符号学家让—克罗德·高概则把身体感觉视为话语符号学的首要研究对象。语言学家索绪尔认为"要言语为人所理解，并产生它的一切效果，必须要有语言；但是要使语言能够建立，必须有言语"。法国结构主义符号学家茨维坦·托多洛夫则认为"话语概念是语言应用之功能的对应物"。①从这些表述可以看出话语形成的三个基本要素：话语是使用中的语言，话语通过一系列的规则组合而成，话语是在一定的语境中产生的。保罗·利科在事件与意义的内在辩证关系的基础上，进一步揭示了话语的特征。他认为，话语具有某种事件的特征，即"如果所有的话语是作为一个事件而实现的，那么，所有话语的话都将被理解为意义"。②法国哲学家保罗·利科强调，意义的观点可以被理解为客体的方面或句子所意指的方面，也包括主体的方面，或说话者意指的方面。利科指出"通过意义超越事件是话语本身的特征"，这证明了语言的意向性，以及意向性中的意向活动（noesis）和意向对象（noema）的关系。

福柯认为"话语产生于矛盾，话语正是为表现和克服矛盾才开始讲话的；话语正是当矛盾不断地通过它再生产出来，为了逃避矛盾才继续下去并无限地

---

① 托多罗夫.巴赫金、对话理论及其他[M].蒋子华，张萍，译.天津：百花文艺出版社，2001：17.
② 保罗·利科.诠释学与人文科学——语言、行为、解释文集[M].孔明安，张剑，李西祥，译.北京：中国人民大学出版社，2012：94.

重新开始①。"可见，福柯更强调话语实践的重要性及其与社会权力相关涉的具体话语。詹姆斯·保罗·吉认为，我们用语言来建构意义、活动、关系、立场、策略、联系、符号系统与知识，并通过具体的实例分析这些任务以及每项构建任务所引出的话语分析问题。他指出了话语的要点：话语可以分成两个或更多的话语；两个或更多的话语可以合并在一起；现在很难说清楚今天的话语和过去的话语是否相同；新话语不断出现，旧话语不断消亡；话语会随着社会中其他话语的出现或消亡而发生变化；话语绝对不需要"雄伟"或规模宏大；话语可以是其他话语的混合；话语数量无限，无法统计等。在对话语要点及实例基本分析的基础上，詹姆斯·保罗·吉得出了结论："话语是物质现实。但话语也以工作的形式存在，以某种方式而不是其他方式使人或事物得到认可；话语也以地图的形式存在，用来形成我们的理解。同时，话语是社会实践，是精神实体，也是物质实体"②。

综上所述，话语的研究涉及语言学、符号学、哲学、社会学、政治学、历史学、传播学、心理学、宗教学等，这一方面说明话语作为人类交往的媒介，维系着人类社会的情感、记忆和行为，人类的文明史都凝结在纷繁多样的话语形态中。"我们所有的人的生活都只是思想、言语、物体、事件、动作和交际在话语中的拼凑"③。另一方面说明话语研究的重要性，更反映了话语研究空间的广阔性和意义的深远性，预示了诸多学科话语理论研究的分化与整合趋势。在借鉴西方学界话语理论的基础上，我国学者认为"话语是语言的具体实践，是通过一系列的语言规则、规律、约束等条件，在特定的语境所表达出来的，能够描述、沟通和建构社会实体和社会关系，且使人处于主体位置的符号系统④"。此界定将话语分为三个层次，即话语的描述层次、话语的理解层次、话语的意义层次，这三者之间是相互递进、融合、促进的关系，最终话语意义的效果取决于话语描述和理解层次的实现程度，而话语描述、理解层次又涉及特定社会语境中的言说者、接受者、文本、语境等诸多要素，这体现的不仅是

---

① 米歇尔·福柯. 知识考古学 [M]. 谢强，马月，译. 北京：生活·读书·新知三联书店，2003：167.

② 詹姆斯·保罗·吉. 话语分析导论：理论与方法 [M]. 杨炳钧，译. 重庆：重庆大学出版社，2011：33.

③ 詹姆斯·保罗·吉. 话语分析导论：理论与方法 [M]. 杨炳钧，译. 重庆：重庆大学出版社，2011：8.

④ 洪波. 思想政治教育话语范式转换研究 [M]. 杭州：浙江大学出版社，2012：35.

话语符号，更是在话语实践中具体的社会行为和意义建构。

（二）思想政治教育话语

思想政治教育话语的概念目前在学界的界定比较模糊，一方面是因为思想政治教育的概念比较复杂，思想政治教育话语的内涵及本质必然会因为思想政治教育概念的界定而存在不同的倾向；另一方面，话语本身是一个复杂的概念，在西方话语理论研究过程中就存在语言、言语、话语等辨析理论，无论是语言学、符号学、传播学等学科对于话语界定在当代学术领域依然存在争议。关于概念的界定，我们应该尊重这一事实，即"同一术语或同一概念，在大多数情况下，由不同情境中的人来使用时，所表示的往往是完全不同的东西"①。关于思想政治教育的概念学界已达成基本共识，即"思想政治教育是指一定的阶级、政党、社会群体遵循人们思想品德形成发展规律，用一定的思想观念、政治观点、道德规范，对其成员施加有目的、有计划、有组织的影响，使他们形成符合一定社会、一定阶级所需要的思想品德的社会实践活动"②。学界对思想政治教育概念也有不同的界定，但基本都是在借鉴上述概念基础上的发展。从思想政治教育概念的界定可以看出，思想政治教育是一项社会实践活动，而话语是建构自我、建构社会、建构世界的实践活动。思想政治教育又是以教育为中心的实践活动，因此，思想政治教育话语必然是围绕着思想政治教育的目标、内容、过程等展开的实践活动。思想政治教育具体的概念、术语、理论、结构、体系等通过思想政治教育话语的描述、解读、分析等传授给受教育者，思想政治教育话语的现代化和学科化的基础来自于思想政治教育的基本理论的发展程度。因此，思想政治教育概念、术语、内容等基本理论研究是思想政治教育现代化、学科化发展的基础，是思想政治教育话语创生与传播必须遵循的理论逻辑。

（三）转型

"转型"概念最开始被应用于化学和生物领域，是从"构型""构象""进化"等词演变而成的，主要指通过改变分子结构的空间排列组合方式，进而使其具有新的结构和功能。事物内部各要素间以及与周围环境发生的重组关系，或在空间序列方式上的变化，构成要素的增加或减少都会使事物原有的稳

---

① 史蒂文·卢克斯.个人主义 [M].阎克文，译.南京：江苏人民出版社，2001：1.
② 张耀灿，郑永廷等.现代思想政治教育学 [M].北京：人民出版社，2006：50.

定结构发生改变，这一过程就被称为"转型"。"转型"概念被研究的重点不在于其生物意义上的含义，而在于其被纳入社会学范畴进行研究，并形成了特定的研究理论，即社会转型理论。在现代化理论中，西方社会学家认为"社会转型"（social transformation）主要指传统社会向现代社会的转换，并用其来描述社会结构发生的根本性改变。西方社会转型理论主要有美国经济史学家罗斯托的"经济成长阶段论"、瑞典经济学家纲纳·缪达尔的"循环累积因果原理"、美国政治学家萨缪尔·亨廷顿的"文明冲突论"等。这些理论为我国社会转型研究提供了可借鉴的成果，我国台湾社会学家蔡明哲认为"发展就是由传统社会走向现代化社会的一种社会转型与成长过程"①。陆学艺进一步指出："社会转型是指中国社会从传统社会向现代社会、从农业社会向工业社会、从封闭社会向开放社会的社会变迁和发展"②。我国关于社会转型的研究一方面指从传统社会向现代社会转型，另一方面主要特指改革开放以来社会结构的转变，反映了当代中国的社会变迁。如果从社会转型的性质来说，则包括伴随着社会制度的变更而来的社会转型和在社会制度的自我发展、自我完善中而实现的社会转型。总之，社会转型不仅涉及经济、政治、文化、社会、生态等各方面，同时也包括社会主体的思想、观念、素质以及生活方式等方面。"社会转型实质上是社会的结构性变迁，具体表现为借助于社会规范体系的重建而实现的生产方式、交往方式和生活方式的转型。"③社会转型的目的在于寻求一个更加合理的社会结构，促进社会各要素间的和谐发展，为人的生存和发展提供更有效的条件和保障。

思想政治教育话语转型身处社会转型之中，同样具有从传统形态向现代形态转型的特点，是为适应社会和人的发展而不断实现思想政治教育学科的现代化、科学化而进行的结构性转型。必须将思想政治教育话语转型研究置于整个社会转型的大背景下，从思想政治教育学科发展的转型过程中考察其话语在特定时期的特点和规律，从社会主体思想、观念、生活方式及利益诉求等方面把握思想政治教育话语转型的价值取向。

---

① 蔡明哲. 社会发展理论——人性与乡村发展取向 [M]. 台北：台湾巨流图书公司，1987：189.

② 陆学艺，景天魁. 转型中的中国社会 [M]. 哈尔滨：黑龙江人民出版社，1994：2.

③ 晏辉. 现代性语境下的价值与价值观 [M]. 北京：北京师范大学出版社，2009：307.

二、思想政治教育话语转型相关概念辨析

目前，关于思想政治教育话语研究主要有思想政治教育话语转变、转换、转译、发展、创新等，这些关键词与"转型"具有相近的含义，甚至这些用语彼此之间存在着交集，但在实质上思想政治教育话语转型与其他用语是相互区别的。学者将这些用语进行了划分，即"第一类是工作用语。例如，改进、加强、改革、转变等"，"第二类是研究用语。例如，发展、转换等"，"第三类是理念用语。例如，创新"①。虽然这几类研究用语并不能表征思想政治教育话语的嬗变历程，但足以表征当前思想政治教育话语研究的多样性。因此，对思想政治教育话语转型的研究，必须厘清不同领域话语研究之间的区别与联系，为思想政治教育话语转型概念的界定提供理论借鉴。

（一）思想政治教育话语转换与思想政治教育话语转型

转换是文化领域用得比较多的用语，主要用来说明在现代社会发展过程中实现的传统文化向现代文化的转换，包括转换思维、转换视觉、转换身份、转换策略、转换行为等，以此来适应现代社会发展的条件。思想政治教育的话语转换是指："教育者根据时代背景和教育情景的特点和要求，根据受教育者的需要和习惯，调适和改变自己原有的话语方式，用受教育者更愿意和能够接受的话语来表达和传递教育内容，以增强思想政治教育的吸引力和实效性"②。思想政治教育者向教育对象传授话语，属于对思想政治教育文本内容的"二次"生成，其教材、课堂、实践等话语都是经过了教育者的转换才传授给教育对象。在这个过程中要使思想政治教育内容客观有效地传达给受教育者，教育者便不能"照搬""移植"思想政治教育原初文本话语，而要通过自我的学识、阅历、经验等对思想政治教育话语理论进行转换，即根据教育对象的专业、知识结构层次等进行有针对性、层次化的话语描述与分析，以有效地实现思想政治教育原文本话语的再次生成与创新，使其更加符合受教育者的认知和接受程度。在这一转换的过程中，教育者并不是对思想政治教育原文本话语的照本宣科，更不是完全抛弃思想政治教育原初文本话语，而是在尊重原初话语的内容、思想、本质等基础上，在融入教育者对原初话语理解的基础上实现的教材

---

① 孙其昂.思想政治教育现代转型研究[M].北京：学习出版社，2015：284.
② 刘建军.思想政治教育的话语转换及其路径[J].安徽师范大学学报（人文社会科学版），2016（4）：397-403.

话语向课堂话语、实践话语等的转换。从上述内容可以看出，教育者在思想政治教育转换过程中起主导作用，思想政治教育者要实现思想政治教育话语转换的三重层次，即"话语娴熟""思想渗透""思维圆融"①，进而提升教育者思想政治教育话语转换的能力。

关于思想政治教育话语转换，学者早前就提出过思想政治教育的"内容Ⅰ"和"内容Ⅱ"，以及前者向后者的转换。②思想政治教育学科的经典文本所呈现的内容为"内容Ⅰ"，在教学、学术、实践等研究过程中转换经典文本的内容为"内容Ⅱ"。与此对应的"内容Ⅰ"向"内容Ⅱ"的转换，即"话语Ⅰ"向"话语Ⅱ"的转换，在当前学术研究中思想政治教育话语转换主要有话语思维方式、范式、内容、场域、效用、传播、转译等方面的转换。但思想政治教育话语的转换并不是单一的替代或转向关系，不是对思想政治教育原文本话语的全盘否定，而只是否定、抛弃思想政治教育学科发展中已经被证明的不合理、不恰当的文本话语，其中科学的、合理的、优秀的话语资源在当代社会需要被进一步发展和弘扬。学界在论述思想政治教育话语范式转换的过程中曾指出："范式的转换并非意味着将所研究的对象视为完全不同的他物，而是在更大的、更宽阔的、同时也可以说是在一个新的时空中重新审视所研究的对象。"③从上述的界定中可以看出，思想政治教育话语转换的实质是冲破原有旧话语的束缚与限制，为人们的思想、观念和行为的发展提供更多的可能性和发展性。

从上述论述可知，思想政治教育话语转换强调的是在原初文本内容基础上的思想政治教育话语方式、内容、范式等的转换。思想政治教育话语转型是一个总体性的概念，处于社会转型结构体系下的思想政治教育学科内部的结构转型调整，包括形态的转型、结构的调整、要素类型的借鉴与吸收等。思想政治教育话语"转型"更强调话语的整体性功能和效果，而思想政治教育转换则是转型过程中的一部分，或者说是为实现思想政治教育话语结构转型的一种转换方式，体现了话语转换的局部性和具体性，强调的是某一部分或某一方面。思想政治教育话语转换的效果影响着思想政治教育话语转型的成效，两者之间相互影响、相互促进，决定着思想政治教育话语的实效性。

---

① 刘建军. 思想政治教育话语转换的三重基础 [J]. 思想理论教育导刊，2016（5）：120-123.

② 沈壮海. 思想政治教育有效性研究 [M]. 武汉：武汉大学出版社，2008：81.

③ 洪波. 思想政治教育话语范式转换研究 [M]. 杭州：浙江大学出版社，2012：191.

（二）思想政治教育话语转化与思想政治教育话语转型

在文学用语中转化的内涵主要是指改变、变化，指在事物发展过程中矛盾的两个对立面在一定条件下主次位置的变化导致事物内部发生质的改变。辩证唯物主义阐述了矛盾相互转化的原理，认为矛盾的转化必须具备一定的条件，如果矛盾的次要方面转化为主要方面，事物的性质就会发生根本性的改变，这种转化具有渐进性，即由量变到质变的过程。"事物的转化是客观的、普遍存在的，世界上没有任何一种现象不能在一定条件下转化为自己的对立面"①。开展思想政治教育的目的就是促使教育对象产生内在的思想矛盾运动，其实质就是"把一定社会思想观念、价值观念、道德规范转化为受教育者个体的思想政治素质"②。思想政治教育过程主要包括"内化"和"外化"的过程，即"一是社会所要求的价值观念、政治观点、道德规范内化为受教育者的思想政治意识；二是受教育者的思想意识外化为相应的行为和行为习惯"。③从上述论述中可以看出，转化对于思想政治教育来说具有重要的意义和价值，转化"既是教育过程的核心要素，也是教育内容的重要来源，还是提升教育有效性的重要手段"④。思想政治教育话语的转化必须坚持因事而化、因时而进、因势而新，实现"政治话语向科学话语""理论话语向现实话语""教材话语向教学话语"⑤的转化，提升思想政治教育话语的影响力。

思想政治教育过程的开展必须通过"转化"来实现思想政治教育的目的和价值，通过思想政治教育话语这个载体将话语的内容传递给受教育对象，促进教育对象将思想政治教育话语内化于心，外化于行。思想政治教育话语的转化程度，决定着思想政治教育价值及目标的实现程度。思想政治教育话语的转化是一个由量变到质变的过程，通过具体转化可以解决思想政治教育话语各内部要素间的矛盾，促进教育对象思想、道德、观念行为的转变，适应社会发展的需求。思想政治教育转化贯穿思想政治教育全过程，但思想政治教育转型是指当社会结构发生变化时，思想政治教育话语在无法有效适应社会发展语境、无法满足教育对象精神文化需求的情况下，迫切要求从结构、形态、要素、功能

① 彭克宏.社会科学大字典[M].北京：中国国际广播出版社，1989：68.

② 张耀灿，郑永廷等.现代思想政治教育学[M].北京：人民出版社，2006：324.

③ 张耀灿，郑永廷等.现代思想政治教育学[M].北京：人民出版社，2006：334.

④ 罗仲尤，邹德萍.思想政治教育转化属性探析[J].思想理论教育导刊，2017（4）：126-130.

⑤ 王永友，龚春燕.蕴底气、涵生气、接地气：实现思想政治教育话语"三转化"[J].湖北社会科学，2018（7）：183-188.

等方面进行的话语转型。思想政治教育话语转型的前提是在社会转型的促使下进行的，并不是一开始就存在于思想政治教育的过程之中的，是特定社会发展时期阶段性的要求，是思想政治教育话语各要素之间的分化与调整。从上述论述中可以看出，思想政治教育话语转型是更宏大的结构调整，思想政治教育话语转化为思想政治教育话语的成功转型起到了促进和推动作用，促使思想政治教育话语功能及价值的最大化实现。

（三）思想政治教育话语发展与思想政治教育话语转型

发展是事物开始的一个逐步变化的过程，是事物的不断更新。发展主要有三个阶段，即初级阶段、渐变发展阶段、质变或部分质变阶段，在阶段发展过程中既有量的变化，又有质的变化。发展不仅指向前推进的过程，即由小到大、由简单到复杂、由低级到高级的变化过程，也指衰退消亡的事物变化。从上述关于发展的界定中可以看出，发展主要被看作向上的、前进的、增长的运动，发展的根源在于事物内部的矛盾，并通过不断的螺旋上升矛盾运动的推进而实现。思想政治教育发展是"在完成思想政治教育目标的过程中，由于思想政治教育话语内部矛盾的推动所产生的思想政治教育话语从低级向高级的运动、变化状况，使思想政治教育话语从旧的样态向新的样态变化，从不完善到完善、从不成熟到成熟的过程"①。从思想政治教育学科发展过程中可以看到，思想政治教育学就是由不成熟到成熟的过程，这是所有思想政治教育学人共同努力的结果。思想政治教育话语呈现了这种由话语的青涩、质疑发展到今天的被认同和接受的过程。思想政治教育话语的发展呈现的是思想政治教育各要素内在矛盾发展的过程，也是教育者话语与受教育者话语之间张力博弈的过程，亦是当前社会强调学科意识、学科发展、促进哲学社会科学发展、推动思想政治教育学科话语增强学科属性、共筑学科话语边界的过程，更是经济、政治、文化、社会和生态环境发展对于思想政治教育学科话语倒逼的过程。

当代思想政治教育话语的发展主要立足新时代，新的历史方位为思想政治教育学科的发展提供了新的时代坐标。面对新时代的新思想、新矛盾、新征程，思想政治教育话语亟须发展，"思想政治教育话语发展理念要因时而进""思想政治教育话语发展内容要因势而新""思想政治教育话语方式要因事而化"②。思想政治教育话语发展是创新和发展思想政治教育学科的重要方面。

① 王咏梅.思想政治教育话语发展研究[D].沈阳：辽宁大学，2018.
② 吴琼.新时代思想政治教育话语发展新思路[J].学校党建与思想教育，2019（1）：19-22.

但思想政治教育话语发展与思想政治教育话语转型不同，思想政治教育话语发展主要强调的是话语的进步、话语的提升、话语效力的增加，具有单向度、向上发展、向前推进的意思，缺少思想政治教育话语内在各要素的转变、转换，对思想政治教育话语各要素间的结构调整、互动、转化等没有凸显。思想政治教育话语转型，不仅具有发展的内涵，同时具有思想政治教育话语各内在要素的分化与整合、转化与构建，思想政治教育转型更强调的是建立一个新的、全景式的话语图景和适应时代、社会及人们思想观念的话语体系。

综上所述，除了上文中提到的思想政治教育话语转换、转化、发展的研究之外，还有思想政治教育话语的转变、创新等研究。目前关于思想政治教育话语的研究成果比较多，一方面说明当前学者关于思想政治教育话语的研究视野比较开阔，研究成果比较丰富；另一方面说明当前关于思想政治话语转变、转型、发展、创新、转换等研究也存在糅合研究现象，各研究的侧重点、边界不明确，对于思想政治教育话语的交集性研究比较多。同时，对于各类研究的特殊性不明确，导致目前关于思想政治教育话语研究成果比较零散、不集中。本书侧重于思想政治教育话语转型研究，涉及思想政治教育各要素、结构、功能、理念、类型、特征、要求等方面的分化与整合，其中也涉及思想政治教育话语转变、转换、创新、发展等内容。思想政治教育话语转型是从整体视角探察思想政治教育话语的各要素之间的内在运动特点、规律，期望从整体视角统筹思想政治教育话语研究，并从分化视角探究思想政治教育各要素间的特点和要求，充分发挥思想政治教育话语各要素的功能和价值，在整体协同的基础上构建思想政治教育话语转型图景。

三、思想政治教育话语转型的概念界定

目前，学界关于思想政治教育话语的研究成果多集中于从话语学视域分析思想政治教育话语，注重从思想政治教育话语目前存在的问题、困境等方面寻求思想政治教育话语的解决之道。当前，改革开放的深入发展、社会结构的调整促使思想政治教育学科发展进入新的阶段，"社会发展导致思想政治教育变化，中国社会的转型使思想政治教育同样获得转型的特征"[①]。思想政治教育话语是连接教育者与教育对象的重要载体，更体现着思想政治教育学科的标识及属性。现代社会变迁在促进思想政治教育学科寻求转型路径解决学科问题的

---

① 孙其昂.思想政治教育学前沿研究 [M].北京：人民出版社，2013：261.

过程中，必然推进了思想政治教育话语转型的进程。在社会转型过程中，思想政治教育话语所遭遇的话语"困境"亟须通过转型来"解困"。本书从时代变迁视角揭示思想政治教育话语的内在各要素、范式、价值、理念等方面的系统转型。

前面论述的过程强调了在社会发展过程中，思想政治教育学科也在不断地推进科学化进程。当前，思想政治教育话语的研究成果比较丰富，人们在思想政治教育转换、转化、转变、创新、发展等研究过程中试图解决思想政治教育话语所面临的教材话语与课堂话语、理论话语与实践话语、教育对象与受教育者话语、学科话语与学术话语等存在的话语间隔、断层、矛盾和冲突，实现思想政治教育话语的价值和意义。无论是思想政治教育话语的创新、转换、转变、还是发展，其最终目的就是通过教育者在思想政治教育的理论与实践中，遵循话语规则、规范和规律的前提下，通过话语的符号表达实现思想政治教育的目的。传达给教育对象的思想政治教育话语，其中包括两种话语，一种是知识性话语，即思想政治教育话语所承载的思想政治教育内容、价值、功能、目标等，是教育对象进行思想政治教育知识性的建构。另一种是意义性话语，即基于知识性话语传达给受教育者关于生命、精神的意义性话语，赋予教育对象理想、信念、信仰的意义性话语。在思想政治教育话语的实施过程中，知识性的话语往往比较容易实现，而意义性的话语更多的是面临失语，这也是导致思想政治教育效果、价值、意义在生活世界遭遇失落的根本原因。在研究思想政治教育话语转型的过程中，最重要的就是思想政治教育话语如何在现代社会生活中抵达人们的精神世界。在开展思想政治教育活动的过程中，教育者往往过度强调知识性话语的重要性，而忽略了意义性话语，甚至出现意义性话语在课堂、社会、实践等场域中存在不在场现象，导致知识性话语无法解决人们的思想困惑，无法解答社会发展过程中的主体自我迷失问题。因此，思想政治话语转型不只是思想政治教育内在要素矛盾运动的结果，也是社会转型倒逼思想政治教育话语转型的实现，更是现实社会生活中人们亟须赋予思想政治教育意义性话语生命力量和意义。当然，没有知识性话语的承载，意义性话语是无法实现的，所以知识性话语是思想政治教育话语的基础性的话语，多数教育者都可以实现知识性话语的给予，但是最高层次的意义性话语对于教育对象的给予，则不是每位教育者能够做到的。思想政治教育话语的转型首先要求教育者要具有掌握、领悟和运用思想政治教育话语的能力和素养。

　　思想政治教育话语转型是一个系统性的概念，它包括思想政治教育目标、原则、内容、载体、方法等各方面的转型和结构调整，同时也包含着新元素的加入，新方法的运用，新理念的融合等，这是在学习借鉴基础上的系统性发展。思想政治教育话语转型是思想政治教育转型的具体体现，其转型动力依然源于社会转型、思想政治教育内在发展的需要以及社会主体思想观念发展的诉求。同时要注意，思想政治教育话语转型也有不变的元素和本质，对于思想政治教育话语承载的思想政治教育学科的本质属性是不变的，对于传统优秀的思想政治教育话语理论、内容、方法等底蕴和资源要在继承的基础上进行进一步的弘扬和发展。"思想政治教育的发展，根植于中华民族优秀文化沃壤之中，并从传统文化与现代文化的相互激荡中获得发展的文化动力。"[1]对于马克思主义经典作家以及我国在革命、建设、改革的实践过程中产生的优秀的思想政治教育理论、实践资源在转型过程中依然是核心内容。思想政治教育话语转型亦是在全球化发展中学习和借鉴西方思想政治教育话语理论优秀成果基础上的发展。因此，思想政治教育话语转型研究并不意味着全部抛弃、转变或彻底改变固有的话语文本，而是在坚守思想政治教育话语学科属性基础上的进步与发展。

　　综上所述，思想政治教育话语转型是思想政治教育转型的具体体现和重要内容。在社会转型背景下，思想政治教育面临着整体和系统的转型，即目标、原则、内容、方法、载体等的转型，其来自于社会转型的推动。可见，思想政治教育话语转型是在社会转型及思想政治教育转型的双重推动下进行的，其转型研究必须在社会转型的背景下和思想政治教育学科发展视域中进行研究，不能脱离社会和学科单纯研究思想政治教育话语转型。因此，思想政治教育话语转型是思想政治教育话语体系在社会转型推动下发生的结构性转变。

---

① 张耀灿，郑永廷等.现代思想政治教育学[M].北京：人民出版社，2006：69.

第二节 思想政治教育话语转型的特征

思想政治教育学科是一门综合性的实践性学科，话语理论是一个相对复杂的理论，思想政治教育话语转型不仅是话语的转型，而且是深处于思想政治教育学科在社会结构调整范围内的学科话语与社会和人的发展等相融合的话语的契合性发展。根据思想政治教育话语内涵及要素构成，需要对其转型的特点进行研究，有的学者认为思想政治教育现代转型的特殊性主要"体现为系统性、受动性和社会性"①。遵循习近平总书记在哲学社会科学工作座谈会上的重要讲话精神，构建思想政治教育话语体系要体现"继承性、民族性，原创性、时代性，系统性和专业性"②。在综合思想政治教育发展的特点，即"内涵与外延相结合的发展""渐进与飞跃相结合的发展""协调式与突破式相结合的发展"和"继承性与超越性相统一的发展"③的基础上，本书主要对思想政治教育话语转型的继承性、民族性，原创性、时代性，系统性和专业性的特点进行分析。

一、继承性、民族性

思想政治教育话语转型是思想政治教育科学化发展的必然趋势，在转型的过程中，思想政治教育话语必须坚持继承性、民族性的特点。思想政治教育话语转型并不意味着全部的转型或者改变，也并不意味着完全打破传统思想政治教育话语的结构、内容、理念、价值等，重新建构一个新的思想政治教育话语体系。如果在转型过程中将传统思想政治教育话语完全否定，使其与现代思想政治教育话语形成"对立""割裂"的关系，那么现代思想政治教育将成为"无根"的学科，其话语也将"无法言说"或"言而无声"。思想政治话语转型要将经典、优秀的话语资源作为其转型过程最基本的话语理论与实践基础。可见，思想政治教育话语转型是思想政治教育话语各要素、结构的分化与整合，是思想政治教育话语对新元素、新方式的采用，对一切优秀思想政治教育话语资源的借鉴和吸收。思想政治教育话语转型的继承性、民族性是指在话语转型

① 孙其昂. 思想政治教育现代转型研究 [M]. 北京：学习出版社，2015：284.

② 习近平. 在哲学社会科学工作座谈会上的讲话 [M]. 北京：人民出版社，2016：16-22.

③ 张耀灿，郑永廷等. 现代思想政治教育学 [M]. 北京：人民出版社，2006：69.

的过程中"要善于融通马克思主义的资源、中华优秀传统文化的资源、国外哲学社会科学的资源，坚持不忘本来、吸收外来、面向未来。坚定中国特色社会主义道路自信、理论自信、制度自信，说到底是要坚定文化自信，文化自信是更基本、更深沉、更持久的力量"①。思想政治教育话语转型要坚持以马克思主义基本理论为核心，即要始终坚持以整体性的马克思主义科学体系为指导，始终坚持以马克思主义中国化时代化的最新成果为指导，并将它们作为思想教育话语转型的根本遵循。对于经典的马克思主义理论，思想政治话语转型过程中要进一步地继承和弘扬，要始终坚持辩证唯物主义和历史唯物主义的世界观和方法论，坚持科学社会主义的根本性质和共产主义的崇高理想，坚持为无产阶级和广大人民谋利益的根本政治立场和根本宗旨，坚持与时俱进的马克思主义最根本的理论品质，坚持马克思主义哲学、经济学、科学社会主义的基本原理和基本观点，坚持马克思主义阶级性、实践性、科学性的根本特征。在思想政治教育话语转型过程中，必须完整准确地理解马克思主义理论科学体系，必须坚持和巩固马克思主义在意识形态领域的指导地位，必须坚定不移地推进马克思主义中国化时代化，将经典马克思主义话语作为思想政治教育话语转型及话语体系建构的核心话语进行进一步的继承和弘扬。

思想政治教育话语转型必须坚持以马克思主义中国化时代化的最新理论成果为指导。中国化的马克思主义是思想政治教育的指导思想和基本内容，是思想政治教育话语承载的主要内容，是思想政治教育话语继承、发展和创新的典范。思想政治教育话语在转型的过程中，要深刻反映社会发展实际，要以马克思主义中国化时代化最新成果，即习近平新时代中国特色社会主义思想来回应意识形态话语之争，以马克思主义中国化时代化的最新话语来解读社会转型过程中出现的各种问题、现象，通过有效的话语来满足社会大众的思想、观念及行为诉求。"在解读中国实践、构建中国理论上，我们应该最有发言权，但实际上我国哲学社会科学在国际上的声音还比较小，还处于有理说不出、说了传不开的境地"②。面对当前思想政治教育话语这种"失声"的现象，最根本的就是要坚持将马克思主义基本理论及马克思主义中国化时代化的最新成果作为思想政治教育基本、经典的话语资源。思想政治教育话语转型的继承性同时包括我国优秀的传统文化资源，这些优秀的文化资源是社会主义文化的组成部分，

---

① 习近平. 在哲学社会科学工作座谈会上的讲话 [M]. 北京：人民出版社，2016：17.
② 习近平. 在哲学社会科学工作座谈会上的讲话 [M]. 北京：人民出版社，2016：24.

也是思想政治教育话语承载的主要内容，凝聚着我国的民族精神。"就是指我们党的崇高理想和信念、优良传统和作风，包括中华民族几千年形成、发展起来的优秀文化传统和美德"①。思想政治教育话语转型要发掘优秀的传统文化、革命文化和社会主义先进文化资源，在继承的基础上，结合时代发展实际赋予其新的话语内涵和意义。

思想政治教育话语转型的民族性，就是要从中国特色社会主义理论与实践中概括、提炼和创造新的语义、内涵和范畴。随着经济全球化、全球一体化和信息科技化的发展，思想政治教育话语不仅要具有中国特色的话语视角，同时需要具有开阔的世界眼界，积极学习和借鉴人类一切优秀的文明成果。改革开放四十多年来我国取得了丰硕的成果，当前我国改革开放向纵深推进，格局全面铺开。因此，思想政治教育话语转型研究必须具备世界视域，关注人类社会的发展与变迁规律，唯有民族的，才是世界的。"中国的马克思主义理论研究应该自觉地追求这样两个目标：世界历史性的胸襟与视野，民族性的气派与风格。"②可见，思想政治教育话语转型过程必须体现中国特色，同时要正确处理继承与借鉴的关系。这就是说思想政治教育话语离不开传统的、民族的文化土壤的滋养，其民族性要求思想政治教育话语不仅要具有中国特色，同时要具有开阔的世界视域，不能关起门来自我言说。"这就要求现代思想政治教育必须立足国情，保持和发扬自身特点，又必须树立世界眼光和开放意识，积极吸纳并充分利用人类文明所创造的一切优秀成果。"③综上所述，思想政治教育话语转型是提升思想政治教育有效性的重要途径，在建设新时代中国特色社会主义语境中有助于实现对主体、社会、生活、环境等的有效解读。在思想政治教育话语转型过程中要构建思想政治教育多维话语体系，健全话语评价机制，完善思想政治教育话语生产、分配、消费以及话语理论到实践的反馈机制，进而有效融合社会主义核心价值观内容，引导社会主体树立正确的话语观，促进国际、族际宽容和社会主体的代际、人际和谐。通过思想政治教育话语转型，满足有效性视角下思想政治教育话语对现代转型期教育主体生命、价值和意义的诉求，创造具有中国特色、中国风格、中国气派的思想政治教育话语。

---

① 江泽民文选（第三卷）[M]. 北京：人民出版社，2006：503.

② 张澍军，冯昆. 学科对象、学科功能与学科意识——关于"马克思主义理论"学科建设的几点思考 [J]. 高校理论战线，2006（9）：30—34.

③ 张耀灿，郑永廷等. 现代思想政治教育学 [M]. 北京：人民出版社，2006：66.

二、原创性、时代性

思想政治教育话语转型的原创性、时代性，就是要结合思想政治教育学科的特色和属性，建构属于思想政治教育的原生态话语。思想政治教育话语转型的原创性，就是要求思想政治教育话语能深刻解读我国革命、建设和改革开放四十多年来中国的发展实际，能根植于祖国大地反映我国经济、政治、文化、社会和生态的现状，能深刻解读社会大众的思想、观念及行为的变化，同时能从思想政治教育视角给予社会大众心灵的观照和价值、精神的引领。思想政治教育话语必须关注我国社会转型期的实际，针对社会发展过程中凸显的新现象、新问题、新规律，思想政治教育者要以此作为理论和实践研究的基点，提出具有原创性、有效性的理论观点并给予分析和揭示，构建社会转型期思想政治教育话语体系。

可见，思想政治教育话语转型的原创性，一方面要求思想政治教育者、研究者、管理者要保持初心，要有立志为促进思想政治教育发展而付出的决心和毅力，要求思想政治教育学人在具体的理论和实践研究中，不能照搬马克思主义理论以陷入"本本主义"，更不能生硬地将马克思主义经典话语简单地拿来应用，并置于教学、学术论文、管理工作等过程中。而是要在学习、尊重马克思主义经典理论的基础上，结合社会发展以及社会主体思想实际，从思想政治教育学科视角给以话语描述、分析、解读和批判、反思。思想政治教育者要始终保持从事思想政治教育学科的初心，要保持对思想政治教育这门学科的热爱和激情，社会转型期的思想政治教育话语面临的机遇和挑战并存，教育者要善于把握机遇迎接挑战。社会转型期为思想政治教育话语的发展提供了更好的契机，社会结构的调整、阶层的分化深刻影响着人们的思想、观念和行为，这种改变亟须从思想政治教育视角给予大众话语分析、描述和解读。但也同时预示着思想政治教育话语必须转型，不能再以传统的话语模式、思维及内容来进行解读，更不能简单套用或照搬马克思主义经典理论话语。马克思主义经典理论是发展的理论，思想政治教育学科话语应具备这一理论品质和精神，要以思想政治教育的视角分析和解决问题，要深处于社会转型发展过程，要以思想政治教育视角创生具有思想政治教育学科属性的话语体系。

另一方面，思想政治教育话语转型要处理好原创性和创新性的关系。思想政治教育话语转型的原创性要求思想政治教育话语在社会转型过程中要有原创精神，要有自主运用、创生和发展思想政治教育原初文本话语的意识。但这并不是说思想政治教育话语转型只需要运用原初文本话语，或原创性话语，不能使思想政治教育话语走向两极化。这里需要警惕的是，我们不能因强调原创性而完全放弃创新性话语。思想政治教育话语转型的原创性要求在尊重思想政治教育学科属性、尊重我国社会发展实际以及社会大众思想实际的基础上进行话语创新，并不是说思想政治教育话语要固守传统、固守其学科话语而完全放弃创新和借鉴。也就是说思想政治教育话语转型必须"用自身独特话语或理论对中国社会进行观察，提炼出有价值的问题意识，叙述、解读以及分析中国社会的历史与现实"①。同时，思想政治教育话语原创性要处理好与其他学科话语的关系。思想政治教育学科是一门综合性的学科，是在借鉴相关学科知识基础上的话语运用，但这种借鉴也必须是深处于思想政治教育学科视域的借鉴，是启发性的借鉴，并不是学科话语的移植和挪用。因此，思想政治教育话语转型要求思想政治教育者必须具有原创意识和原创精神，思想政治教育话语必须是体现思想政治教育学科属性的话语。

思想政治教育话语转型的时代性，就是思想政治教育话语研究要具有发展视域，体现时代性，深刻反映时代发展主题。马克思指出，每个时代都有属于它自己的问题，而所谓问题，就是"时代声音"，就是时代"呼声"②。当前思想政治教育话语之所以出现话语有效性不足，与受众进行话语交往过程中呈现无力感的原因，就在于思想政治教育"内容与现实""内容的主题与社会主题""内容的价值主导与现实价值主导""内容的时间维度与现实""内容一元化与多样性"③存在的反差。思想政治教育话语转型要警惕这些问题，并在研究的过程中破解这种"困局"，提升思想政治教育话语的有效性。思想政治教育话语转型研究要立足我国革命、建设和改革的实际，体现不同时期思想政治教育话语的内容、特点和规律，要"从中国国情、时代特征和中国实际问题的特殊性出发，运用中国特有的视角和方法，秉承中国特有的思维传统，提出具有中国特色的理论结论和实践路径"④。思想政治教育话语转型研究，要坚持习近平总书记在全国高校思想政治工作会议上的重要讲话中提出的"因事而化、

① 叶方兴 . 认同危机与思想政治教育自觉 [J]. 学术论坛，2013（1）：205-210.

② 马克思恩格斯全集（第40卷）[M]. 北京：人民出版社，1982：289-290.

③ 孙其昂 . 思想政治教育学前沿研究 [M]. 北京：人民出版社，2013：85-86.

④ 戴锐 . 思想政治教育学科的"中国气派"之路 [J]. 思想理论教育，2009（13）：53-58.

因时而进、因势而新"的"三因"理念，这是思想政治教育话语转型研究的根本方法和遵循。这就要求在社会转型过程中思想政治教育话语要具有意识形态属性，要结合党和国家的重要任务、决策、发展主题而发声，思想政治教育话语要针对这些变化而及时地调整、补充、完善其内容、形式和目标。思想政治教育话语转型不仅要反映当代社会主体健康、激昂、向上的生活状态，同时要直面社会转型期社会主体的思想、观念冲突而导致的"精神焦虑""心灵困顿""主体迷失"等现象，只有这样的话语才是有生命、有时代感、有影响力、有意义感的话语。同时，思想政治教育话语转型也要具有开阔的世界眼界，在当前全球化过程中伴随着诸多全球性问题，如环保问题、核污染、毒品、贫富差距、传染性疾病等问题，人类是"你中有我、我中有你"的人类命运共同体，思想政治教育话语转型应直面问题，关注人类共同面临的公共生活和公共安全，从思想政治教育学科视域给予应有的话语分析、话语诊断和话语治疗。

三、系统性、专业性

系统性就是要求从整体上系统地看待思想政治教育话语转型的过程、要素、内容及效果。"系统作为一种范式，代表一种整理安排我们已经获得和在可以预见的将来有希望获得的知识的新方式，这是一种根据系统概念，根据系统的性质和关系，把现有的发现有机地组织起来的模型"[①]。思想政治教育话语转型的系统性，有助于揭示思想政治教育话语内在要素在转型过程中的运行特点和规律，促进思想政治教育学科的科学化发展。思想政治教育话语转型涉及思想政治教育话语的各要素构成，即思想政治教育话语间性、语境、预设、交往、内容和形式。在思想政治教育转型的过程中这些要素贯穿始终，因此必须从整体上对思想政治教育话语要素进行系统研究。思想政治话语转型的效果取决于这些要素的优化与整合的效率，既取决于思想政治教育话语各要素功能的发挥及价值的实现，同时也取决于各要素之间的系统性功能的发挥。思想政治教育话语转型的系统性要求重视思想政治教育话语各要素分化与整合功能的发挥，既要重视思想政治教育话语各要素在转型过程中的独特性作用及价值功能，又要重视各要素间的整合性作用。在思想政治教育话语转型过程中，对于话语各要素的价值及功能不能顾此失彼，就像木桶原理一样，其部分要素的短板会制约思想政治教育话语转型的整体性效果的实现。在研究过程中，不能只

---

① E·拉兹洛.用系统论的观点看世界 [M].闵家胤，译.北京：中国社会科学出版社，1985：3.

强调思想政治教育话语各要素的普遍性、系统性、整合性功能，而忽视话语各要素在转型过程中独特性作用的发挥，导致思想政治教育话语转型研究效果受限。需要注意的是，思想政治教育话语转型并不是指某一类型话语单一的转型，而是思想政治教育各类型话语（如学科话语、学术话语、工作话语等）形成的稳定的话语系统，依据一定社会转型变化而发生的思想政治教育话语系统内部结构性的改变。因此，思想政治教育话语转型的各要素之间相互联系、相互依赖、相互促进，也正是因为各要素之间的相互契合、相互作用才能真正实现思想政治教育话语的有效转型。

思想政治教育学科已成立近四十年，是一门综合性、实践性学科，有自己特有的学科属性、学科使命和话语体系。思想政治教育话语的专业性来自我国优秀的传统文化资源，根植于我国革命、建设和改革的伟大社会实践，更来自于近四十年来无数思想政治教育学人不断地探索和实践。从思想政治教育学科成立至今，有许多具有代表性的学科专著和学术论文，以思想政治教育的话语描述、分析、解读和批判各种社会现象和问题，给予社会主体价值引领。但不可否认的是，思想政治教育话语的"专业性"在学科、社会发展，以及受众思想、观念和行为的变化过程中的分析、解读、揭示等方面效力依然不足，存在"理论研究与实践工作的同质化""什么都能装——口袋学科现象""学科范式空场：信念、经典、传统、方法""理论研究的泛化与实践话语的微弱""学科知识概念、命题、逻辑的殖民化和语义板结化"①等现象。对于思想政治教育学"专业学术槽"的论述，学者认为学科"专业学术槽太浅露而又宽泛，谁都可以伸进头来吃上一嘴""实证研究方法确实流于肤浅的现象描述""具有多学科参与的特点，但'始终未形成科际整合的研究模式'""要加强'专业槽'建设——专业特有的学术论域、学术话语、学术规范；加强相关学科的联系、整合"②。思想政治教育学科边界模糊、专业学术槽浅陋导致思想政治教育话语效力不足。因此，思想政治教育话语转型必须增强思想政治教育学科话语的创生和传播。

思想政治教育学是在继承马克思主义基本理论和中国特色社会主义理论的基础上，借鉴了教育学、政治学、心理学、伦理学、传播学、社会学等学科理论知识和方法的学科。思想政治教育话语的专业性要求思想政治教育话语在转

① 金林南.思想政治教育学科范式的哲学沉思[M].南京：江苏人民出版社，2013：49-60.
② 姚建龙.远离辉煌的繁荣：青少年犯罪研究30年[J].青年研究，2009（1）：83-92.

型的过程中要警惕"理论移植"和"方法套用"，这并不表示完全不去学习和借鉴相关学科理论与方法。相反，思想政治教育学科对相关科学知识与方法的借鉴是很有价值的，因为这是思想政治教育学科发展的必要阶段，更是思想政治教育话语重要的理论和方法资源。但借鉴并不意味着一味地照搬和模仿，更不是学科知识移植和话语套用，而是将学习借鉴的相关学科知识与思想政治教育学科知识相结合，为思想政治教育学科发展提供更广阔的视域，为解决思想政治教育、管理工作过程中遇到的各种问题提供更多解决方案。这就要求思想政治教育工作者要有学科意识和学科精神，在从事思想政治教育工作的过程中，始终坚持思想政治教育话语的学科属性，在学习借鉴相关学科知识的过程中，要有明确的学科边界意识，不能顾左右而言他，更不能将其他学科理论、话语简单置于课堂、学术论文乃至相关研究领域。在思想政治教育话语转型的过程中要坚持思想政治教育话语的专业性，要求思想政治教育者始终坚持思想政治教育话语固有的学科属性，要有明确的学科边界和学科话语意识，要有学习和借鉴相关学科理论知识进而丰富思想政治教育学科理论的信心和毅力，进而使思想政治教育学科成为有"根"、有生命力和影响力的学科。

综上所述，思想政治教育话语应坚持马克思主义理论紧密结合我国社会发展实际，深入挖掘思想政治教育学近四十年来发展过程中的理论脉络，针对不同受众探究多样、有效的话语传播方式和方法，在借鉴其他学科理论的基础上，立足思想政治教育学科话语发展，在体现思想政治教育交叉学科属性的同时，注重国际学术前沿、门类齐全的哲学社会科学理论话语和实践话语研究，实现思想政治教育话语的专业化发展。

第三节　思想政治教育话语转型的理论资源

思想政治教育话语转型是在借鉴相关话语理论资源的基础上来进行研究的，主要包括：索绪尔的语言学理论、福柯的建构主义话语观、费尔克拉夫的话语批判理论、哈贝马斯的"普遍语用学"交往理论以及马克思主义的语言思想。这些经典的话语理论资源为思想政治教育话语转型研究提供了丰富的理论资源和研究启示。

一、索绪尔语言学理论

关于话语理论的研究，可以追溯到瑞士语言学家费尔迪南·德·索绪尔，他在《普通语言学教程》中提出了著名的语言学理论，将言语活动分成"语言"和"言语"两部分。语言是人类言语活动中的社会部分，它不受个人意志的支配和左右，是社会成员共有的社会心理现象。言语则是言语活动中受个人意志支配的部分，它带有个人化的发音、用词、造句的个性化特点。索绪尔认为两者的区别在于：①语言是言语活动事实混杂的总体中一个十分确定的对象。②言语活动是异质的，而这样规定下来的语言却是同质的[①]。索绪尔认为语言和言语联系密切，语言有内部要素和外部要素，因此语言研究又可以分为内部和外部语言学。内部语言学研究语言本身的结构系统，外部语言学研究语言与民族、文化、地理、历史等方面的关系。索绪尔认为语言是一种符号系统，他最基本的想法是概念以及与之相连的言语声音的差别。索绪尔称言语声音为能指，概念为所指，而二者的结合被称为语言符号。符号的任意性这一论断是基于这样的阐述，即"无论是能指、所指的性质，还是它们的关系的性质，都不是固定的或者说确定的"[②]。索绪尔认为语言符号是随着时间的推移不断变化和发展的，而语言符号所代表的事物、符号本身也随之有所改变。索绪尔指出，人类社会在表达和传播关于周围环境及自我在这个过程中认识的成果时，都会有意或无意地使用相对自足、完善的形式系统，其共性在于它们都可以不同程度地替代自己所要表达的主客体对象。如果我们在实际生活中都致力于将这些完善的形式系统纳入一个范畴内并寻找其发生的特点和规律，这对于事物和人类的发展是非常有意义的。就是这一具体含义与有关差异的潜在体系之间的关系的基本洞见让索绪尔提出，创建一个有关存在于社会中的符号的科学是可能的，符号学不仅关注语言，也尽可能地关注与任何一个系统地运用意义的人类领域。因此，索绪尔不但是现代语言学的奠基者，也是符号学和结构主义的创始人。

---

① 费迪南德·德·索绪尔.普通语言学教程 [M].岑麒祥，叶蜚声，高名凯，译.北京：商务印书馆，2008：36.

② 乔纳森·波特，玛格丽特·韦斯雷尔.话语和社会心理学——超越态度与行为 [M].肖文明，吴新利，张擘，译.北京：中国人民大学出版社，2006：18.

二、福柯的建构主义话语观

米歇尔·福柯是法国哲学家、社会思想家和"思想系统的历史学家"。福柯的早期著作对话语给予了突出的关注，这是他在涉及人类科学的研究时所采纳的各种立场的结果，他将话语实践作为重点，试图超越社会研究两个主要的可供替代的探讨模式，即结构主义和解释学。福柯注意到了一种非常特别的话语形式，即人文科学话语（the discourse of the human science），其在以文本为方向的话语分析原则上关注任何种类的话语：谈话、课堂话语、医疗话语等等。同时强调的是话语"可能性的条件"，是"构成规则"（rules of formation）——这些规则确定某种特殊类型话语可能的"客体""主体""概念"和"策略"。福柯关注的重点是知识领域，其是由诸如此类的规则所构建的。

在福柯的早期"考古学"工作中，侧重点是作为建构知识领域之规则的话语类型，在之后研究中他将工作重点转向知识和权力之间的关系。福柯的晚年工作的关注点是"伦理学"，即"个体应该如何将自身构建为他的行为的一个道德主体"的问题。尽管话语始终是一个关注的对象，但是话语的地位改变了，它对于以文本为方向的话语分析的含义也发生了变化。福柯的早期"考古学"研究关于话语的主要理论观点有：其一是建构性的话语观，它主要将话语看作积极建构的过程；二是强调在社会或机构中的话语实践的相互依赖性，任何话语都会受到它与其他话语实践关系的限制。尽管福柯的研究重点是人文科学的话语结构，但是他的这些观点可以被转移到所有类型的话语之中。

"客体"在福柯那里意指知识的客体，是特定学科或科学在它们自己的兴趣领域中所承认的实体，它们将这些实体当作研究的对象。福柯认为，"话语的统一与其说建立在一个客体的永久性和单一性的基础上，不如说是建立在这样一个空间中，在此，各种各样的客体浮现出来，并且处于不断的变化之中"。对于话语分析来说，其中较为重要的意义是具有建设性的话语观。福柯所说的空间在这里指以某种关系的角度为一种特定的话语结构而限定的；特殊的"机构、经济和社会过程、行为模式、规范体系、技术、分类形式、个性模式"之间的关系，是一种为客体制定构成规则的关系。福柯认为"概念"是一组范畴、要素和类型——某个学科将这些范畴、要素和类型用于来处理它兴趣领域中问题的机制中。福柯特别提到话语之间种种可能的关系，包括类推、对立、补充和"互相定界的关系"，其中有关非话语限制的讨论是福柯在早期著作中最为接近地承认此观点的表现，即话语"由外在的力量"所决定：在话语实践与非话语实践之间关系的问题上的支配性立场的确表明，比起非话语实践，话语实践具有主导地位。福柯首先指向话语在非话语实践领域中的功能，如"经济话语在上升的资本主义实践中所发挥的功能"；其次指向话语"占用的规则和过程"（rules and processes of appropriation），这就是"言论权"和"理解能力"以及利用"业已构成的陈述整体"的权力，其在社会团体之间的分配是不平等的；再次指向"与话语有关的欲望的可能位置"：话语事实上可以是幽灵再现的场所，是一个象征化的要素，是一种被禁之物，是派生的满意的工具。福柯将策略结构的规则与陈述的"物质性"（materiality）联系在了一起。非话语的限制恰恰是为了确立陈述和机构之间的关系。就一个陈述的"物质性"而言，福柯并不是指陈述在一个特定的时间和地点之被表达出来的属性，而是指陈述在特殊的机构实践中具有特殊的地位。福柯从"考古学"向谱系学转变代表着话语中心地位的偏离，他认为知识体系和真理体系的可理解性被归结于话语规则，这些规则被认为是自主的，而且非话语实践与话语实践之间的关系显然是由这些规则所调节的，而在福柯主要的"考古学"研究著作《规训与惩罚》中，话语的重要性是次于权力体系的。

三、费尔克拉夫的话语批判理论

诺曼·费尔克拉夫是当代西方著名的批判的话语分析学者，他在20世纪80年代初开始将研究重点放在批判的话语分析和研究上。语言学的转向促使语言研究在社会各领域及学科视域得到重视，尤其是以语言研究为中心的文本分析的运用更为普遍，费尔克拉夫也将文本分析纳入社会科学的分析策略之中，话语分析的方法从语言学拓展到了社会学和其他领域。费尔克拉夫认为话语"指的是对主题或者目标的谈论方式，包括口语、文字以及其他的表述方式。话语根源于人们的生活方式和文化习惯，但同时也影响着人们的生活方式和文化习惯"[①]。从上述关于话语的界定可以看出，批判语言学家不仅认为语言是社会过程和结构的反映，同时指出话语建构了社会过程和结构，认为在话语描述、叙事功能的基础上，更重要的是话语的建构功能。费尔克拉夫关于话语理论的分析是在批判福柯话语理论的基础上形成的，他在重视福柯学说的意义的同时，注重将福柯的比较抽象的方法与以文本为主的话语分析方法相结合，

---

① 诺曼·费尔克拉夫. 话语与社会变迁 [M]. 殷晓蓉，译. 北京：华夏出版社，2003：1.

试图探索理论与实践相结合的话语分析方法。费尔克拉夫认为福柯在话语、权力、话语建构等方面成果突出，注重话语形式，而以文本为主的话语分析和语言分析以及话语实践在福柯的话语观中则受到了限制。费尔克拉夫从"文本"向度（the text dimension）（偏向语言学）、"话语实践"向度（the discursive dimension）（文本的生产与消费）和"社会实践"向度（the social practice dimension）（解释话语实践的基础）来分析话语。他认为这三个向度是一种多向度的、多功能的、历史的、批判的分析方法，在这种话语分析的过程中，他提出了研究话语变化的方法，即"在其与社会的、文化的变化的关系之中进行研究"①。费尔克拉夫借用了福柯等学者的"互文性"概念，并进一步指出互文性与话语变化的地位、话语秩序的建构和重新建构的相容性，并将互文性概念运用到文本分析中去，使得互文性的概念变得更加具体，从而更加系统地阐述互文性概念对于话语分析所具有的潜在意义。费尔克拉夫进一步从话语描述（discourse representation）、预先假设（presupposition）、否定（negation）、元话语（metadiscourse）和讥讽（irony）等讨论中明确互文性。费尔克拉夫的研究侧重于文本分析，他论述了话语在建构社会身份和社会关系中的功能，认为文本分析主要是要建构社会现实，构建、再造和改变话语中的知识和信仰体系。从费尔克拉夫的话语分析理论中可以看出，他关注的不是话语事件中的变化，而是关注正发生于话语秩序中的变化，并且揭示了话语秩序变化的主要趋势，即话语的"大众化""商品化"和"技术化"，同时探讨了这三大趋势如何彼此相互作用以及它们与社会变化和文化变化之间的关系。

四、哈贝马斯"普遍语用学"交往理论

尤尔根·哈贝马斯继承和发展了康德的哲学观念，提出了著名的交往理性的理论，对后现代主义思潮进行了有力的批判。普遍语用学是哈贝马斯在哲学"语言学转向"的背景下综合了语言学的诸多成果而形成的语言哲学，"是分析语言行为，研究语言的交往职能，探讨说话者和听者之间的关系，阐述他们二者之间如何达到相互理解的规范性、一般性的前提条件的学说"②。哈贝马斯认为"行为"表达了行为者与"世界"所发生的关系，而"世界"主要指"客观世界""主观世界"和"社会世界"，他依据行为者同这三个"世界"所发

---

① 诺曼·费尔克拉夫. 话语与社会变迁 [M]. 殷晓蓉，译. 北京：华夏出版社，2003：1.
② 哈贝马斯. 交往与社会进化 [M]. 张博树，译. 重庆：重庆出版社，1989：2.

生的关系区分出了四种行为类型，即"目的行为""规范调节行为""戏剧行为"和"交往行为"。哈贝马斯认为交往理论最主要的特征包括"理解""交往理性""语言"和"生活世界"。哈贝马斯指出，"理解最狭窄的意义是表示两个主体以同样方式理解一个语言学表达；而最宽泛的意义则是表示在彼此认可的规范性背景相关的话语的正确性上，两个主体间存在着某种协调"①。可以看出，哈贝马斯把"理解"当作主体之间交往达成默契与合作的重要条件。哈贝马斯认为，"交往理性"是主体间交往遵循的基本准则，而"生活世界"则是主体交往最重要的场域和语境。对于"语言"，他认为"语言"是主体间展开交往的最主要的媒介，而且是最直接、最简单的交流方式，并强调这种"语言"是对话式的日常语言。哈贝马斯重视语言的建构功能，认为在交往行为中，语言建构世界的创造性因素同语言的内在功能（表现、人际关系以及主观表达）所具有的认知因素、道德实践因素以及表现因素等构成了一个整体。

哈贝马斯在进行语言哲学分析时认为，一旦我们离开判断或命题的分析层面，把分析扩大到言语行为和对命题的交往使用时，我们就会发现，语言的三种基本功能具有相同的源头，也具有相同的价值。基本的言语行为展示出一种结构，在这种结构中，三种因素相互交织：表现（或提示）事态的陈述因素、建立人际关系的以言行事因素以及表达言语意图的语言因素。言语行为理论对语言的复杂功能（表现功能、建立人际关系功能和表达各自经验的功能）做了透彻的阐述，对意义理论、交往理论的本体论前提、理性概念等产生了深远的影响。哈贝马斯主要结合言语行为理论对于一种新的工具理性批判方向的重要意义加以阐明。在此基础上哈贝马斯提出了沟通的一般理论——"普遍语用学"，即分析话语行为，研究语言的交往职能。哈贝马斯在交往行为理论中从语言哲学和释义学的角度揭示了语言在主体交往过程中的重要性，他用语用学的论证逻辑论证了话语所具有的非强制性的一体化力量和共识力量，而在这种话语中，参与者为了建立一种具有合理动机的共识，使得社会互动和生活世界语境连为一体。

五、马克思主义的语言思想

马克思主义经典作家关于话语的相关论著比较少，但他们对语言进行的相关论述为思想政治教育话语转型研究提供了理论基础。马克思主义语言思想主

---

① 哈贝马斯.交往与社会进化 [M].张博树，译.重庆：重庆出版社，1989：3.

要包括三个方面：言语观、从言语到语言、语言观。马克思主义认为，物质存在决定意识，意识对物质具有反作用，语言是客观存在的主观反映。因此，言语的产生必须以客观物质世界为基础，不是主观臆造的偶然的产物，而是客观存在的必然产物。同时，马克思主义认为，语言最先是个体自我意识的萌发和体现，属于个体行为，"全部人类历史的第一个前提无疑是有生命的个人的存在"[①]。从上述论述可以看出，言语的出现是个体有声表达的结果。马克思主义在分析言语产生的过程中，其中最重要的观点就是明确了言语是社会实践的产物。马克思主义提出了"自然地产生出来的言语"，这里的"自然"并非大自然，而是指个体的实践，即个体在社会实践交往过程中自然形成的言语。马克思主义的语言观指出，语言是人类特有的产物，语言是人们交往实践的产物。"语言是从劳动中并和劳动一起产生出来的，这是唯一正确的解释"[②]。总之，语言的产生伴随着人类社会物质生活和精神生活的发展过程，语言思想理论发展的程度取决于社会发展需要的程度。可见，语言作为人们交往过程中的主要媒介，在人类社会发展过程中具有不可忽视的作用，不仅彰显了人类发展史，同时彰显了人类文明的发展进程。

马克思主义不仅论述了语言的产生以及语言在人类社会发展过程中的作用，同时阐明了语言具有物质性、社会性和实践性等特征。马克思主义认为语言的产生与人类的物质生产密切相关，即"思想、观念、意识的生产最初是直接与人们的物质活动，与人们的物质交往，与现实生活的语言交织在一起的"[③]。马克思主义语言观认为，语言的产生与发展依赖丰富的物质世界，受到物质世界的影响。语言又是人类实践活动的产物，为人类实践活动服务的，它本身就是一种实践活动。同时，在这种实践活动中，语言得到了丰富的发展。关于语言的社会性特征，马克思主义认为，人的本质属性是一切社会关系的总和，而人们在处理各种社会关系的过程中必须使用语言，离开语言就无法建构这种社会关系。马克思主义在阐述语言思想的过程中，还对语言与意识、思想、思维等进行了阐述，指出语言和意识都是通过实践而产生的。马克思主义

① 中共中央马克思恩格斯列宁斯大林著作编译局.马克思恩格斯选集（第三卷）[M].北京：人民出版社，1995：67.

② 中共中央马克思恩格斯列宁斯大林著作编译局.马克思恩格斯选集（第一卷）[M].北京：人民出版社，1995：511.

③ 中共中央马克思恩格斯列宁斯大林著作编译局.马克思恩格斯全集（第3卷）[M].北京：人民出版社，1956：29.

还进一步指出语言是思想的直接现实，"思维本身的要素，思想的生命表现的要素，即语言，是感性的自然界"[①]。马克思主义的语言观是人类社会实践的产物，是一种实践论的语言观，其丰富的语言思想为思想政治教育话语转型研究提供了坚实的理论和实践基础。

---

① 中共中央马克思恩格斯列宁斯大林著作编译局 . 马克思 1844 年经济学哲学手稿 [M]. 北京：人民出版社，2000：129.

第三章 思想政治教育话语转型的历史考察

思想政治教育话语是在特定历史情境之中被建构出来的符号体系。考察不同的历史时期，特别是中国共产党成立以来的话语发展过程及其阶段，既可以研究思想政治教育话语"何为言说""为何言说""对谁言说""如何言说"的话语背景，又能切实有效地探索思想政治教育话语转型的历史动因、历史分期和历史经验。

第一节　思想政治教育话语转型的历史动因

关于思想政治教育话语转型的历史动因，学界从不同的角度展开了剖析。一是，从社会转型的角度论述，"社会发展必然导致思想政治教育变化，中国社会的转型使思想政治教育同样获得转型的特征"[①]。二是，从哲学语言转向的维度思索，哲学发现诸如真理等问题，最终涉及描述、言说和解释。于是，哲学的研究重心在经历了从本体论、认识论的转变之后，迎来了语言论，即将语言作为哲学反思的前提和基础。这一转向，影响的不仅是哲学本身，也将影响包括思想政治教育在内的所有人文领域。此后，"语言转向"成为了一种普遍的趋势。三是，从话语环境转变的视野研究，西方意识形态话语对于我国话语领域的渗透、占据、解构，需要思想政治教育话语与时俱进地衔接、解释、回应。学界对此问题进行的前期研究与综合论证，使得我们清楚地认识，思想政治教育话语转型并非只是在一种动机推动下所促成的结果，而是在不同动机合力促动的历史过程中形成的。

一、根源性动因：中国共产党话语的扭转

实质上，话语是由一定的主体向特定群体，按照其惯有的传播、输送方式，给予其建构的事实、价值、关系和实体，这需要依靠话语主体的话语权威，有时候会反过来塑造、确立、巩固，甚至会颠覆该群体的地位。因此，不同的社会团体，特别是某些较大的社会阶级，必将牢固坚持反映和呈现其阶级观念的话语表述，从而在根本上使得话语成为反映阶级意识形态、阶级利益的言说方式和书写形式。

从渊源来说，思想政治教育话语存在于不同历史时期的阶级社会实践之中。自中国共产党成立以来，由中国共产党创立的思想政治教育话语便从属于中国共产党的话语体系。第一，中国共产党在自我建设发展历程之中，在比较了"政治工作""宣传工作""政治教育工作""思想政治工作""政治思想教育"等名称之后，选择固定使用"思想政治教育"（思想政治工作）这一名称，这

[①] 孙其昂.思想政治教育学前沿研究 [M].北京：人民出版社，2013：261.

体现出中国共产党内部具有思想政治教育从名称到实际的所有原生态特征，要找寻思想政治教育话语转型的所有性质、阶段、规律乃至过程、原因，都需要在中国共产党的话语体系中进行探究。

第二，由于中国共产党需要将自我建设成一个具有纪律严密、广泛联系群众的组织。因此，按照列宁的说法，需要党以理论家、宣传员、鼓动员、组织者的身份到群众中进行宣传与教育工作。这就意味着思想政治教育话语是在以不同身份、针对不同群众的实践之中，对中国共产党话语进行着吸收继承、实地转换，甚至是创造性运用。为此，思想政治教育话语的转型，也必将随着中国共产党的话语对象、话语任务等变革而发生转变。

第三，中国共产党是在每一场关乎"生死"的革命、每一次关键的改革、每一天突破的发展和每一秒持续的建设之中，积累、规范、搭建其话语框架和话语体系的。由此，思想政治教育话语才能在从权力话语到话语权力、从主导话语到话语主导、从认同话语到话语认同、从创新话语到话语创新等方面，"过渡"、吸收党的话语的影响力、公信力、吸引力、思想力、引领力这一关键内核。因此，思想政治教育话语转型必将使中国共产党在积累过程、危机时刻、发展机遇等面前，为了维持党的权威、为了维系与人民的关系、为了维护大多数人的幸福，而对话语进行调整、转化，甚至是革命性的变革。

第四，从一定程度上来说，中国共产党话语史开启的地方，就是近现代思想政治教育话语史的起点。这意味着，我们可以在党史话语转型的历史根源中找寻其话语转型的历史原因、在党史话语转型的历程中剖析其话语转型的历史过程、在党史话语转型的困境中探析其话语转型的可借鉴路径、在党史话语转型的走向中预测其话语转型的未来可能性。为此，面对当前探求思想政治教育话语通过转型"摆脱"对中国共产党话语转型的"模式依附""路径依赖""理论依靠"而走上"独立"道路的需求来说，所依靠的并不是为了"走出"党史话语却又"走不到"思想政治教育话语的纯粹幻想，而是如何从党史话语转型出发"走到"思想政治教育话语转型的历史"深处"，这才是研究其话语转型的真正意义所在。

中国共产党话语的转变，之所以对于思想政治教育话语转型具有根源性的意义，是因为中国共产党话语的转变构成了思想政治教育话语转型的根本性动因。对于中国共产党来说，其从成立之日开始，就持续地从中国革命、建设、改革和发展中提取属于该阶级的话语体系，并由此区分出事实话语和价值话语，前者是对中国发展历程的整体概括和分析提炼，后者是对中国发展阶段的意义诉求和目标展望。当这种话语体系成为国家话语，投入到社会话语的再生产过程之中而在人民言说时再现时，便意味着中国共产党话语开始呈现出阶段性的变化，这必然源于中国共产党自身的变化。总的来说，中国共产党在从夺取全国政权到全面掌握政权、巩固政权、长期执政的目标过渡中，从阶级斗争到中国特色社会主义建设的任务转移等进程中，通过持续建构与发展的话语阐释和诉说了这种变化。

中国共产党自成立之初就开启了着力塑造阶级话语之路。由于当时的党员和团员多为青年学生，因此中国共产主义青年团中央委员会（简称"团中央"）转发的关于中国共产党中央委员会（简称"党中央"）的通告，被称为"转发大学讲义"，这使得当时整个党的宣传工作虽然具有重视青年的特质，却又难免携带着一些"学生气"。但是，在党逐步掌握了宣传工作技巧之后，特别是对当时中国的社会现状、革命任务、依靠力量、实现途径等方面进行了详细研究与详尽描述之后，其话语地位、风格发生了整体性的提升、转变。1924年5月，中共中央曾总结道："我们政治的宣传，自1923年起，即是打倒国际帝国主义及国内军阀两个口号。在1922年与1923年，'反对军阀'已成了全国普遍的呼声；到1923年与1924年间，列强对华进攻日急，全国知识阶级中进步分子，已采用'反抗帝国主义'的口号。"①从话语的使用范围和使用对象来说，以中国共产党的成立为节点，思想政治教育话语在持续塑造与转型中，开始深刻地将马克思主义话语体系与党的中心工作相结合，成为党必不可少的话语担当。

在新中国成立之后，中国共产党所使用的如"糖衣炮弹""百花齐放、百家争鸣""长期共存、互相监督"等词汇，除了突显了党对于党员的政治要求、文艺工作者的诉求、其他政治党派之间的协助，更进一步地凝练出了思想政治教育的话语表达；诸如"打倒孔家店""阶级斗争""个人崇拜"，甚至改变了"奉献""知识""技能"等的原本词义和"色彩"，使得思想政治教育话语开始进入到了"癫狂化"的政治"改造"之中；诸如"实践是检验真理的唯一标准""改革开放""以人为本""绿水青山就是金山银山""我们都是追梦人"等思想政治教育话语的全面丰富和多样呈现，是新时代党的话语的生动体现。

---

① 中央档案馆.中共中央文件选集（第一册）（1921-1925年）[M].北京：中共中央党校出版社，1989：253-254.

总之，党的话语地位、语言魅力、言说内容和书写方式的变革，都将影响、促使思想政治教育话语的转型。

二、基础性动因：思想政治教育话语的建构

思想政治教育话语转型的核心动机源自其内部生发出来的祈求转型的力量，并构成了转型的基础性动力，其话语不是单一话语系统，而是多种话语的耦合，以形成稳定的话语整体结构。学界普遍将思想政治教育话语分为理论话语、学科话语、工作话语等，思想政治教育的话语转型就是在这三个部分发生转型的基础上，构成整体性的话语变迁。由此，探察思想政治教育话语转型背后的动因，是厘清和界定其本质的关键路径。同时，思想政治教育者话语转型的动因分析也应纳入其中，否则，丧失了对其话语的动机分析不仅无法获得话语主体的认同，而且也使得话语转型失去了引领的动力。

（一）思想政治教育者话语矛盾的转化

思想政治教育者是指在思想政治教育过程中自觉、主动肩负起思想教育、政治教育、道德教育等任务的主体。如果将其放置在具体的教学过程中，一般指教师；在实际的科研过程中，称之为思想政治教育研究者；在现实的党政工作中，称之为思想政治工作者。将思想政治教育者定位为思想政治教育主体，是为了在明确话语主体、话语对象的基础上，厘清各自的话语责任、相互的话语关系以及辨明接受话语反馈的方式。同时，可以以此作为区分长期困扰学界的主体与客体争论的判断依据。

思想政治教育者作为其话语的主动言说者、主力书写者和主导传播者，认知其所属的整体（即话语系统）转型和部分（即各自对应的话语范围）转型，及其自身转型，是建立在其话语矛盾转变的基础之上的，即由过往的思想政治教育话语（包括内容话语、价值话语、话语意义、媒介话语等）与话语对象的矛盾，转化为以下三重矛盾：

1.矛盾一：思想政治教育者话语与社会期待的矛盾

从历史的角度看，思想政治教育者的话语是在借鉴过去、立足现实、面向未来的基础上建构成型的。如果选取某一历史时期的横切面来看，这一群体的话语是在回应话语对象的意识形态困惑和需求、认识和阐释社会价值现象等基础上生成的。在革命时期，中共中央所创办的机关刊物《向导》，就曾收到读者的来信质问文字太深。"需要革命而不知革命为何物者却偏偏不能给他看

懂。这是一个什么的向导？"① 因此，如果思想政治教育话语仅在原则性、方向性上进行话语体系的建构，而未能上升至社会期待层面，将无法实现其话语的真正转型。但恰恰是这一矛盾的揭露，为其转型提供了可通往的方向和研究路径。

2.矛盾二：思想政治教育者话语与对象话语的矛盾

思想政治教育是做人的思想工作的社会实践活动，把握话语对象的话语特点、言说方式、信息接收和传播路径等，是话语者在建构沟通模式之前必须具备的前提性素质。毛泽东曾说："这几个政治口号，飞到无数乡村的青年壮年老头子小孩子妇女们的面前，一直钻进他们的脑子里去，又从他们的脑子里流到了他们的嘴上，政治宣传的普及乡村，全是共产党和农民协会的功绩。很简单的一些标语、图画和讲演，使得农民如同每个都进过一下子政治学校一样，收效非常之广而速。"②。因此，正视思想政治教育者话语与对象话语的矛盾，是思想政治教育与时俱进地实现话语转型的前提。

3.矛盾三：思想政治教育者自身的话语矛盾

对于思想政治教育者来说，一方面，日渐丰富的话语体系内存在话语之间的矛盾，如传统话语与创新话语、整体话语与个性话语、政治话语与教育话语、政策话语与学术话语、教材话语与生活话语、价值话语与情感话语、隐性话语与显性话语等，以至于在某一历史时期，对于某一方面话语的偏重，会对其他话语造成"压制"与"剥削"，造成话语在运用范围方面的"贫困"。另一方面，拥有不同身份的思想政治教育者之间在使用话语时的矛盾，如（学术）理论话语、教育话语、（管理）工作话语等。因此，切实有效地解决这些话语矛盾是促使其话语转型的重要原因。

（二）思想政治教育话语范式的转换

托马斯·库恩认为，"范式是一个成熟的科学共同体在某段时间内所接受的研究方法、问题领域和解题标准的源头活水"③。这意味着，不同科学在基于范式理论的指导下，可以对本科学领域进行关于共有的情感、态度、价值观、方法论、研究理念、研究操作、道德规则、范例标准等方面进行梳理总结，以

① 冬原.豆腐涨价与向导周报 [J].向导，1926（166）：1669.

② 毛泽东选集（第一卷）[M].北京：人民出版社，1991：34-35.

③ 托马斯·库恩.科学革命的结构 [M].金吾伦，胡新和，译.北京：北京大学出版社，2003：95.

便供给科学共同体的所有成员使用。科学范式的出现就像"黄昏飞起的密涅瓦猫头鹰"，是一门科学臻至成熟的标准，也是一门科学持续发展的标志。在科学发展过程中，新旧范式之间的交替将是新问题无法在旧范式框架之下得到解释、解决而出现的现象，需要新范式证明其既能涵盖旧问题又能包括新问题，并在可能的情况下指向未来问题，以至于被科学共同体普遍承认和接受。由此，才算是完成了新旧范式之间的转换。

洪波认为，思想政治教育话语范式是"由思想政治教育共同体、思想政治教育话语本质、概念体系等方面的共同约定或全部承诺构成的整体，包括对思想政治教育话语共同的基本理论、观念、方法和共有的信念"①。在实践中凝练出新的话语，完成对其话语范式的期待、塑造以及发展，是其实现话语体系与时俱进的重要方式。马克思认为，"生产者也改变着，他炼出新的品质，通过生产而发展和改造着自身，造成新的力量和新的观念，造成新的交往方式，新的需要和新的语言"②。正是话语范式在实践中的自觉转化，促使其话语系统转型。

纵观思想政治教育话语范式，经历了从传统话语范式、人学话语范式、交叉话语范式到行动话语范式的转化路径。传统话语范式诞生于革命年代，主要用于针对不同的阶级对象，如农民、知识分子、地主、妇女、儿童、民族资产阶级、小资产阶级等，以提高或转变他们的思想境界，实现国家独立和民族解放这一共同目标而塑造成型的话语范式。但是，当国家的基本任务从争取独立和自由转变为国家全面建设这一宏观目标时，传统话语范式显示出的行政化、命令式和革命态等特征，并不利于顺畅地与教育对象实现沟通与联系，特别是话语对象开始呈现多元、多样、多变趋势。于是，人学话语范式开始替代传统话语范式。人学话语范式以马克思主义人学理论作为基础，由平等的话语地位、和谐的沟通关系、一元价值话语、多样言说方式等方面组合而成，有效地提高了话语质量、增强了话语魅力、加快了话语传播速度。进入 21 世纪之后，不同话语之间的交融、交汇、交锋使得交叉话语范式开始出现，适时地引入不同的理论话语可使思想政治教育话语更具解释力和现实感。由此，诸如人格中心观、教育生态学、场际空间论、思想关系学、政治社会化、政治传播学

---

① 洪波 . 思想政治教育话语范式转换研究 [M]. 杭州：浙江大学出版社，2012：191-194.
② 中共中央马克思恩格斯列宁斯大林著作编译局 . 马克思恩格斯文集（第 8 卷）[M]. 北京：人民出版社，2009：145.

等，①与思想政治教育话语相遇，催生出了交叉话语范式。同时，思想政治教育话语出现了"疲软""乏力""滞后"等现象。因此，如何在观照现实的基础上，回应社会各个阶层对于国家未来、社会发展和自我幸福的关系问题，回答社会不同群体对于价值领域的失范和困境问题，回击西方对于我国主流意识形态领域的攻击、偏颇与标签化，回溯马克思主义经典理论与中国发展及现实问题的衔接，回复思想政治教育领域内的"话语焦虑"和"言说恐慌"，使得以行动为中心、面向行动的行动话语范式踏上了替代交叉话语范式之路。

总之，思想政治教育话语伴随着其话语范式进行着或深刻、或延缓、或持续、或突变的转型。话语范式之间的更替不是一劳永逸的，也不是一蹴而就的，甚至在同一历史时期内，存在着多种话语范式，新旧话语范式之间的反复、叠加、互斥，使人们更清楚地认识到话语转型的必要性、紧迫性、艰巨性和过程性。否则，空谈话语范式转型，对于话语转型将毫无意义。

（三）思想政治教育学科话语需求的转变

恩格斯认为，"一门科学提出的每一种新见解都包含这门科学的术语的革命"②。对于思想政治教育学科来说，其在从创立、发展到探索的过程中，都伴随着学科话语的持续革命。自 1978 年开始，关于思想政治教育科学化问题的讨论成为学科建立迫在眉睫的期待。由此，1984 年，设立思想政治教育本科专业；1987 年，将其归属于政治学一级学科的门类；1995 年，在政治学一级学科之下设置了其的硕士点、博士点；2005 年，将其规划到马克思主义一级学科之下的二级学科，明确了其理论基础和方法运用。于是，思想政治教育学科在经历了从隐性到显性的过程，从工作、专业到学科的发展，从无所依归到科学定位的演变之后，我们更明确了其学科话语的转型阶段。需要注意的是，某一阶段的转变可能涵盖在整个学科发展的过程之中，甚至与其他阶段同行，以及每个阶段都可能伴随着其他阶段部分话语或某一话语的部分变化。因此，思想政治教育学科话语需求的转变并没有标识出明确的时间段，分阶段的标准仅是该阶段话语转型的突出特点和建构特色。

1.第一阶段：思想政治教育学科基础话语系统的建构需求

对于一门学科来说，建构其专属特色和意义的话语系统，是确立其独特的

---

① 戴锐.思想政治教育研究范式的回顾与前瞻 [J].思想政治教育研究，2009，（3）：17-21.
② 中共中央马克斯恩格斯列宁斯大林著作编译局.资本论（第一卷）[M].北京：人民出版社，2004：32-33.

研究对象、范围、方法、认同乃至"合法性"的标志之一。在学科内部，对于思想政治教育学科的基础概念、基本原理、理论体系、研究方法等已达到普遍共识，逐步构建了以主体与客体、内容与方法、过程与环境、价值与功能、规律与机制等为主的话语体系，形成了思想与行为、灌输与疏导、言传与身教、内化与外化、物质鼓励与精神奖励等为基础的话语范畴。①虽然取得了上述的话语成就，但其基础话语体系仍处在持续地转变之中，一是通过重新释义或深化内涵的方式达到话语转型，如将"灌输"从具体方法解释为根本原则、动态的实践过程，从主体间性、主导性主体和主体性客体、施教主体和受教主体、实施者和受动者等方面阐释"主体与客体"；二是通过新增基础话语的方式，实现话语转型，如载体（中介、介体）、范式、情境、语境等；三是通过持续诠释核心概念的方式，促进话语转型，例如，对于"思想政治教育是什么"这一核心概念，其从学科创立之初就处于持续的研究和解释之中，虽然形成了一定的认识，但仍未得到学界普遍一致的权威性回应。

2. 第二阶段：思想政治教育主干学科和分支学科话语体系的构建需要

经过学科自身不懈努力和持续发展，基本形成了以思想政治教育原理、思想政治教育史、思想政治教育方法论、比较思想政治教育研究为主的主干学科，以思想政治教育哲学、社会学、生态学、文化学、心理学、管理学、评价学为主体，以按教育内容、教育对象、非智力因素开发为划分标准的若干分支学科。②在此基础上，由主干学科和分支学科所组成的学科群，在话语规范、话语体系、话语实践、话语创新、（学科）交叉话语等方面，呈现出一系列的演化过程：首先，学科群本身的演化过程，即话语体系逐步成型、成熟且日益变化的过程；其次，主干学科和分支学科的相互促进、相互借鉴，共同推动了学科话语的丰富和完善，甚至当分支学科发展到一定阶段时，还能对主干学科起到一定的话语"反哺"作用；最后，当"思想政治教育话语学"这一关于话语的独特分支学科被提出与建构时，就意味着思想政治教育话语体系迎来了新的发展期。

第三阶段：思想政治教育学科（专业）学术话语的构筑需要

对于思想政治教育学科来说，其学术话语是在以学科基础话语作为话语

---

① 吴琼. 思想政治教育话语发展研究 [M]. 北京：中国社会科学出版社，2017：92.

② 张耀灿. 在新的历史起点上推进思想政治教育科学化 [J]. 思想理论教育，2011（21）：4-9.

池、以主干学科和分支学科作为话语群、以现实问题（包括内部和外部）和话语对象释义作为问题话语域、以马克思主义理论作为话语理论的基础之上，逐步地实现建构、发展和更新的。然而，这一共识，却是学术话语经历了三次"被替代"之后的结果：一是以工作经验话语替代学术话语；二是以政治话语替代学术话语；三是以其他学科话语替代学术话语。或许正因如此，"被替代"反而成为了学术话语实现转型的动因。因为学术话语从工作经验话语之中找到了描述现象、贴近话语对象的奥秘，从政治话语之中体会到了信仰、意识形态作为核心地位不可撼动的意义，从其他学科话语之中意识到了文本传播、互文性及其确立自主话语的重要性，并在这些过程中发展、演绎着自我，进而实现了学术话语的主题、内容、风格、逻辑、技巧等方面的深刻转型。

（四）思想政治工作话语对象的转向

对于思想政治教育和思想政治工作两者之间的关系，可以这样理解，前者是后者的理论层面，后者构成了前者的工作经验层面。但是，从两者的演化发展来说，后者逐步地被纳入前者的系统之中。由此，工作话语的转向及其过程，构成了思想政治教育话语转型的重要组成部分，而对工作话语的动因分析，则需要在中国共产党的思想政治工作史之中找寻答案。

在革命时期，中国共产党需要对更广大的群众发起政治动员，当时宣传和思想工作起到了功不可没的作用。那时，思想政治工作话语成为了打开不同阶级群众的钥匙。美国记者杰克·贝尔登说道："在中国妇女身上，共产党人获得了几乎是现成的、世界上从未有过的最广大的被剥夺了权力的群众。由于他们找到了打开中国妇女之心的钥匙，所以也就是找到了一把战胜蒋介石的钥匙"[①]。找到阶级话语的钥匙，并善于将不同阶级的话语与中国发展的前途命运相结合，是当时思想政治工作话语最为显著的特征，不仅促成了马克思主义理论话语从知识层面到工作（实践）层面的历史性转型，更为重要的是，思想政治工作话语找到了以面向不同阶级作为调整、转变其言说方式、修辞运用和书写形式的根本原因和判断依据。

当中国进入社会主义建设时期之后，阶层话语逐步替代了阶级话语，成为了思想政治工作话语的核心和方式。在此之后，工作话语开启了以中国阶层分布和发展状况为根据，以社区居民、军队军人、企业职工、高校教师、务工农

---

① 杰克·贝尔登.中国震撼世界[M].邱应觉，杨海平，胡代，译.北京：北京出版社，1980：394.

民工、家乡留守儿童、孤寡老人等不同群体为面向，以促进民主政治、均衡利益分配、建设主流文化、实现生活和谐、认同阶层意识、解决阶层矛盾、引导社会心理等为话语主题和内容的转型。这一转型，突显了诸如信仰与利益、理想与现实、收入与市场、公平与正义、矛盾与冲突、权威与流动、自由与规则、民主与秩序、诉求与理解等既对立又统一的话语，这些话语被反复地在工作话语的再生产和再传播之中提出与塑造。这是在新中国、新社会、新时代，群众对于思想政治工作的新要求、新期待和新挑战。邓小平曾说："社会主义是一个很好的名词，但是如果搞不好，不能正确理解，不能采取正确的政策，那就体现不出社会主义的本质……空讲社会主义不行，人民不相信。"① 因此，重新进行思考、判断，从群众的生活话语、利益话语、文化话语、政治话语等出发，寻求工作话语的生长点，是工作话语应答为何转型及其有效转型的重要前提。在新的历史条件下，或许，工作话语也会找到一个新的支撑点和统一基础。同样，这也是判断其是否能够顺利完成转型的关键，即整合，包括整合工作话语的逻辑、整合工作话语的价值和结构、整合工作话语的语词运用。而整合是否真的能够帮助工作话语实现转变，将在实际的思想政治工作中得以见证。

第二节　思想政治教育话语转型的历史分期

对思想政治教育话语每一次转型的历史时期的划分，就是从已经过去的、成为历史事实的、具有历史合理性的话语转型阶段之中，重新识别或再次确认出历史的当下性、现实性，以便为正存在着的现实话语提供经验和范例，为尚处在隐藏状态的未来话语做好充分的准备。在此过程中，总体的社会与具体的话语使用者、微观的话语运用心态、隐藏着的对话关系也被相应地形塑着。因此，对于思想政治教育话语历史变迁及其过程性转型的确认，就是将其话语变化趋势的特殊性与社会、历史、文化变化的一般性相结合，这将是进一步探索其话语转型这一复杂过程的必要前提。

---

① 邓小平文选（第二卷）[M]. 北京：人民出版社，1994：313-314.

一、1921年—1978年：从革命话语到建设话语的徘徊反复期

《共产党宣言》明确提出："共产党人不屑于隐瞒自己的观点和意图。他们公开宣布：他们的目的只有用暴力推翻全部现存的社会制度才能达到"①。这种旗帜鲜明的话语，表明了共产党人的语言风格、言说主题和话语任务，通过塑造革命话语理论和言说体系，共产党人找到了革命的领导力量和依靠阶级，又通过理论的革命话语掌握了群众。

在这一阶段，中国共产党人的任务是将自我的革命目标、革命方式、中国革命的现状、前途与马克思主义理论等相结合，通过宣传、鼓动的方式，用极其通俗的言语文字输入群众的头脑和口头之中，形成了中国特有的革命话语："打倒帝国主义、军阀、贪官污吏、土豪劣绅""一切反动派都是纸老虎""推翻三座大山""为民族独立而战"等。而在中国实现了国家独立、民族解放、人民自由等革命任务之后，其仍未放松话语领域的正确方向。与此同时，毛泽东更是将话语作为说服群众的方式，进行了进一步的中国化和革新。1957年2月，毛泽东在最高国务会议第十一次（扩大）会议上的讲话中，创造性地看待中国的矛盾问题，他将把矛盾一分为二，即人民内部矛盾和敌我矛盾，提倡在对待人民内部矛盾的问题上，尤其是面对在思想领域的矛盾时，强调要灵活地运用马克思主义的说服话语。虽然以说服群众、掌握群众的方式言说着的革命话语，在革命时期起到了重要的精神鼓励和价值引领的作用。但是，毕竟中国已经迈入到了以建设为中心任务的时期，革命话语就显得不太合时宜。正如列宁所言："从政治上描述伟大任务的时期已经过去，应当实际实行这些任务的时期已经到来，现在摆在我们面前的是文化任务"②。由此，革命话语开始向建设话语转型。

从中华人民共和国成立到中国共产党第八次全国代表大会这一历史时期来看，由于社会主义社会处于过渡时期。因此，革命话语的气息仍十分浓郁，并在整风运动、思想改造运动和过渡时期总路线的宣传教育运动之中，将诸如"三反五反""思想改造""无产阶级专政""自我批评"等鲜明的政治修辞汇入

---

① 中共中央马克思恩格斯列宁斯大林著作编译局.马克思恩格斯全集（第1卷）[M].北京：人民出版社，1960：307.

② 中共中央马克思恩格斯列宁斯大林著作编译局.列宁选集（第1卷）[M].北京：人民出版社，1995：658.

到后革命时期的话语之中。然而，在完成三大改造之后，建设话语开始逐渐替代革命话语，在完全适应了社会主义建设和实践的格局之后，完成了从中央到地方、从党内到民间、从主流意识形态到普遍日常生活信念等的推广和过渡，着重突显出如"大跃进""人民公社""学先进树新风""向雷锋同志学习""工业学大庆农业学大寨"等新鲜建设词汇，构建出时至今日还具有影响力的榜样及其内核精神——雷锋精神、铁人王进喜精神、人民公仆焦裕禄精神。

该阶段的建设话语有如下特点。第一，建设话语实质上仍然是马克思主义话语。只不过是在社会主义建设的话语框架下与话语实践中，将马克思主义话语与中国建设发展的实际状况相结合，创造出了中国本土的社会主义建设话语。为此，需要坚决反对将马克思主义话语游离于社会主义建设话语之外，所有一切"怀疑马克思主义的科学性、摇摆不定是危险的；把马克思主义与实践相割裂、教条式理解、贴标签式应用是会误事的；拘泥于马克思主义的个别论断、墨守成规、停滞僵化是有害的"[①]。第二，建设话语是实践话语、人民话语。从社会实践中、从人民群众中逐步凝聚建设话语，以此使社会主义建设和发展成为全国人民的共同话语、共识话语和核心话语。第三，建设话语是多样性的中国话语。从不同行业与领域出发，特别是在思想领域中，建构多样性的建设话语。1956 年 4 月 28 日，毛泽东在中共中央政治局扩大会议上提出，"百花齐放、百家争鸣，应该成为我国发展科学、繁荣文学艺术的方针"，即"双百"方针。"双百"方针的制定与实施，具体而言，就是在文艺创制和学术理论上，坚持通过不同风格、题材、手法、流派、类型等自由发展，提倡不同学派、观点、论证等自由讨论。由此，建设话语可以从多领域、多方面得到补给和充实发展，也使得社会主义社会建设的意义及马克思主义大众化的实质融入到人民的生产生活、生命历程之中。

建设话语虽然一直试图平衡人民的物质经济利益与精神文化需求之间的关系，但是始终无法抑制革命话语对于建设话语的剥夺与占领，加之当时错误地判断建设过程中的阶级矛盾和阶级冲突问题，使得诸如"左"倾"社会主义精神万能""实用主义""政治可以冲击一切、代替一切、高于一切"等革命话语开始逐渐在建设话语的主导之下生成，并最终导致了"革命话语"对于建设话语的"重新替代"。

列宁曾说："一个阶级如果不从政治上正确地处理问题，就不能维持它的

---

① 李瑞环. 学哲 学用哲学 [M]. 北京：中国人民大学出版社，2005：99.

统治，因而也就不能完成它的生产任务"①。或许，在革命话语重新出现之时，是抱有从政治、阶级的角度认知当时社会主义建设的想法，后来却在愈演愈烈的传统优良的话语风格、话语作风、话语体系被摧毁时，正确的观点被错误的"阶级化"言论所替代时，"革命话语"也通过极端化的方式将阶级利益、阶级矛盾、阶级冲突推到了极其"癫狂化"的状态。为此，有学者将这一时期的话语特点描绘为，从民主化话语模式完全过渡到政治化话语模式，即从隐性的政治化演变为赤裸裸的政治化，导致革命话语替代了社会的其他话语，成为人民生产生活、学习工作等各个领域的中心话语。② 这样的判断可以从以下方面具体呈现：

第一，在话语权威方面，"压服"替代了"说服"。如果说，以往的建设话语权威依靠的是党在国家建设、社会发展中所积累的信任感和认同度，采取的是"以理服人"的平等沟通原则。那么，"革命话语"则完全依靠的是领导人自身的威望，采取的是"以压服人"的个人崇拜原则，以至于政治宣传的常用词汇都出自于领导人的"语录"。那时，如"毛泽东的话，句句是真理，一句超过我们一万句""要文斗不要武斗""以阶级斗争为纲""斗私批修"等，成为当时流行的口头标语和日常言说。

第二，在话语逻辑方面，"政治思维"替代了"日常思维"。一般而言，群众只有通过社会日常生活掌握话语这套规则体系，才能理解社会的伦理秩序和价值准则。然而，在"革命话语"的语序和遣词造句中，它是通过重新释义日常生活，重新缔造人民之间的话语关系和言说方式，用社会话语的政治化替换了日常化，进而出现了诸如"批林批孔""打倒孔家店""打倒走资派""横扫一切牛鬼蛇神""资产阶级司令部"等"革命话语"进入到日常百姓的生活之中，渗透到了社会、思想、文化等各个领域。总之，政治思维成为了判断能不能说、为什么能说和这样说、如何说的重要依据。

第三，在身份话语方面，"阶级身份"替代了"阶层身份"。当时，不仅创造出了特有的"红卫兵""红小兵"群体，而且将其与"普通群众""贫下中农"和"专家""学者""知识分子""走资派"等相区分，并对这些群体进行重新地界定与释义。同时，寄希望于通过穿绿军装、读大字报、开展大串联、

---

① 中共中央马克思恩格斯列宁斯大林著作编译局.列宁选集（第4卷）[M].北京：人民出版社，1995：363.

② 邱仁富.思想政治教育话语论[M].上海：上海交通大学出版社，2013：125.

跳忠字舞、熟背毛主席语录、牛棚改造、响应上山下乡号召等形式，将"千万不要忘记阶级斗争""接受贫下中农的再教育""思想改造""到大风大浪中去锻炼"等纳入不同"阶级"的话语体系之中。

在革命话语充斥于社会话语领域的背景之下，整个中国话语秩序混乱、现实书写迷失，同时解构着人民依靠语言描绘中国未来的信心、冲击着群众倚杖言说积攒起来的自信。然而，当"实践是检验真理的唯一标准""拨乱反正""改革开放""解放思想""社会主义市场经济"等作为现实叙事被不断言说时，预示着新的话语理念促使"革命话语""终结"，而建设话语则重新打开了新一轮的叙述格局。

这一历史时期，思想政治教育话语从革命话语发展到建设话语，又从建设话语倒退至革命话语，再从革命话语跃迁至建设话语，其根源来自于社会主义社会道路探索的艰巨性、长期性和艰难性。从实质上说，话语本身就是社会变迁的重要表征，不管是激进式的革命话语，还是热烈式的建设话语，都服务于当时的社会发展状况，都随着社会的变化逐渐地发生着自我的转型。在顺应历史更迭的同时，思想政治教育话语能否摆脱极端政治性，以更全面、更具有能力地反映现实、解释问题和述说自我等，是实现其话语进一步转型的关键所在，也将为国家和社会发展提供更完整和更丰富的话语方式。

二、1978—2000 年：从建设话语到改革话语的艰难探索期

在国家重新开启常态化的建设模式之后，思想政治教育话语在粉碎"四人帮"、党的十一届三中全会等一系列重要的时间节点、历史时刻之后，几乎顷刻之间就取得了从建设话语到改革话语转型的导向话语及其话语价值共识。特别是在十一届三中全会之后，"实事求是""以经济建设为中心""发展才是硬道理""社会主义初级阶段基本路线""走自己的路""建设中国特色社会主义"等进入到思想政治教育的话语体系之中，开启了正式的话语转型之路。

然而，这条话语转型道路走得并不顺畅。第一，革命话语的"惯性"并没有随着话语转向而消失，对于其完全根除需要一个较长的过程。由于"文化大革命"形成了长期的、革命化的话语运动模式，即使我国当时已经扭转了建设话语模式，甚至已经走上了从建设话语到改革话语的转型之路，但仍受到革命话语的影响。因此，对革命话语的彻底摆脱是隐藏着的话语转型的必经过程。为此，邓小平曾说："人民需要一个安定团结的政治局面，对大规模的运动厌

烦了。凡是这样的运动都要伤害一批人，而且不是小量的。经常搞运动，实际上就安不下心来搞建设"①。

第二，"文本话语的转换、思想领域的话语转换、实践领域中的话语转换等"②，需要一段较长的时间。虽然当时人们已经深刻地反省与反思并认真批判了"两个凡是"的错误言论，并对毛泽东、刘少奇、彭德怀等同志进行了正确的历史评价，但是由于"文化大革命"时期的话语被使用了长达十年的时间，长期占领着人民群众的口头表述，不少政策文件之中都包含着偏激的政治言论，不少宣传口号都充满着领导人的个人话语，这使得话语转型在初期就遭遇到了"话语瓶颈"。这种困难不是因为改革话语的历史适应性和社会发展性的问题，而是改革话语的标准、内容受到了质疑，甚至在愈演愈烈之中过渡到合法性都受到诘问。

第三，改革话语作为新话语，在吸收中国传统话语、开创中国特色社会主义理论话语、创新时代话语等方面，需要一个漫长的过程。邓小平曾说："'文化大革命'同以前十七年中的错误相比，是严重的、全局性的错误。它的后果极其严重，直到现在还在产生影响。说'文化大革命'耽误了一代人，其实还不止一代。它使无政府主义、极端个人主义泛滥，严重地败坏了社会风气"③。正是因为过去的话语危机导致了话语价值、话语使用乃至话语权威都遭受到了严重冲击，才使得改革话语在反思的基础之上去判断、吸收、论证中国社会主义建设、发展的实践及其过程，从认知传统话语、转译政治话语、鲜活群众话语、创设文化话语等方面，丰富思想政治教育改革话语的内容与形式。

第四，改革话语的积累与沉淀，需要一个被接受的过程。回顾历史，改革话语是在寄希望于转变中国社会发展的现状，探索中国特色社会主义道路时提出的。但是，在社会主义市场经济问题的争论上，出现了诸如"宁要社会主义的草也不要资本主义的苗"等错误思想言论，企图在市场经济的价值判断上贴上意识形态对立和阶级冲突的标签，这使得改革话语必然、必须肩负摒弃革命话语与定位自我话语的双重任务。为此，适时地将有关"社会主义社会的本质""共同富裕""白猫黑猫论""个体经营"等建设话语内容和实质，从话语对象的角度进行"翻译""转译"和"释译"是思想政治教育改革话语找寻其

---

① 邓小平文选（第2卷）[M]. 北京：人民出版社，1994：344-353.

② 邱仁富. 思想政治教育话语论 [M]. 上海：上海交通大学出版社，2013：128.

③ 邓小平文选（第2卷）[M]. 北京：人民出版社，1994：302-303.

话语出发点、落脚点与夯实其话语根基的重要阶段。

为此，思想政治教育在正确地认知上述问题之后，在改革话语的道路上，持续地深入与探索，力求实现将改革的意识与人民群众的精神、信仰、道德、纪律与秩序相结合，逐步地建构社会主义改革的常态话语体系，为思想政治教育科学化建设与学科化发展提供了新的话语契机。然而，在这个关键的时期，改革话语却又面临着另外一个话语困境，并最终导致了新的话语危机。

原本建设话语的恢复、向改革话语的转型，已经带动了思想政治教育话语进入确定性、发展性的话语新格局。但是，由于国内外局势发生了深刻的变化，特别是资本主义自由化社会思潮的涌入，给正处于改革话语转型初期的思想政治教育带来了严重的影响。为此，党中央指出："资产阶级自由化思潮的实质，就是反对四项基本原则，企图摆脱共产党的领导，否定社会主义制度，主张走资本主义道路"①。面对资产阶级自由化的社会思潮，党中央高度重视这次话语危机，着重于从意识形态方面，以深刻的政治话语给予全体人民正确的政治导向。党中央从意识形态话语层面对于社会思潮的认知、评价、反思与总结，为后续在我国话语领域出现的如拜金主义、享乐主义、个人主义、普世价值、历史虚无主义、民粹主义、新自由主义等社会思潮，提供了话语处置范例，也为思想政治教育提供了方向性的言说和话语经验的总结。

在"越是改革开放，越要加强思想政治教育"的话语指导之下，思想政治教育要"以科学的理论武装人，以正确的舆论引导人，以高尚的精神塑造人，以优秀的作品鼓舞人"②作为话语原则，将"鼓励支持一切有利于解放和发展社会主义生产力的思想道德，一切有利于国家统一、民族团结、社会进步的思想道德，一切有利于追求真善美、抵制假恶丑、弘扬正气的思想道德，一切有利于履行公民权利与义务、用城市劳动争取美好生活的思想道德"③作为话语标准，以"坚持爱国主义、集体主义、社会主义教育，加强社会公德、职业道德、家庭美德建设，引导人民树立建设有中国特色社会主义的共同理想和正确

---

① 中共中央文献研究室.十二大以来重要文献选编（下）[M].北京：人民出版社，1988：1338.

② 江泽民.在全国宣传思想工作会议上的讲话[N].人民日报，1994-1-24（1）.

③ 中共中央文献研究室.十四大以来重要文献选编（下）[M].北京：人民出版社，1988：2054.

的世界观、人生观、价值观"①作为话语内容，将"理论、新闻、出版、报刊、小说、诗歌、音乐、绘画、舞蹈、戏剧、电影、电视、广播、网络等"②作为话语载体，以"培育有理想、有道德、有文化、有纪律的社会主义公民，提高全民族的思想道德素质和科学文化素质"③作为话语目标。这些有关话语方面的表述，都表明了思想政治教育在紧跟着社会发展、改革建设的步伐时，需要坚定话语立场、拓宽话语内核、丰富话语载体等，才能够在改革话语在发生转型的过程中，促进其话语体系进入到更全面、更多样的发展新阶段。

三、2000—至今：从改革话语到多样话语的探索塑造期

在进入 21 世纪之后，思想政治教育改革话语迅速地进入到发展高速期，一是在话语形式上，学科话语、专业话语、理论话语、政治话语、文本话语、教材话语、生活话语、符号话语等呈现出丰富性的特征；二是在话语对象上，从政府官员到民间组织、从教师到学生、从普遍务工者到进城农民工、从求职者、待业者到特色职业人、从核心群体到边缘群体、从军人到社区居民等全国人民都包括其中；三是在话语载体上，增加了网络、直播、广告、微博、微信等新的话语载体，重新审视了诸如标语、口号、教师、教室、教材、教学、电影、电视、纪念日、活动仪式等传统话语载体，以此构成了多载体协同的话语运用模式；四是在话语内容上，将在社会变迁中所遇到的诸如心理、法律、道德等话题，都纳入其中，加强了思想政治教育话语对于社会问题的回应与影响；五是在话语目标上，将"四有新人"提升总结为"担当民族复兴大业的时代新人"，以及针对不同类别的群众提出了话语的层次性目标。总之，思想政治教育话语的丰富与多样性呈现，促使其进入到了一个全新的发展阶段。特别是从中国共产党第十六次全国代表大会以来，随着《关于进一步加强和改进大学生思想政治教育的意见》《关于进一步加强和改进未成年人思想道德建设的若干意见》等重要文件的颁布与实施，标志着思想政治教育话语进入到了从改革话语到多样话语的跨越式转型阶段。以下，将从几个具有代表性的文件，进行历时地、具体地比较与分析：

---

① 中共中央文献研究室．十四大以来重要文献选编（下）[M]．北京：人民出版社，1988：2054．

② 江泽民文选（第三卷）[M]．北京：人民出版社，2006：97．

③ 中共中央文献研究室．十四大以来重要文献选编 [M]．北京：人民出版社，1988：2050．

标志一：从《中共中央宣传部　教育部关于进一步加强和改进高等学校思想政治理论课的意见》（以下简称 2005 版《意见》）到《关于深化新时代学校思想政治理论课改革创新的若干意见》（以下简称 2019 版《意见》）

虽然仅经历了十几年的时间，但将 2005 版《意见》和 2019 版《意见》相比较，后者不仅在语言表述、用语规范、认知修辞、话语氛围等方面更丰富、更严谨、更具有针对性，而且话语内容、话语层次、话语传播也更趋向于多样化。

具体而言，一是在扩大覆盖话语对象的基础上，突显话语对象的特点和其掌握话语的方式与规律。较之 2005 版《意见》，2019 版《意见》从总体上设定了的"社会主义合格建设者和可靠接班人"这一目标，以及大学生的身份塑造、高中生的政治认同生成、初中生的思想意识引导、小学生的美好愿望养成等分层次目标，这是在认清从小学到大学生的不同学段所展现的"启蒙性、体验性、常识性、理论性、探究性"的话语特点基础上形成的。

二是思政课教师作为话语主体，对其的话语要求要从基于"高素质"拓展为"政治强、情怀深、思维新、视野广、自律严、人格正"等综合素质，教学话语积累要从"积极推广名师大班讲授和小班辅导的教学经验"到"建立健全大中小学思政课教师一体化备课机制"，学术话语沉淀要从"脱产进修、攻读学位、名师指导、社会考察、国内外学术交流等"相关规划到对以往已有的每一部分的详细论述及其通过"建设学术期刊、创建学术网站、制定思政课教师发表文章的重点报刊目录"等为教师的学术话语奠定基础，工作话语掌握要从"加强高等学校党委的领导""营造思政课良好社会氛围"到"落实地方党委的主体责任""建立高校党委书记、校长带头的思政课机制""拓展思政课建设格局"。

值得注意的是，针对教师自身及其队伍建设这一方面，与两版《意见》相关的思想理论课程改革会议和文件，也在近几年频繁召开和颁布。例如，2018 年全国教育大会、学校思想政治理论课教师座谈会（即"3.18"重要讲话）、《新时代高等学校思想政治理论课教师队伍建设规定》（即中华人民共和国教育部令第 46 号）、《关于加强新时代中小学思想政治理论课教师队伍建设的意见》等。这些内容都为思政课教师话语的深层次转型提供了新目标、新使命、新机遇，在落实落小落细两版《意见》、各类会议精神和文件要义的过程中，推动思政课教师话语开拓新领域和展现新境界。

三是在课程改革过程之中突显课程多样、创新话语。2005 版《意见》突显了马克思主义作为课程指导思想的基础与核心地位，2019 版《意见》则从"立德树人"的课程原则回答了"培养什么人、怎样培养人、为谁培养人"的课程问题。2019 版《意见》在 2005 版《意见》的基础上，话语内容新增了"习近平新时代中国特色社会主义思想"这一马克思主义中国化时代化的最新理论成果，以及"中国特色社会主义和中国梦教育、社会主义核心价值观教育、法治教育、劳动教育、心理健康教育、中华优秀传统文化教育"等，这有利于"思政课程""课程思政""学科德育"等不同性质的课程之间达到有效衔接，也有利于话语效果从"针对性、实效性和说服力、感染力"转变为"思想性、理论性和亲和力、针对性"。

对于 2015 版《意见》和 2019 版《意见》，如果说，前者在于搭建课程话语框架，后者则在于改革创新课程话语体系；前者在于厘清课程话语方向，后者则在于规划课程话语的总目标和展现分阶段的课程话语；前者在于划定课程话语的外延，后者则在于夯实课程话语的内核和关注微观的课程话语；前者在于注重课程话语的现象表述，后者则在于突显课程话语的理论言说。

标志二：从《新时代公民道德建设实施纲要》（以下简称 2001 版《纲要》）到《新时代公民道德建设实施纲要》（以下简称 2019 版《纲要》）。

为了应对、解决社会主义市场经济条件下公民道德建设的需求与问题，有效促进社会主义精神文明建设，2001 年，党中央制定、颁布了《新时代公民道德建设实施纲要》。在当时的历史条件下，2001 版《纲要》确实有效的将社会主义市场经济融入了社会主义道德体系中，使"为人民服务""集体主义"，"爱祖国、爱人民、爱劳动、爱科学、爱社会主义""效率与公平""竞争与协作""先富与共富""经济效益与社会效益""传统道德与时代精神""个人权益与社会责任""先进性与广泛性""道德教育与社会管理""讲文明树新风"等道德话语深入人心，打造了以"希望工程""送温暖""志愿者""手拉手""幸福工程""春蕾计划""扶残助残"等为品牌的道德活动话语。

党的十八大以来，我国在道德领域中总结的新成就、面临的新问题、产生的新需求，都促使公民道德素质和社会道德文明需要在 2001 版《纲要》的基础上，跃迁至 2019 版《纲要》。2019 版《纲要》着重突显了道德理想信念与道德理论的相结合，道德教化与道德养成的相对接，民族精神和时代精神的相契合，社会法治与道德理念的相配合，现实空间与网络空间道德建设的相关联，将增强"四个意识"、坚定"四个自信"、做到"两个维护"作为公民道德话语的正确方向，将个人品德作为微观层面纳入社会公德、职业道德、家庭美德建设之中，将"移风易俗行动""礼仪礼节的教化""绿色生产生活方式""对外交流交往"等进一步丰富了对道德活动话语的解释。

在一定的时代背景下，"公民道德是置身于此一时代的社会公民实践精神的把握世界的特殊方式，它既是既定时代社会公民之道德风貌的整体性呈现，又是此一时代公民之群体性主体实践的价值理性表达"①。如果说，2001版《纲要》可以概括为公民如何在社会主义市场经济条件之下述说道德、法治和自我，那么，2019版《纲要》则是"新公民"在"新时代"之下对于"新使命"的道德言说和伦理书写。两版《纲要》话语的发展与比较，都将丰富思想政治教育话语库，为思想政治教育话语提供道德话语范例，有利于将思想政治教育话语运用到道德阐释、伦理叙述之中。

标志三：从《新时代爱国主义教育实施纲要》（以下简称1994版《纲要》）到《新时代爱国主义教育实施纲要》（以下简称2019版《纲要》）

爱国及爱国主义的语境、用语、修辞、造句、风格等，都是在综合国家目标、社会发展、公民体悟、境外环境的过程中，实现传承、扭转与更迭的。爱国语言、爱国话语的价值属性、使用属性将广泛地由深层次的国家—公民关系、社会阶层—组织关系、社群—个体关系及各种规则和习俗，甚至是团结方式在具体社会形态中被显现的方式等所决定，这将有助于爱国话语的生产、再造，甚至改变。

话语本身是一种群体话语或称共同体话语，它不是一种单纯的个体行为或简单的情绪性变量，而爱国话语的规格和要求更高。这可以从不管是1994版《纲要》，还是2019版《纲要》中看出，两者都突显了对言说者具有较为普遍的族群认同及认知行为导向。虽然两版《纲要》的话语编排和书写方式不尽相同，但是两版的核心和要义都在展现着爱国话语是如何塑造着"我们"的民族身份、建构人际间的关联、构筑国家目标和信仰体系的。在统一模式的爱国话语之下，人们的爱国热情、行为在持久性的爱国能量中会持续地再现。

对比于两版《纲要》，爱国话语呈现出以下变化，第一，内涵扩大、内容扩容、对象扩宽、载体扩充、形式扩展。这种以"扩"方式进行的话语拓宽，来源于2019版《纲要》运用"言语适应理论"，对话语使用范围、呈现意义、

---

① 张晓东.中国公民精神在新时代的实践理性升华——《新时代公民道德建设实施纲要》的理论境域[J].江苏行政学院学报，2020（2）：5–17.

语义分析，尤其是话语背景和功能形式的变化进行了深刻的分析，从而得出了"扩"话语的改变。正确处理好"破"话语与"立"话语的关系，即"破历史虚无主义，立历史唯物主义；破西方舆论诋毁，立中国国家形象；破崇洋媚外现象，立深厚爱国情怀；破精致利己主义，立使命担当精神"①，是深刻实现"扩"话语的基础。

第二，历史性增多、陈述性增加、解释性增强、价值性增厚。这种以"增"方式进行的话语加深，来源于 2019 版《纲要》在将某些"显而易见""司空见惯""不足为奇""理所当然"等当作话语问题，并以问题话语的形式进行提问、阐释和解读。这就使人们在面对诸如 2019 版《纲要》等政策材料时，只有在注意、注重爱国语言的情况下，才能得到爱国话语，否则，人们将永远得不到爱国主义和自我尊严。正是如此，人们唯有在"深刻认识中国共产党为什么'能'、马克思主义为什么'行'、中国特色社会主义为什么'好'"的前提下，才能言说祖国、人民、社会以及自我。

第三，思想理论集中、发展目标集中、使命任务集中。这种以"集"方式进行的话语聚合，来源于 2019 版《纲要》在运用话语认知、话语规则的过程中，利用话语资源，支撑着爱国话语的连贯性、连续性、联结性，以此突出重点话语、中心话语、核心话语。如此，在践行 2019 版《纲要》时，坚持做好"三个贯穿始终"（即坚持习近平总书记系列重要论述、坚持中国特色社会主义进入新时代、坚持"聚民心、育新人"的使命任务等贯穿始终），有利于为爱国主义教育的开展加强政治引领、明确价值导向②。

由于爱国话语天然地从属于思想政治教育话语的一部分，爱国话语的演变在思想政治教育话语转型的过程中，为后者提供了述说为何爱国、何为爱国、如何爱国等话语立场和态度，也从多样性的角度，为其丰富话语层次、增添话语趣味、契合话语时代性，甚至在一定程度上，有效解决了爱国话语空洞化、形式化、局限性的问题。

此外，在回顾过往话语时，有学者认为，思想政治教育在革命时期、社会主义建设时期、改革开放新时期，主要运用价值—信仰、认知—阐释、方法—策略三个基本层面的话语，去让不同的话语对象，诸如工人、农民、知识分

① 骆郁廷. 新时代爱国主义教育的"破"与"立"[J]. 思想理论教育导刊，2020（2）：55-59.
② 王学俭，刘文静. 试论《新时代爱国主义教育实施纲要》的变化与发展——基于 1994 年《纲要》内容的对比分析 [J]. 学校党建与思想教育，2020（7）：4-8.

子、学生等，了解、认知以至于能够复述当前的社会性质、党的任务及其个体需求。[1] 这在一定程度表明，思想政治教育话语在社会发展及其自我塑造的过程中，经历了从价值论、认识论到方法论等研究重点的转变，从价值理性到技术（工具）理性的转移，但却暴露了其缺少对话语本体论的讨论和研究，从而导致了人们对这一问题的追问和诘难。为此，从元问题、前提性、哲学层面等追溯与建构其话语本体论，得出话语本体是什么、何为话语本质、如何确定话语本体论，是在追求其话语内容体系和外在形式丰富性的过程中，应该且必须探究的、另一种呈现其话语丰富性的路径。

第三节　思想政治教育话语转型的历史经验

从党确定思想政治教育"生命线"的地位以来，其话语就在伴随着社会主义革命、社会主义国家建设、改革和发展过程中，积累了丰富的话语经验，创造了结构化、层次化、对象化的话语体系，形成了党的话语传统以及中国特色社会主义的话语内核。在此过程中，思想政治教育话语经历了数次转型，每一次的话语转型都留下了深刻的印记，将这些经验提升至理论维度，有助于人们运用话语认知科学社会主义发展史、党史、革命史、建国史、改革开放史，描绘中国特色社会主义的发展现实、澄清中国发展过程中的事实以及建构共产主义理想。

然而，一方面，以往对话语转型历史经验的总结，大多站在话语的角度，忽视了话语转型作为前提性的限定条件和研究对象，而使得这些历史经验似乎可以套用于话语发展、话语研究、话语范式等研究主题，甚至适合于与话语相关的任何研究之中。另一方面，以往对话语转型历史经验的梳理，大多站在历史经验的角度，偏离了话语转型这一既定的轨道，使其成为了可以套用于只要与思想政治教育相关，甚至只要是研究这一特定历史轨迹的内容。为了扭转上述偏差，找回思想政治教育话语转型这一研究中心和重点，需要在其话语历史转型经历之中总结历史经验，从而发现了"三个中心"始终支撑着其话语转型，并形成了以"三个中心"为核心的三种话语，即始终坚定马克思主义立场的政治话语、始终坚守群众底线的人民话语、始终坚持与时俱进品质的时代话

---

① 吴琼. 思想政治教育话语结构及其功能 [J]. 思想理论教育，2014（7）：55–59.

语等。因此，将"三个中心"与特定话语类型的历史演变相结合，是对思想政治教育话语转型历史经验的规范、特殊性以及个性化等的梳理与阐释。

一、始终坚定马克思主义立场的政治话语

不管思想政治教育话语经历了多少次转型，其始终以马克思主义的理论、观点、方法、世界观、价值论等作为基础和出发点。正是因为马克思主义兼具科学性和革命性的品质，一旦与中国实际相结合，马克思主义话语就开启了中国化的转向、积累之路。毛泽东运用马克思主义中国化话语形成了诸多富有中国特色的革命与建设创见，这其中就包括了对思想政治教育话语的原初形态——即党的宣传话语、动员（鼓动）话语、教育话语等政治话语——的独到研究。毛泽东曾说："共产党不靠吓人吃饭，而是靠马克思列宁主义的真理吃饭，靠实事求是吃饭，靠科学吃饭"[1]。政治话语的言说原则、创新意识，来自于将"马克思列宁主义的真理"作为"科学"、用于指导"实事求是"的前提和基础，而"我们的宣传工作者，就要利用这种条件来加强马列主义的宣传，继续努力提高劳动人民的觉悟和理论水平"[2]。当马克思主义话语"同中国无产阶级和广大人民群众的革命斗争的具体实践相结合的时候，就成为中国人民百战百胜的武器"[3]，在中国大地上将言说马克思主义立场作为话语武器，是中国共产党牢牢掌握革命时期意识形态话语权的重要标示。由此，在新民主主义时期，党的中心任务"推翻三座大山"、党的革命路线"农村包围城市"、党的斗争方式"武装夺取政权"、党的依靠力量"以工农联盟为主体、建立广泛的统一战线"、党员的宗旨"全心全意为人民服务"……这些政治话语迅速成为了百姓的普遍用语，在马克思主义话语的指导之下，将话语武装转变成了巨大的群众基础、物质力量和精神动力，有力地推动了革命事业的急速前进和迅速发展，直至取得了革命的胜利。为此，当时的国民党人也感叹道："本党同志，对于马克思主义研究的很多，但致力于中山主义的研究的则很不多见"[4]。因此，中国共产党始终坚定以马克思主义立场的政治话语作为话语开场，为其革命党地位的巩固及其后续的地位转变，奠定了坚实有力的话语基础。

---

① 毛泽东选集（第三卷）[M]. 北京：人民出版社，1991：835-836.

② 中央宣传部办公厅. 党的宣传工作会议概况和文献（1951—1992）[M]. 北京：中共中央党校出版社，1994：7.

③ 毛泽东选集（第三卷）[M]. 北京：人民出版社，1991：1094.

④ 李玉贞. 国民党与共产国际（1919-1927）[M]. 北京：人民出版社，2012：275.

　　在新中国成立之后，马克思主义立场的政治话语从言说革命转型到言说建设的道路之上。中心任务的转变，使毛泽东思想的政治话语从突显阶级斗争转型到以社会主义国家建设发展为中心。于是，担任宣传、动员工作的思想政治教育话语也从多方面将人民群众的热情调动到社会主义建设的生产热潮之中，诸如"鼓足干劲、力争上游、多快好省地建设社会主义""赶英超美""大炼钢铁""把'大跃进'的战鼓敲得更响"等政治话语开始频繁出现，甚至在愈演愈烈的阶级斗争之中，出现了诸如"在工业上以钢为纲、在农业上以粮为纲""人有多大胆、地有多大产""抓紧革命大批判""斗争生活出艺术、劳动人民是主人""让社会主义新文艺占领一切舞台""天兵怒气冲霄汉——造反有理""坚决响应毛主席的号召，支援内地干革命！""在继续革命的道路上夺取更大胜利"等在"文化大革命"时期的偏激言论。虽然党中央在1962年召开的七千人扩大会议上，开展了思想上、话语上、行动上的批判和自我批判。但是，已经偏离马克思主义立场的政治话语，铸成了以否定马克思主义立场为特征、占领社会主流话语领域的阶级化、斗争化政治话语。

　　在经历了十年的政治话语偏差之后，随着党的工作中心从阶级斗争转移到经济建设，重拾、回归马克思主义立场的政治话语工作被提上了党的宣传思想议程，成为了当时最为根本、重要、紧迫的任务。那时，思想工作或思想政治工作成为热词，频繁地出现在宣传思想工作之中，这同样是坚持马克思主义立场的表现。在坚持马克思主义立场的道路上，邓小平曾强调："我们马克思主义者过去闹革命，就是为社会主义、共产主义崇高理想而奋斗。现在我们搞经济改革，仍然要坚持社会主义道路，坚持共产主义的远大理想"①。此时，政治话语已经转变为用马克思主义言说经济建设，但是仍不能放松马克思主义意识形态在政治话语中的核心地位，否则，我们将无法有效合理地解释、应对"和平演变""普世价值""价值中立""远离崇高""文明冲突""历史终结论""世界公民"等错误言论。为此，我们仍需要在坚持站稳马克思主义立场的同时，坚决维护马克思主义的核心要义，抵御各种社会思潮对于我国主流意识形态领域的冲击和诋毁，将马克思主义的理论话语、实践话语、价值话语纳入我国意识形态的话语工程之中，确保我国意识形态领域的健康、有序及安全。

　　自党的十八大以来，在坚决维护马克思主义立场的过程中，其被运用到更广泛的，与我们正在做的事情、我国各项事业的中心、我国发展的全面改

---

① 邓小平文选（第三卷）[M]. 北京：人民出版社，1993：116.

革、我国全面依靠治国的道路、中国特色社会主义现代化发展、全面建成小康社会、社会主义强国事业、社会公民道德建设等密切相关的政治宣传、思想政治工作之中。为此，习近平总书记对马克思主义评价道："在人类思想史上，就科学性、真理性、影响力、传播面而言，没有一种思想理论能达到马克思主义的高度，也没有一种学说能像马克思主义那样对世界产生了如此巨大的影响"①。同时，思想政治教育在开辟科学化、学科化的道路之后，建构了除思想政治工作、宣传工作等之外的另一种政治话语模式，也是另一种对于马克思主义立场的坚持。这必然需要将马克思主义以稳定的立场、观点和方法等状态纳入课程教学、科学研究、教材编写、仪式活动等过程中，而不是作为抽象的原则、原理、教条、规律性、必然性加以推崇，并将其等同于普遍性知识。为此，马克思主义立场这种稳定性的要素，有效地解决了思想政治教育话语和社会发展语境、时代变革语态之间紧张的结构性关系，有力地推进了思想政治教育话语随着时代发展的创新、更新与转型②。可见，每一个时代的中心、核心话语，都是这个时代的历史产物。我国自从坚定马克思主义立场以来，每个历史时期的话语转型都与马克思主义相关，都将其与党和国家的中心任务相结合，从而演化出每一个转型时期的话语价值、任务和功能。

二、始终坚守群众底线的人民话语

《共产党宣言》指出："过去的一切运动都是少数人的，或者为少数人谋利益的运动。无产阶级的运动是绝大多数人的，为绝大多数人谋利益的独立的运动"③。换句话说，人民群众或者说人民性，一直居于无产阶级政党的核心地位，并贯穿于以马克思主义作为信仰、以共产主义作为理想的社会主义革命斗争、发展建设之中。列宁曾强调，"群众生气勃勃的创造力正是新的社会生活的基本因素"④，只有在人民群众拥护的日常生活之中才能体会社会主义，而无产阶级政党"最严重最可怕的危险之一，就是脱离群众"⑤。为此，"为人民言

---

① 习近平谈治国理政 [M]. 北京：外文出版社，2017：65.

② 史姗姗. 开启新时代思想政治教育新征程——新时代中国特色社会主义与思想政治教育高峰论坛综述 [J]. 思想教育研究，2018（3）：14-143.

③ 中共中央马克思恩格斯列宁斯大林著作编译局. 马克思恩格斯文集（第2卷）[M]. 北京：人民出版社，2009：42.

④ 列宁全集（第三十三卷）[M]. 北京：人民出版社，1985：52.

⑤ 列宁全集（第四十二卷）[M]. 北京：人民出版社，1987：372.

说""对人民诉说""与人民对话""用人民语言书写"等群众话语的要求和底线，构成了思想政治教育话语始终需要坚守的人民话语。

（一）延续密切联系群众的群众路线话语

密切联系群众是中国共产党的三大作风之一。早在 1942 年，毛泽东在《整顿党的作风》中就提出，"单是团结全党同志还不能战胜敌人，必须团结全国人民才能战胜敌人"。为此，我们要密切联系群众，使我们的干部真正懂得"如果不同党外干部、党外人员互相联合，敌人就一定不能打倒，革命的目的就一定不能达到"[①]。从历史上看，中国共产党开展了团结人民、联合群众的政治（宣传）动员，获得了从人民群众中积攒而来的话语权和话语优势。因此，密切联系群众就不再仅是党的优良作风，而是成为了获得人民认同和信任的话语条件，甚至从某种程度来说，两者互为因果。孙中山也曾坦言，在广泛且密切联系群众方面，没有中国共产党做得全面。"迄今为止，我和国民党还没有与农民进行接触。在国民运动中出现这一大的疏忽，主要是由我的拥护者们的社会身份造成的。""我本人是资产阶级出身，我的大部分拥护者属于大学生阶层、城市知识分子，有相当一部分属于商界。因此，我们没有合适的人去深入农村，在那里扎根"[②]。

对于思想政治教育话语来说，言说密切联系群众的话语核心就是"一切为了群众，一切依靠群众，从群众中来，到群众中去"。因此，密切联系群众作风优势下的群众话语工作，必然具有持久性和发展性。持久性体现在群众的社会主义认同、共产主义热情需要在无数次群众话语言说的过程中，才能被充分地调动起来，更何况群众本身存在着多样性和复杂性。这就需要持久地开展思想政治教育活动，把"民族复兴的伟大事业""中国特色社会主义共同理想""共产主义信仰"等融入人民群众的话语体系之中。即使思想政治教育话语曾经犯了偏离群众路线话语的错误，也要在思想政治教育话语的转型过程中，重新回归到正确的群众路线话语道路之上。邓小平曾强调："我们一定要恢复和发扬毛主席为我们党树立的群众路线的优良传统和作风，真正相信和依

① 毛泽东选集（第二卷）[M]. 北京：人民出版社，1991：811-829.
② 中共中央党史研究室第一研究部. 共产国际、联共（布）与中国革命文献资料选辑（第1卷）[M]. 北京：北京图书馆出版社，1997：515.

靠群众，细心倾听群众呼声，关心群众疾苦，一刻也不脱离群众"①。

发展性体现在群众的政治社会化程度在不断地提高，宣传话语要能够有效且及时地阐释政治生活、日常生活，才能说服群众，要将人民群众耳熟能详的话语运用至宣传工作之中，才能感染群众。为此，思想政治教育话语工作要重视群众对于社会主义改革是否理解、社会主义变革是否接受、社会主义发展建议是否得到重视、社会应急（危机）是否能促进有机团结等方面。塞缪尔·P·亨廷顿指出："一个政府强大与否，稳定与不稳定，全凭它能否在完善其政治制度化的速度与扩大群众参与水平二者之间求得最佳值，适时适度地调频这二者之间的相互共振，奏出政治上的协调"②。因此，以广泛联系和密切配合作为关联点的思想政治教育话语工作，充分实现着密切联系群众的作风优势，也充分展现着党的话语优势。

（二）注重物质和精神相结合的人民利益话语

马克思主义多次言明，"'思想'一旦离开'利益'，就一定会使自己出丑"③。同样地，话语一旦离开人民群众的利益，也会出丑。更何况，在大多数情况下，"人们对于自己的权利、义务和责任认识没有确定的原则，他们在不同的情景和社会关系下，根据实际情况阐释不同的权利、责任和义务，人们是情景和利益导向的，而不是原则和信仰导向的"④。因此，思想政治教育话语必须在兼顾人民群众的物质利益和精神利益的情况下，才能获得人民的认可和赞同。

在"革命理想高于天"的年代，为了共同的国家理想，思想政治教育话语"使群众认识自己的利益，并且团结起来，为自己的利益而奋斗"⑤。然而，这种利益是建立在革命理想情怀基础之上的、使人民群众看得见切身物质利益的综合体。由此，"打土豪、分田地"激励着人民"翻身做主人"，在"自力更生、艰苦创业"中孕育出"南泥湾精神"，在中国共产党带领人民"浴血奋战28年"后建立了新中国。中华人民共和国成立之后，虽然在一段时间内，思

---

① 中共中央文献研究室.邓小平思想年谱（1975—1997）[M].北京：中央文献出版社，1998：182.

② 塞缪尔·P·亨廷顿.变化社会中的政治秩序[M].王冠华，刘力，译.北京：生活·读书·新知三联书店，1996：5.

③ 马克思恩格斯全集（第1卷）[M].北京：人民出版社，1957：103.

④ 张静.身份认同研究：观念 态度 理据[M].上海：上海人民出版社，2006：15.

⑤ 毛泽东选集（第四卷）[M].北京：人民出版社，1991：1318.

想政治教育话语面临着一度"放弃了"人民利益话语的转型。但是，邓小平在吸取经验教训之后，感叹道："群众是我们力量的源泉，群众路线和群众观点是我们的传家宝。党的组织、党员和党的干部，必须同群众打成一片，绝对不能同群众相对立。如果哪个党组织严重脱离群众而不能坚决改正，那就丧失了力量的源泉，就一定要失败，就会被人民抛弃"①。因此，社会主义建设基本路线的制定、"三个有利于"标准的设定促进了人民群众对于幸福生活的畅想和追求，成为了思想政治教育话语转型的核心。伴随着社会主义国家的全方位建设和全面改革，思想政治教育话语更是突显出将人民群众整体利益放在核心地位的重要性。"建设中国特色社会主义的根本目的是不断实现好、维护好、发展好最广大人民的根本利益，党的理论、路线、纲领、方针、政策和工作必须以符合最广大人民的根本利益为最高衡量标准"②。进入新时代，思想政治教育注重从话语学理方面进行转型，以此应对人民日益增长的美好生活需要与国家不平衡不充分发展之间的矛盾、自我利益与国家价值之间的矛盾等问题，并对此展开深入研究和有效阐释，借此发挥思想政治教育话语在人民群众中的影响力、公信力、阐释力和感染力。

（三）坚持人民当家作主、以人为本、人文关怀、以人民为中心等一脉相承的人民话语

人民当家作主是我国社会主义民主政治话语的重要起点和基础保障。伴随着中国共产党前进的是，对契合中国国情的人民当家作主话语之下的中国发展制度的摸索。从"工农兵代表大会制度"，到革命根据地以"三三制"为原则的"参议会制度"，再到"人民代表大会制度"和"政协制度"，体现着中国共产党领导中国人民在掌握自我言说的情况下，在认知自我发展前途命运的过程中，将马克思主义的"全世界无产者联合起来"转变为中国特色的政治民主制度话语。这是将人民、民主、国家、社会动员等话语主题更为紧密地结合在一起的过程，借用迈克尔·曼对国家权力的理解，人民当家作主的话语优势体现着国家的基础性思想政治教育话语动员，即国家通过思想政治教育话语将协商、民主、共和等话语内核、意义，逐渐渗透到公民社会，并使之有效贯彻实现国家目标的过程。

---

① 邓小平文选（第二卷）[M].北京：人民出版社，1993：368.

② 中共中央文献研究室.十六大以来重要文献选编（上）[M].北京：中央文献出版社，2005：364.

在新中国成立之后，人民当家作主逐步地与时代相契合，发展出体现"以人为本"、诉诸"人文关怀"、确立"以人民为中心"等一脉相承的人民话语。这些人民话语，真正把"实现好、维护好、发展好最广大人民根本利益，把人民拥护不拥护、赞成不赞成、高兴不高兴、答应不答应"①作为思想政治教育话语的出发点、落脚点和重要指标。思想政治教育话语只有将驱动人民追求美好生活、鼓动人民群众走上共同富裕之路、动用人民群众智慧创造未来中国、发动人民群众与治国理政相结合等方面，作为其话语的根本尺度和基础维度，才能使其话语在生动鲜活的劳动实践、新鲜活泼的生产活动、生机盎然的日常生活之中获得活力和生机，才能少些场面话、客套话、官腔而多些"民族话""大众话""通俗话""生活话"，才能做到在"教育人、引导人、鼓舞人、鞭策人的同时，做到尊重人、理解人、关心人和帮助人"②，才能"把握好时、度、效，增强吸引力和感染力，让群众爱听爱看、产生共鸣，充分发挥正面宣传鼓舞人、激励人的作用"③。

三、始终坚持与时俱进品质的时代话语

随着国内外语境和思想舆论环境的变化，思想政治教育逐渐形成了独特的系列时代话语体系。这源于其能够将实际的言说、书写和话语权威等情况作为话语背景、需求，乃至要求，与时俱进地创造、选择、更新与发展话语内容、形式与载体。邓小平曾强调："按照实际情况决定工作方针，这是一切共产党员所必须牢牢记住的最基本的思想方法、工作方法"④。同时，这对于思想政治教育来说，还是最为基础的言说方法、书写方法和语言规则。思想政治教育话语之所以需要且能够保持与时俱进的言说品格和话语风格，主要有以下两方面的原因：

（一）对于传统历史话语资源的整合、优化、继承与吸收

在中国传统历史话语之中，有着丰富的话语资源，辩证批判地将其纳入"辩证唯物世界观、唯物史观、个人道德修养、社会主义核心价值观的培育和践行中来"，并将此种话语优势转移到持续发展、不断演化的思想政治教育

---

① 习近平.在庆祝中国共产党成立95周年大会上的讲话 [M].北京：人民出版社，2016：18.

② 胡锦涛.在全国宣传思想工作会议上的讲话 [N].人民日报，2003-12-5（01）.

③ 习近平.胸怀大局把握大势着眼大事努力把宣传思想工作做得更好 [N].人民日报，2013-8-21（01）.

④ 邓小平文选（第二卷）[M].北京：人民出版社，1994：114.

话语体系之中，有利于增强其话语的"纵深感、深刻性及系统性"①。例如，将"予其惩，而毖后患"通俗化为"惩前毖后、治病救人"；从"实事求是"得出"没有调查就没有发言权""农村包围城市、武装夺取政权""星星之火，可以燎原"；将"礼义廉耻，国之四维"演变为"社会主义荣辱观"；从"天下兴亡、匹夫有责"之中发展出"空谈误国、实干兴邦""多难兴邦""社会主义合格建设者和可靠接班人""担当民族复兴大任的时代新人、强国一代"。

特别需要注意的是，社会主义核心价值观每一层面的价值词汇都能找到相对应的历史话语（图1-1）。社会主义核心价值观作为中华民族的共同价值追求和精神动力，在对其进行话语梳理、词汇总结、语言论证的过程中，需要在源远流长的中华民族传统历史话语之中，找寻其话语根基，并通过将历史话语与现代话语阐释相结合，有效地实现对于历史话语的发展性继承、创造性转化，以便实现两者之间话语实质、话语内核、话语精神的连通。

社会主义核心价值观的具体层面	历史话语的具体对应
国家层面	富强：凡治国之道，必先富民
	民主：民惟邦本、民贵君轻
	文明：不学礼，无以立
	和谐：礼之用，和为贵
社会层面	自由：从心所欲，不逾矩
	平等：人皆可以为尧舜
	公正：大道之行也，天下为公
	法治：依法治国
公民层面	爱国：人生自古谁无死，留取丹心照汗青
	敬业：鞠躬尽瘁，死而后已
	诚信：诚信者，天下之结也
	友善：仁者爱人

图1-1　社会主义核心价值观与历史话语的对应

---

① 盛新娣，杨丽.关于思想政治教育话语针对性提升的辩证理析[J].新疆大学学报（哲学·人文社会科学版），2018（2）：27-32.

同时，我国历届领导人在讲话之中，都非常善于巧用历史典故、历史人物的话语等，去释义中国实际的发展状况，这可以视为一种文化自信和话语自信的重要表现。其中，邓小平则更倾向于对家乡流传下来的俚语进行创新性发展，如"摸着石头过河""拆庙搬菩萨""庙里的菩萨让出来，新的菩萨去坐位""不管白猫黑猫，捉住老鼠就是好猫"等。为此，傅高义曾说："邓小平做出基本的政策决定后，会用人们喜闻乐见的俗语对之加以解释。这些机智通俗的说法不但使人难以反对政策，还能让人觉得邓小平平易近人"①。在进入新时代之后，习近平总书记更是将中国发展的各个方面与历史话语紧密相连，以此在活用历史话语的基础之上创新时代话语，其成果集中体现在《习近平用典》之中。

对于思想政治教育话语来说，这些历史话语的运用范例及其创新成果可视为建构思想政治教育基础话语的历史源泉、滋养现代思想政治教育话语体系建设的历史资源、克服思想政治教育话语形式化倾向和实效式微的历史依据，使其在更贴近人民群众的用语习俗和语言习惯的过程中，凝聚、夯实人民群众的历史共识，抵御历史虚无主义对人民群众历史意识的玷污、对中华民族历史观的否定和篡改。从历史话语当代转化的角度，有效地在释义社会主义核心价值观与西方"普世价值"之间的本质区别方面，为其社会层面中的"自由、平等、公正和法治"提供了合法性的历史来源，有力地诠释了中国梦是一种建立在政治共识之上的中华民族百年理想，是区别于一般意义上的梦想、愿望、想象。

（二）对于历时话语需求和共时话语主题的认知、诊断、剖析与阐释

一方面，历时话语需求是思想政治教育话语的持续追求。因此，如何将马克思主义这一科学理论、科学理想转变为人民群众的普遍话语，是思想政治教育话语实现历时话语需求的初始任务。因此，在革命年代，诉诸思想政治教育话语形式的多样性是塑造具有社会主义共同理想的无产阶级战士的稳定保障。毛泽东对此曾做过明确的说明："要联系战争发展的情况，联系士兵和老百姓的生活"，通过"靠口说，靠传单布告，靠报纸书册，靠戏剧电影，靠学校，靠民众团体，靠干部人员"②去广泛地实现战争话语动员。新中国成立之后，由于言说对象发生了转变，话语从形式的多样性转变为传播的模式化，即在强调正向、正面、正规的传播价值观基础之上，运用单一的、口头标语化的

① 傅高义.邓小平时代 [M].冯克利，译.北京：生活·读书·新知三联书店，2013：384.
② 毛泽东选集（第二卷）[M].北京：人民出版社，1991：481.

传播语言，重视自上而下、有组织、有规律、系统性的传播途径。改革开放以后，话语传播的模式化转变成了话语互动的双向性。社会主义市场经济催生个体对于独立、自由、发展、命运等问题的思考，如果思想政治教育话语不能在承认话语对象的同时接纳他们的所有困惑，那么，其话语将无法与他们的物质世界相连接，也无法与他们的精神世界相联系。因此，开展平等对象性的话语互动，是思想政治教育话语应时转变的重要表现。进入 21 世纪之后，话语互动的双向性转变为话语矛盾的突显性，如"科学发展观""社会主义和谐社会""社会主义核心价值体系"等，已经为思想政治教育话语矛盾的处理做了典范性的示范和应对。进入新时代之后，话语矛盾的突显性转变为话语题材的广泛性，于是，在"中国梦""中华民族的伟大复兴""社会主义核心价值观""人民对于美好生活的向往""不忘初心、牢记使命""绿水青山就是金山银山""人类命运共同体""一带一路"等具有中国特色的政治话语之下，思想政治教育话语开启了在这个时代坚持"讲好中国故事、传播好中国声音、塑造好中国形象"的必由之路。

另一方面，共时话语主题引发思想政治教育话语的持续关注。在每个时代，思想政治教育要想抓住核心价值，必须研究和掌握代表该时代的核心话语，而其想要引领核心价值，则必须正视且能够认清、阐释话语主题。伴随着"战争与革命"作为世界时代主题终结的是"和平与发展"这一时代话语的诞生与转变，这几乎涵盖了整个近现代思想政治教育话语的起源及其发展过程。虽然每个时代对于这一共同的话语主题，甚至同一时代对于共同话语主题都有不同的话语处理方式。但是，基于此主题所阐发出来的话语，甚至是极不符合的话语理解也都被归属于此时代的话语体系之中。正如恩格斯所指出的那样，"每一个时代的理论思维，从而我们时代的理论思维，都是一种历史的产物，它在不同的时代具有完全不同的形式，同时具有完全不同的内容。因此，关于思维的科学，也和其他各门科学一样，是一种历史的科学，是关于人的思维的历史发展的科学"①。这里的理论思维和思维科学，也同样包括以话语理论思维为基础的话语研究科学。可见，所谓共时话语主题，不仅是指同一话语主题在同一时代所受到的话语关注和话语研究，而且也包括了同一话语主题在不同时代的话语理解状况，而后者之所以能被归属于"共时"而非"历时"，在

---

① 中共中央马克思恩格斯列宁斯大林著作编译局 . 马克思恩格斯选集（第四卷）[M]. 北京：人民出版社，1995：284.

于其是从同一主题出发截取同一时代（而非从历史纵向考察）的话语分析和话语处置。当然，前者是被普遍赞成的共时话语主题的最主要内涵，这一方面对于当代思想政治教育话语来说具有重要的意义。因为其话语所遇到的边缘化、泛政治性、失效性等困境，以及"宏大叙事话语较多，精致入微的话语较少，经验性的生活话语较多，严谨的学术话语较少，陈旧的话语较多，与时俱进的话语较少"①等问题，都是思想政治教育在未能真正理解共时话语主题的情况下所导致的话语危机。因此，思想政治教育要吸取历史经验与教训，就必须认真研判新时代话语主题，与新时代话语主题相契合，实现话语的创新性和阐释性的结合，将价值引领和思想引导作为话语的前提条件，保持与时俱进的话语本质。

---

① 吴琼.科学发展观视野中的思想政治教育话语发展 [J].北京交通大学学报：社会科学版，2011（1）：116-120.

第四章　思想政治教育话语转型的现实图景

　　思想政治教育话语转型身处宏大的社会现实和学科基础，本章主要从思想政治教育话语的现实基础、现实契机、现实症候来构建思想政治教育话语转型的现实图景。"社会的话语建构并不是来自人们头脑中的思想的自由飞舞，而是来自社会实践，后者牢牢地根植于并定向于真实的物质的社会结构。""社会实践有各种方向——经济的、政治的、文化的、意识形态的，话语也可以在其中任何方向都未被还原为话语的情况下，而被包含在所有这些方向之中。"①思想政治教育话语转型必须深入社会实践进行研究，在社会结构转型的背景下探究思想政治教育话语转型的理路。思想政治教育话语转型现实契机为其研究提供了更多的视野和研究的可能，从问题意识出发可以探究当前思想政治教育话语转型过程中的现实症候，揭示其现实症候存在的原因及本质，提升思想政治教育话语转型效果及能力的针对性和有效性。

---

① 诺曼·费尔克拉夫. 话语与社会变迁 [M]. 殷晓蓉，译. 北京：华夏出版社，2003：61-62.

第一节　思想政治教育话语转型的现实基础

思想政治教育话语的现实基础主要包括社会基础、学科基础及主体思想道德的发展实际。社会基础从经济、政治、文化、社会、生态等宏观领域为思想政治教育话语的转型发展提供了条件。思想政治教育近四十年的学科发展所取得的优秀理论及实践成果从中观领域为思想政治教育话语转型提供了学科支撑。改革开放四十多年来，我国取得了显著的经济成就，这是勤劳的我国人民积极努力奋斗的结果，这种改变凝聚在以爱国主义为核心的民族精神和以改革创新为核心的时代精神中，这种精神融入了社会大众的思想、观念和行为中，进而从微观视域为思想政治教育话语转型提供了坚定的个体基础。

一、思想政治教育话语转型的社会基础条件

思想政治教育话语转型是社会结构转型背景下的必然趋势，处于经济、政治、文化、社会及生态的发展过程中。政治、经济、文化、社会及生态的发展为思想政治教育话语转型奠定了一定的基础条件，同时也为思想政治教育话语转型提供了社会语境。语境是"一个伴随语言使用不断扩大的因素集合，包括物理背景，在场的人（以及他们知道并相信的事物），特定话语产生前后的语言，相关人的社会关系、种族、性别、身份，以及文化、历史和体制因素等"①。当然，语境不仅包括社会环境，但这里只是对思想政治教育话语转型的社会基础条件，即现实外在环境进行分析。当前社会发展语境与思想政治教育话语是"自反"的关系，即政治、经济、文化、社会及生态语境影响着思想政治教育话语转型的效果，同时思想政治教育话语转型也影响着当前社会环境的建设。思想政治教育话语转型研究，就是"思想政治教育话语不仅要表达出人类共同面对的世代问题，如精神污染、心灵危机、道德关怀、社会秩序等，更需要将中国社会的历史与现实描述出来，将当下中国人的政治、社会以及精神生活鲜明地反映出来以及中国对世界的意义揭示出来"②。思想政治教育话语转

---

① 詹姆斯·保罗·吉.话语分析导论：理论与方法 [M].杨炳钧，译.重庆：重庆大学出版社，2011：8.

② 孙其昂.思想政治教育现代转型研究 [M].北京：学习出版社，2015：299.

型处于政治、经济、文化、社会及生态结构的发展过程中，当前社会结构发展模式的调整为思想政治教育话语转型提供了更加稳固的现实基础，也为思想政治教育学科建设和发展提供了更有利的发展条件。

（一）经济基础

思想政治教育话语转型是我国社会结构转型的一部分。唯物史观认为经济基础决定上层建筑，即经济基础决定上层建筑的产生、性质和变革，也就是说观念的、政治的上层建筑都是适应经济基础的需要而产生的。因此，思想政治教育话语转型必然受我国经济结构调整和转型的决定。"每一历史时代主要的经济生产方式和交换方式以及必然由此产生的社会结构，是该时代政治的和精神的历史所赖以确立的基础"[①]。而"物质生活的生存方式制约着整个社会生活、政治生活和精神生活的过程"[②]。党的十八大以来，以习近平同志为核心的党中央不忘初心、砥砺奋进，带领全国各族人民在实现中华民族伟大复兴中国梦的新长征路上，夺取了新的伟大胜利，"五位一体"标定发展坐标，"四个全面"规划战略布局，新发展理念汇注时代动力。我国经济结构调整和转型升级持续加快，平台经济、分享经济等新模式广泛兴起，跨境电商、智能交流等新产业新业态新模式深入渗透到诸多领域，逐渐改变着人们的生活方式、消费习惯。在提高资源利用率、拓展就业空间、推动产业转型等更深入的层面上，这些新事物发挥着越来越重要的作用。我国经济结构的调整、新型经济模式的涌现、新型阶层的出现等经济领域的量变和部分质变决定了思想政治教育话语的转型。思想政治教育话语必须深刻反映我国改革开放四十多年的探索和成就，必须深刻讲述"中国故事"、解读"中国奇迹"、弘扬"中国精神"，而这一切要求思想政治教育话语必须立足我国经济结构调整及转型时期，必须符合我国经济的发展理念、模式的要求，必须反映我国经济领域的深刻变化。可见，转型期我国经济领域的新理念、新形态、新元素、新格局、新结构、新类型、新特征等语境及内在结构的变化要求思想政治教育话语必须转型，以适应我国经济发展的需求。

马克思主义唯物史观认为经济基础决定上层建筑的性质，上层建筑的性质

---

① 中共中央马克思恩格斯列宁斯大林著作编译局.马克思恩格斯选集（第一卷）[M].北京：人民出版社，1995：257.

② 中共中央马克思恩格斯列宁斯大林著作编译局.马克思恩格斯选集（第二卷）[M].北京：人民出版社，1995：32.

不直接决定于生产力而决定于生产关系，有什么样的经济基础，便会产生什么样的上层建筑。"整个社会系统是主体、价值观、制度（规范）、组织化、场所、设施、时间等要素共同编织而成的网络。而在这些多层级、复杂的社会关系之中，最为重要的是经济关系"①。可见，经济基础本质上就是社会一定发展阶段的生产力所决定的生产关系的总和，而这亦是一种社会关系，决定着思想政治教育话语的转型。当前，我国社会经济成分、组织形式、就业方式、分配方式等日益多样化，促使社会主体思想、观念、意识等发生变化，进而促使社会结构、利益诉求及关系发生了新的改变。"个人怎样表现自己的生活，他们自己就是怎样。因此，他们是什么样的，这同他们的生产是一致的——既和他们生产什么一致，又和他们怎样生产一致。因而，个人是什么样的，这取决于他们进行生产的物质条件"②。当代我国经济、政治、社会等全方位的发展促使社会主体物质需求和精神需求随之发生改变，思想政治教育话语就是要有效反映我国社会转型期经济、政治、文化、社会、生态、教育以及社会主体的思想、观念和行为，而这就要求思想政治教育话语必须与社会转型相契合。因为"没有话语，就没有社会现实，没有理解的话语，我们就无法理解我们的现实、我们的经验或者我们自己"③。因此，在我国社会经济转型调整的背景下，思想政治教育话语也必须实现转型，只有这样我们才能更深刻地理解我们生活的世界以及为之奋斗的自己。

社会物质资料的生产和再生产，社会的物质生产方式，是最基本的社会存在。因此，也是社会意识形态的基本源泉。恩格斯曾说："每一历史时代的经济生产以及必然由此产生的社会结构，是该时代政治的和精神的历史的基础"④。所以，包括思想政治教育及其主导性在内的社会意识，不过是以观念体系形式反映出来的社会存在，并不是与社会存在无关的独立实体。思想政治教育及其主导性依赖物质资料的生产和再生产，依赖社会的物质生产方式，这是社会意识对社会存在依赖性的根本体现，是思想政治教育主导性的社会经济基础，它决定着思想政治教育及其主导性的根本性质。

---

① 孙其昂.思想政治教育现代转型研究 [M].北京：学习出版社，2015：41.

② 中共中央马克思恩格斯列宁斯大林著作编译局.马克思恩格斯选集（第二卷）[M].北京：人民出版社，1995：67.

③ 胡春阳.话语分析：传播研究的新路径 [M].上海：上海人民出版社，2007：39.

④ 中共中央马克思恩格斯列宁斯大林著作编译局.马克思恩格斯选集（第二卷）[M].北京：人民出版社，1995：252.

（二）政治基础

马克思主义基本原理强调经济基础决定上层建筑，上层建筑对经济基础具有一定的反作用，思想政治教育作为上层建筑，其话语在社会转型期对社会生产力的发展具有一定的积极或消极作用。这种积极或消极作用主要取决于思想政治教育话语能力在当代社会的实现程度，在当代社会转型背景下，思想政治教育话语转型不仅受经济环境的决定，同样也受社会政治环境、制度的影响。社会政治环境是"指对人的思想政治素质及思想政治教育活动产生影响的社会政治制度及其制约下的现实政治状况"①。而社会政治制度必然建立在一定的社会经济基础之上，是上层建筑的核心，政治制度决定着谁掌握思想政治教育的领导权和话语权。我国现代政治制度主要包括人民代表大会制度、民族区域自治制度、基层群众自治制度以及中国共产党领导的多党合作和政治协商制度。这种具有中国特色的社会主义政治发展的道路，"是近代以来中国人民长期奋斗历史逻辑、理论逻辑、实践逻辑的必然结果，是坚持党的本质属性、践行党的根本宗旨的必然要求"②。我国当前的社会政治制度体现了以人民为中心的主体地位，决定了思想政治教育话语转型的方向、性质、目的及价值旨归。同时，中国特色社会主义政治的道路，也体现了思想政治教育话语的生成历史、理论及实践逻辑，为思想政治教育话语转型研究提供了逻辑前提。党的十八大以来，我国坚持党的领导、人民当家作主、依法治国的有机统一，加强人民当家作主制度保障，发挥社会主义协商民主重要作用，深化依法治国实践，深化机构和行政体制改革等思想，决定了思想政治教育话语转型的本质必须以为人民服务为根本目的，这是思想政治教育话语转型的理论动力和实践支撑。政治性是思想政治教育的根本属性，也是我国政治制度在思想政治教育学科的具体深刻体现，思想政治教育话语转型必须始终坚持这一属性，坚持社会主义意识形态的主导性，在当前多元话语、意识形态之争中坚持以习近平新时代中国特色社会主义思想内容为核心话语开展思想政治教育活动。这就要求思想政治教育话语转型必须坚持"以人为本"，实现思想政治教育话语对主体、社会、生活、环境等的有效解读和阐释，引导社会主体树立正确的话语观，满足有效性视角下思想政治教育话语对现代转型期教育主体生命、价值和意义的诉求，创

---

① 李俊奎.思想政治教育效益论 [M].北京：中国社会科学出版社，2012：96.

② 习近平.决胜全面建成小康社会 夺取新时代中国特色社会主义伟大胜利——在中国共产党第十九次全国代表大会上的报告 [M].北京：人民出版社，2017：36.

设正当的、理性的、生活的，有意义感和幸福感的思想政治教育话语。

政治性是思想政治教育的本质属性，这就决定了思想政治教育话语转型会将社会转型期的政治制度、政策、理论等通过具体的政治术语（符号）、事实在思想政治教育活动中呈现出来，引导社会主体对中国特色社会主义政治发展道路在历史、理论、实践逻辑上产生深刻的认知。政治术语或政治符号主要是指"表征政治现存与现实的一系列概念与符号，这些术语与符号是个体（也包括群体中的每个人，即人们）认识政治的工具"[①]。政治术语只有在政治沟通中才能得到具体的运用，而政治关系正是通过具体的政治话语沟通才得以建构。思想政治教育话语中的政治话语是具有主导性的话语，主要包含了传播政治思想、意识，引导政治行为和建构和谐政治关系。在社会转型期，社会政治环境决定着思想政治教育话语转型的效力及实现程度，稳定的政治关系更有利于思想政治教育话语对和谐政治关系的建构，相反则亦然。思想政治教育通过承载具有政治意义的话语符号、非话语符号等与受众进行思想、观念、信息、意见、情感等方面的沟通、交流，宣传党的路线、方针、政策、理论，增强社会主体对国家政策、方针的认同感，促进他们政治社会化的实现及政治角色的建构。当今时代，霸权主义更多地体现在意识形态话语权的争夺上。2020 年，新型冠状病毒席卷全球，威胁着整个人类的生命安全，但西方国家企图通过制造"中国病毒""武汉病毒"等话语误导全球舆论给我国施压。这一切预示着在当前更加开放的国际格局中，看似平静的国际环境其实暗流涌动。我国虽然经过四十多年的改革开放，取得了显著的成绩，但在社会转型期我们还要进一步地推进社会主义民主政治制度化、规范化、程序化，不断发展我国的民主政治，完善我国的法治。可见，社会主体对政治环境的现状、政治知识的认知状况决定着他们的政治认同程度，他们对政治符号、事实、事件、理论等赋予的相同含义都有不同程度的认知。也就是说，在思想政治教育话语转型过程，政治话语并不仅限于对相关政策、理论、方针等政治知识理念的传递，还在于其对相关意义、共识的达成、精神的凝聚及价值建构。

综上所述，稳定、和谐的政治环境更有利于政治话语的沟通，意见的听取，话语冲突和矛盾的协调以及政治交往的实现，更有助于思想政治教育话语转型对于社会和谐政治关系的建构。

[①] 邱柏生，董雅华.思想政治教育学新论 [M].上海：复旦大学出版社，2012：103.

（三）文化基础

文化是民族生存与发展的重要力量，人类社会的发展，人类文明的进步，都伴随着文化的发展。"中国特色社会主义文化，源自于中华民族五千多年文明历史所孕育的中华优秀传统文化，熔铸于党领导人民在革命、建设、改革中创造的革命文化和社会主义先进文化，植根于中国特色社会主义伟大实践"①。在思想政治教育话语转型过程中，中国特色社会主义文化为其提供了深厚的文化基础和底蕴。我国优秀的传统文化、革命文化和社会主义先进文化不仅是我国社会文化的重要组成部分，还是思想政治教育话语最主要的核心话语资源，在思想政治教育话语转型过程中需要进一步对其进行传承、弘扬和发展。思想政治教育话语转型根植于中国特色社会主义文化的沃壤中，并在传统文化与现代文化的相互激荡中获得了发展的动力源，促使思想政治教育话语转型的实现。在我国文化变迁、转型与发展的过程中，思想政治教育话语具有继承性、创新性和发展性，这一切都来自于我国传统文化、革命文化和社会主义先进文化强大的支撑作用。我们的文化自信来自于对中国特色社会主义文化的自信，其所蕴含的思想观念、人文精神、核心价值、道德规范以及意识形态的导向体现着我国人民的思想和精神内核，是凝聚我国人民精神的脉络，亦对解决当今世界人民面临的共同问题具有重要的价值。思想政治教育话语在转型过程中必须体现中国特色，以其特有的学科话语体现"中国化"，而这些都必须以中国特色社会主义文化为基础。特定的文化包括社会的基本价值、观念、偏好和风俗习惯等，其对人们的信仰及价值观的形成具有重要的影响。我国优秀的传统文化、革命文化和社会主义先进文化孕育了一代代中国人的人格品质和精神世界，这也是思想政治教育话语的核心内容，是构建思想政治教育话语体系的重要资源，更是决定思想政治教育话语转型是否有效的重要元素。

中国特色社会主义文化为实现思想政治教育话语转型提供了文化基础。改革开放以来，我国文化环境更加多元和开放，大众文化、草根文化、流行文化、迷文化等文化形态共生，各种社会思潮、价值观念、社会舆论等相互激荡，对思想政治教育话语转型提出了挑战。社会文化环境对思想政治教育的影响主要通过三种机制来体现，即"强化、弱化和消解"②。强化机制主要表现为

---

① 习近平.决胜全面建成小康社会 夺取新时代中国特色社会主义伟大胜利——在中国共产党第十九次全国代表大会上的报告 [M].北京：人民出版社，2017：41.

② 邱柏生.高校思想政治教育的生态分析 [M].上海：上海人民出版社，2009：105.

中国特色社会主义文化为思想政治教育话语转型提供了厚重的文化基础和底蕴，思想政治教育话语需要从中国特色社会主义文化中汲取营养和智慧。如果没有我国优秀传统文化、革命文化和社会主义先进文化的支撑作用，思想政治教育话语转型的意义和效果就无法实现。因为如果没有文化基础的支撑，思想政治教育话语便是没有生命和意义的话语。同时，思想政治教育具有"维护主流文化、批判异质文化、传承优秀文化、整合多元文化、创造先进文化"①的功能，这种功能发挥的前提就是必须坚持中国特色社会主义文化自信，增强社会大众的认同度和意识形态的共识。中国特色社会主义文化代表着当代中国人的精神追求、标识和家园。尤其是在社会转型过程中，思想政治教育话语要与社会同行，要通过思想政治教育话语来继承、创新和发展中国特色社会主义文化，要以这种文化的引导力来统领其他文化，化解多元文化之争，构建良好的文化环境，为思想政治教育话语转型创造条件。社会主体也只有在具有一定的文化共识、观念认同和精神凝聚力的前提下，以及在优秀文化的氛围中，思想政治教育话语转型效果才能予以呈现。

（四）社会基础

随着人类改造自然、改造社会的实践活动的日益深入和拓展，形成了复杂化、多层次的社会关系。马克思指出，人具有自然属性和社会属性，但"人的本质不是单个人所固有的抽象物，在其现实性上，它是一切社会关系的总和"②。"人的本质是人真正的社会联系，所以人在积极实现自己本质的过程中创造、生产人的社会联系、社会本质"③。人只有在物质生产活动与精神生产活动中通过交往才能形成各种社会关系，人的本质及其存在的意义和价值才能得以体现。也就是说，人是交往性的存在，交往在本质上就是人的社会存在方式以及日常生活样式的再现。思想政治教育就是这种关系性的存在，教育者与受教育者通过思想政治教育话语建构主体关系，进而开展思想政治教育活动。思想政治教育活动的开展就是要通过具体的话语交流、沟通、疏导等方式处理不同社会阶层、成员、群体、组织等之间的社会交往关系。"话语既可以形塑它

---

① 吴艳东.论思想政治教育的文化价值 [J].思想教育研究，2011（9）：3.
② 中共中央马克思恩格斯列宁斯大林著作编译局.马克思恩格斯选集（第一卷）[M].北京：人民出版社，1995：56.
③ 中共中央马克思恩格斯列宁斯大林著作编译局.马克思1844年经济学哲学手稿 [M].北京：人民出版社，2000：170.

所施行的行为的性质，也可以形塑谈话所涉及的各方之间的关系的性质"①。可见，在社会发展过程中，人们社会关系的现状对思想政治教育活动的开展具有重要的作用，决定着思想政治教育话语对主体间社会关系建构的效果。良好的、有序的、和谐的社会关系和社会氛围更有助于建构良好的思想政治教育话语沟通、交流系统，但无序的、松散的甚至是矛盾凸显的社会关系则对思想政治教育话语活动的开展设置了话语壁垒。话语具有建构功能，可以通过具体的话语实践建构思想政治教育主体间的社会关系。可见，思想政治教育主体间的关系是通过具体话语交往来实现和建构的，思想政治教育在这种社会关系中教育、引导、塑造教育主体，并通过建构这种社会关系开展思想政治教育工作。

当前社会经济结构的转型与调整，新兴阶层的出现，社会分工更加细化，促使社会成员的价值追求和利益诉求呈现多元化、异质化。同时，信息技术的发展使得人们的交往更加自主化、个性化，即交往观念、范围、手段、对象、方式等变化促使人们形成新的交往关系、交际圈，多样化的交往关系更是为社会关系带来深刻的改变。这种社会关系的改变着重体现在利益格局的调整，社会成员价值、利益诉求多元化过程中的异质化上，导致社会关系的复杂化，最终致使利益冲突和矛盾频发。这种现状对思想政治教育话语交往活动的开展提出了挑战：如何在传播主流意识形态话语、社会主义核心价值观的过程中揭示价值异质化的真相，给予受众有效话语的澄清、引导，协调社会主体间的利益矛盾和冲突，满足受众正当的价值、利益诉求。这也进一步说明社会关系的意义是多重的，"它是人的本质，是社会系统的基本内容，蕴含着人类文化的深层意义，蕴藏着丰富的文化资源，建构着我们的社会生活及其基本原则。它所包含的价值观念渗透到了人们观念和行为的深处"②。同时，当前社会结构分化与整合改变着社会关系的状况，进而也从外部机制决定着思想政治教育话语转型。社会关系的变化对思想政治教育话语的结构、内容、方式以及不同领域、层次、对象、群体的思想政治教育话语交往实施的范围、目的、任务等都呈现出不同的要求。尤其"在现代社会分工明确的社会条件下，社会既分化又整合的格局中，思想政治教育系统同样存在着整合的考验。如果整合不了，全社会

---

① 詹姆斯·保罗·吉.话语分析导论：理论与方法[M].杨炳钧，译.重庆：重庆大学出版社，2011：28.

② 孙其昂.社会学视野中的思想政治工作[M].北京：中国物价出版社，2002：204.

的思想政治教育就会出现碎裂化的结果，全社会的思想政治教育就会失控"①。可见，社会转型期思想政治教育话语面对的是不断发展着的社会主体，要适应社会阶层、结构、组织的变化，要倾听社会主体思想、观念的多元化诉求的表达，更要着力建构新型的社会交往关系。

（五）生态基础

当代我国的发展是经济、政治、文化、社会和生态"五位一体"的发展模式，人们在提升物质文明和精神文明的过程中，更加注重生态文明的发展，注重人与自然的和谐相处。恩格斯认为，人类在发展的过程中要处理好人与自然的关系，"我们每走一步都要记住：我们统治自然界，绝不是像征服者统治异族人那样，绝不像站在自然界之外的人似的，相反地，我们连同我们的血、肉和头脑都是属于自然界和存在于自然界之中的"②。社会现代化的发展也必然是人与自然和谐共生的现代化，必然是以创造和谐美好的生态环境为前提。思想政治教育话语转型是社会转型过程中的必然要求，社会物质文明、精神文明、政治文明建设等为思想政治教育话语转型提出了新要求。进入新时代，我国生态文明建设"必须坚持节约优先、保护优先、自然恢复为主的方针，形成节约资源和保护环境的空间格局、产业结构、生产方式、生活方式，还自然以宁静、和谐、美丽"③。"绿色发展"作为引领我国发展全局的五大发展理念之一，坚定走生产发展、生活富裕、生态良好的文明发展道路。这就要求思想政治教育话语转型要打破传统思想政治教育话语强调政治、经济、文化等价值导向的话语，而是要从生态平衡、发展视角强调在社会转型期思想政治教育生态意识、素养、文明等话语的重要性，注重培养人们的生态价值观。然而，随着人类社会的发展，过度对自然的掠夺，导致生态资源紧缺、环境污染严重、珍贵野生动物濒危，生态环境失衡问题敲响了人类生存与发展的警钟。这决定了在思想政治教育话语转型的过程中要注重体现尊重自然、顺应自然、保护自然的话语理念和逻辑，要注重体现生态价值取向话语的生成与传播，通过思想政治教育话语改变人们在追求物质价值和精神价值过程中忽视生态价值的思想，塑

---

① 孙其昂 . 思想政治教育学前沿研究 [M]. 北京：人民出版社，2013：127.

② 中共中央马克思恩格斯列宁斯大林著作编译局 . 马克思恩格斯选集（第一卷）[M]. 北京：人民出版社，1995：383-384.

③ 习近平 . 决胜全面建成小康社会夺取新时代中国特色社会主义伟大胜利——在中国共产党第十九次全国代表大会上的报告 [M]. 北京：人民出版社，2017：50.

造"生态人"。"生态人"追求人与人、人与社会、人与自然的和谐共生，"主张顺应自然生态规律，坚持用可持续发展的思维来约束人类的不理性行为，主张在满足人们合理物质追求的同时，不断提高人们的精神文化境界"①。在社会结构转型和调整期，生态在社会各个领域已经形成一种共生、复杂的系统，成为人类生存与发展的保障，要将这种生态意识、可持续发展思想贯彻于思想政治教育话语转型活动的始终。生态价值观为思想政治教育话语转型提供了合理性建构和价值性导向，即以生态观和价值观为基础的社会生态结构的转型、调整及优化，规约着新时代思想政治教育话语转型的趋向。因此，思想政治教育话语转型要直面社会生态结构转型过程中存在的艰巨性、复杂性、长期性问题所导致的社会主体价值失衡、行为失范及社会失序等问题，要注重对社会主体思想政治教育生态责任感的培养，使其形成生态意识和生态思想，发挥社会主体建设美丽中国的积极性和主动性。

综上所述，当前生态环境的发展决定了思想政治教育话语转型的价值取向，当然，思想政治教育话语转型并未停留在关注自然界与人和谐相处的单纯关系的处理上，而是同时引申到社会组织、制度、秩序以及社会主体的思想、行为等所构成的社会生态良性、健康运转的机制方面。思想政治教育与经济、政治、文化、社会以及生态是相互融合的有机整体，其良性生态环境的构建决定着思想政治教育话语对"生态人"塑造的效果。同时，生态环境系统建设的思维、理论、原则、方法等不仅从外部决定着思想政治教育话语转型的取向，同时决定着思想政治教育话语内在要素和谐"生态圈"的建构。

二、思想政治教育话语转型的学科支撑

思想政治教育转型是在当前社会结构转型与调整背景下进行的，是对传统思想政治教育的继承与超越，即继承其优秀的经验与方法，同时在继承的基础上结合时代发展及主体发展诉求进行新的超越与发展。思想政治教育转型是思想政治教育学科现代化、科学化、学科化发展的必然要求和趋势。话语转型作为思想政治教育转型中的一部分，对思想政治教育转型具有重要的影响和决定性作用。"思想政治教育学科所需要的知识视野是极为宽阔的，我们要重新激活思想政治教育语义应有的丰富性和灵动性。语言是思想政治教育最重要的中

---

① 黄德林，邱杰，徐伟. 思想政治教育若干前沿问题研究 [M]. 北京：中国社会科学出版社，2017：256.

介，没有健康灵动语言的思想政治教育是会被时代淘汰的"①。思想政治教育学科发展的程度及思想政治教育现代转型的效果，为思想政治教育话语转型提供了坚实的学科基础，给予了思想政治教育者话语言说的学科自信和内在动力。

（一）思想政治教育学科近四十年发展的经验与成就

思想政治教育学科是在改革开放的历史进程中逐渐发展起来的一门新兴学科。自1984年设立以来，经过近四十年的发展，思想政治教育学科"由半独立走向独立，由非重点学科走向重点学科，由低层次走向高层次，取得了重要的进展和成就"②。近四十年来思想政治教育学科从学科创建阶段（1984—1995）到学科发展阶段（1996—2005）再到学科繁荣阶段（2006—至今），经历了从建立到发展，从发展到深化再到繁荣的过程。当前，思想政治教育学科的发展逐步呈现规模化，即学科队伍不断壮大，学科体系逐渐完善，人才培养模式日趋优化，学科发展前沿研究聚焦新现象、新问题、新趋向，思想政治教育学科已经成为我国哲学社会科学一个具有鲜明学科特色、充满活力的新兴学科，为繁荣哲学社会科学，推进学科体系、学术观点、科研方法创新，推动我国哲学社会科学成果的发展发挥了重要的作用。思想政治教育学科经过近四十年的发展，已经形成了完善的管理系统和社会团体研究系统。例如，从宣传系统、教育系统到高校都具有相应的部门及完善的教育体制，从全国到各省市及高校都具有比较健全、持久的学术研究会，并且形成了具有思想政治教育学科共识的学术共同体，共同致力于思想政治教育学科的建设。思想政治教育学科从研究视域来说，包括学校、军队、企业、农村、社区等思想政治教育，从史学研究角度来看，思想政治教育研究史涉及世界古代、近现代史和中国古代、近现代史，中国共产党的思想政治教育史等，思想政治教育从横向到纵向的基本理论、方法、比较研究等都具有丰富的理论和实践成果。思想政治教育的分支学科、交叉学科研究融合为新的分支研究领域，为建构结构合理、内容完备、动态开放的系统化思想政治教育学科体系提供了方向和条件。同时，思想政治教育也具有比较稳定的学科研究边界，虽然在学界依然存在学科边界模糊、"专业槽"浅陋等质疑，但不可否认，经过近四十年的发展，思想政治教

---

① 金林南.思想政治教育学科范式的哲学沉思 [M].南京：江苏人民出版社，2013：64.
② 教育部思想政治工作司，全国高校思想政治教育研究会.思想政治教育学科设立30周年：高校思想政治教育创新发展研究 [M].北京：中国书籍出版社，2015：9.

育学科已经具有相对稳定的研究边界、领域以及丰富的、特色的理论和实践成果。我国社会的进步与发展为思想政治教育专业化建设提供了坚实的社会条件，中华民族优秀的传统文化资源为思想政治教育的学科发展注入了鲜明的中国特色和历史底蕴，我国革命、建设以及改革开放的深刻社会实践为思想政治教育提供了深刻的理论和实践资源。思想政治教育学科发展至今始终坚持以马克思主义为指导，坚持以政治导向为核心，坚持以实践发展为依托，坚持以相关学科为借鉴，坚持以立德树人为根本宗旨的发展理念，不断推进思想政治教育的学科化、科学化建设。思想政治教育学科建设近四十年所取得的经验与成就为思想政治教育话语转型奠定了学理支持，夯实了理论与实践基础。思想政治教育话语转型是建立在思想政治教育学科体系、人才培养、队伍建设等的逐步完善基础之上，这是思想政治教育话语转型的前提条件和实践沃土。

（二）思想政治教育转型的必然要求

社会转型从广义上来说是指一种社会形态向另一种社会形态的转化，我国改革开放四十多年来，逐渐由高度集中的计划经济体制向社会主义市场经济体制转变，在这种社会转型过程中，人们的思想观念、生活方式、价值体系、行为方式等都发生了深刻的改变。在社会转型过程中，社会结构的改变、社会冲突的加剧、利益格局的重组等问题在更深层次上凸显了价值观念上的冲突，进而通过具体的文化问题反映出来。文化转型在社会转型中是最根本的部分，"因为从宽泛的意义上来说，任何经济活动和政治活动都是特定的人类文化活动，都有人的信仰、信念、意志、情感和价值标准在其中。具体说来，在摆脱困境的实际操作中有这样一些方面"[①]。而思想政治教育的基本领域就是"人的建设"，基本对象就是"人的思想"，基本功能就是"人的思想解放"。目前，学界关于思想政治教育转型的研究主要包括思维方式、目标结构、职能定位、工作者、工作对象、内容、活动方式、体制、主体、原则、载体、方法等方面的转型，思想政治教育话语作为思想政治教育系统的要素，是其转型的一部分。当前关于思想政治教育转型以及前沿问题研究取得了较多的成果，从理论到实践、从方法到对策、从课堂教学到学术研究等都必须通过具体话语将思想政治教育的知识、理念及意义传达给教育对象，并且最终通过有效的话语实现思想政治教育的目标。因为，在现实生活中"我们不断通过语言而且通过在行动、交流、非语言符号系统、物体、工具、技术和独特的思维、评价、感觉和

---

① 晏辉.现代性语境下的价值与价值观[M].北京：北京师范大学出版社，2009：310.

信仰方式中一起使用的语言不断地、积极地构建并重建我们的世界"①。在思想政治教育活动中，具体的话语建构着教育者与教育对象的关系，同时也建构着思想政治教育各要素之间的内在关系。思想政治教育话语转型与思想政治教育转型是"部分"与"整体""特殊性"与"普遍性"的关系。思想政治教育转型决定着思想政治教育话语转型的方向，为其提供了基础和前提。当前思想政治教育话语转型相关研究的诸多成果为构建思想政治教育话语研究范式和话语体系提供了重要的理论和实践借鉴。

（三）思想政治教育基本精神的旨向

思想政治教育属于上层建筑，是意识形态领域的精神性活动。孙其昂认为，"思想政治教育基本精神是思想政治教育的内核，是思想政治教育理论与实践中的基本问题，也是基础理论问题"。同时，他指出思想政治教育基本精神的存在方式分为三个层次，即"一是思想政治教育的内在精神；二是思想政治教育传播的精神内容；三是思想政治教育行为体现出来的精神气象"②。思想政治教育的基本精神是思想政治教育系统的核心，是存在于思想政治教育系统及活动开展的精神主旨，如果在思想政治教育实施过程中其基本精神不在场，那么思想政治教育就失去了灵魂。思想政治教育基本精神的元素主要包括"基本领域——人的建设""基本对象——人的思想""基本功能——人的思想解放""基本价值——正义""基本关系——价值认同""基本资源——精神资源"③。这些要素共同构成了思想政治教育基本精神的存在方式，而思想政治教育基本精神的实现形式包括"交流"和"说理"。思想政治教育目的的实现必须是教育者与教育对象在进行相互交流的基础上才能得以体现。而这种"交流"和"说理"活动的展开必须通过思想政治教育话语来建构教育者与教育对象之间的关系，理性、和谐的主体关系是思想政治教育基本精神实现的保障。这就必须通过教育者实施思想政治教育话语来教育受教育者，进而实现对受教育者精神世界的引领和塑造。在社会转型中，思想政治教育始终关涉着人的精神的建构，实现着对人的精神世界的建构。也就是说无论是社会转型还是身处其中的思想政治教育转型，思想政治教育基本精神的关涉对象和建构对象始终是"不

① 詹姆斯·保罗·吉.话语分析导论：理论与方法 [M].杨炳钧，译.重庆：重庆大学出版社，2011：11.

② 孙其昂.思想政治教育学前沿研究 [M].北京：人民出版社，2013：204.

③ 孙其昂.思想政治教育学前沿研究 [M].北京：人民出版社，2013：210-216.

变"的。思想政治教育不仅关注人的精神文化的诉求，更重要的是通过思想政治教育活动实现人素质的提升以及精神世界的建构。

从上述表述中可以看出，思想政治教育话语转型必须直指社会主体的精神世界，不是理论话语、教材话语、课堂话语等对教育对象话语的单向度传递，而是要用有温度、有力量、有意义的话语在主体间实现同频共振。"思想政治教育带给人们的不是知识的堆集，而是通过昭示价值、理想，引导人们思考自身、发展自身，导向人的本源，实现质的飞跃"①。可见，思想政治教育话语转型并不仅是知识性话语的生成，而是要关涉社会转型期凸显的新现象、新问题引发的价值冲突和矛盾，关涉人们在心理、情感和精神上由于"主体性迷失"呈现的精神危机的发生，思想政治教育要立足转型期对人们的精神进行治愈、引领和塑造。思想政治教育话语转型就是要"通过现存世界的全部文化导向人的灵魂觉醒之本源和根基，而不是导向由原初派生出来的东西和平庸的知识"②。综上所述，思想政治教育话语转型要遵循思想政治教育的基本精神主旨，以思想政治教育基本精神为内核，实现对社会主体精神世界的引领和塑造。

三、思想政治教育话语转型的主体自我发展需求

思想政治教育话语转型的动力不仅来自于宏观社会结构转型和思想政治教育学科发展的内在动力促使，更重要的是来自于社会主体自我发展的需要。思想政治教育话语转型是围绕主体间的转型，思想政治教育主体内在的话语诉求，以及对思想政治教育话语的期待、接受力是思想政治教育话语转型的内在驱动力。

（一）个体需要和利益的内在驱动

需要是个体在生存和发展过程中对客观事物产生某种需求的内心状态，是个体行为发生的最初动力，需要越强烈、迫切，其引发的个体从事活动的动机就越强烈。思想政治教育是做人的思想工作的社会实践活动，要了解和掌握人的思想和动机，而人们的各种利益和需要是产生一定动机的前提。针对需要的对象性及需要的起源和发展过程，可将需要分为自然性需要、社会性需要、物质性需要和精神性需要等。当然除此之外，人还有劳动、交往的需要以及人的

---

① 李合亮. 解析与建构：当代思想政治教育的哲学反思 [M]. 北京：人民出版社，2010：145.
② 雅思贝尔斯. 什么是教育 [M]. 邹进，译. 北京：生活·读书·新知三联书店，1991：3.

价值全面实现的需要等方面。马克思主义认为，现实生活中的人追求需要和谋取正当利益是思想政治教育实践活动存在和发展的内驱力，思想政治教育要提高针对性和实效性，必须关照和满足人们正常的需要和利益诉求，思想政治教育话语转型也必须从这一基点出发。因为，人的需要和利益同样是思想政治教育话语转型的内驱力。

这里主要从人的物质性需要和精神性需要来进行分析。在人的生存与发展中，"人们奋斗所争取的一切，都同他们的利益有关"①。而物质利益需要是其他需要的前提和基础，也是激发个体主动性和积极性的主要动力，尤其在社会转型期，人们面临多元的利益诉求，思想政治教育话语转型应立足人们的物质需要和利益诉求，通过思想政治教育话语引导人们理性"认识利益"，通过正常途径努力"实现利益"，当发生利益矛盾与冲突的时候适当"调节利益"。在现实生活中，人们都是在不断追求更高层次的物质需要和精神需要，思想政治教育话语转型要正视人们的利益诉求，尤其是物质利益诉求，因为"人们的物质利益决定规约人们的思想和行为，人们的思想行为又反映了他们的物质利益"②。思想政治教育话语转型就是要在物质利益的基础上以话语的解读、描述、分析人的思想动态变化过程，不规避、不忽视人们正常的物质需要和利益诉求。虽然物质生活和物质利益的需要是人的第一需要，但人们不止于满足物质利益的需要，还有高层次的精神性的需要和意义性的追求，即个体对一定的文化、艺术、科学知识、道德观念、政治信仰、宗教信仰、社会交往等活动的需求。"人们首先必须吃、喝、住、穿，然后才能从事政治、科学、艺术、宗教等等。"③对于思想政治教育的学科性质来说，精神需要和精神利益诉求对其具有重要的决定和影响作用。思想政治教育就是塑造人的精神世界、提升人的思想道德素质的实践活动，人的精神需要和精神利益诉求确证思想政治教育存在的合理性和科学性。因此，人的精神需要和精神利益诉求也决定了思想政治教育话语的旨向，思想政治教育话语转型必须立足社会转型期人们思想的困顿、精神的失落、信仰的迷惘等现象，以思想政治教育话语的温暖、力量、智慧安抚人们的精神世界，满足人们的精神需要和精神利益诉求。这就需要在思

① 中共中央马克思恩格斯列宁斯大林著作编译局.马克思恩格斯全集（第1卷）[M].北京：人民出版社，1956：82.
② 万光侠.思想政治教育的人学基础[M].北京：人民出版社.2006：264.
③ 中共中央马克思恩格斯列宁斯大林著作编译局.马克思恩格斯选集（第一卷）[M].北京：人民出版社，1995：776.

想政治教育话语转型研究的过程中，要着力"展现的是人类精神生产与再生产的过程，关照的是有意义世界，是人的精神文化生命，是人的灵魂指向"[①]。要实现这个目标，首先对思想政治教育者的话语掌握、运用能力提出了更高要求，思想政治教育者不仅要具备思想政治教育专业的话语素养和能力，还要具备"强烈的角色主体意识、积极平等的人性观、深厚丰富的人文素养、健康高尚的人格品质和全面的精神关怀能力"[②]等。需要注意的是，人的需要会随着时代的变化而不断发展或调整，这就决定了思想政治教育话语转型不但要立足时代前沿，更要着眼于现实生活中人们真实的物质需要和物质利益需求、精神需要和精神利益需求的变化。所以，必须以发展着的话语视角解读、看待人们动态的物质及精神世界的变化，从满足人们话语诉求、期待的视角研究思想政治教育话语转型。

（二）认同获得和社会关系建构的需要

人的物质和精神利益需求的满足驱动人们的认同心理需求以及与他者、群体交往关系的建构。马克思根据实践活动主体的范围和层次，将人的存在划分为个体、群体和类存在三种形态。而满足人的认同需求是个体生存与发展的基本表现，与人的存在形态相对应，存在个体认同、群体认同和类主体认同。当然，这三类认同中包含着政治、道德、民族、国家认同等等，在人的生存与发展过程中，是自我个体、群体以及类主体不断产生认同的过程，亦是建构这种认同并获得自我身份确证的过程。个体认同指向主体自身，是指个体对自己生存状态的认知以及未来发展的期许，是个体对过去自我、现在自我以及未来自我的认知，过去、现在以及未来自我的发展是一个完整的过程，因为"个体根据自己的亲身经历所反思性地理解到的自我"[③]。群体认同是指人们因某种思想、兴趣、爱好、信念等共识而身处某个组织、机构、团体中，共同的认知是联系人们关系的桥梁。这里要强调的是身份认同，这种身份的确证是个体获得某组织、机构、团体认可的关键，因为"身份对于个人来说是独有的，它让我们和其他人区分开来；然而，身份又暗示着我们和更广泛的社会群体有着关系，需要表达相似性，从而获得相互的认同，比如当我们谈论国家身份、文化

---

① 李合亮.思想政治教育探本：关于其源起及本质的研究 [M].北京：人民出版社，2007：186.
② 王东莉、王杰康.学生辅导员的人文关怀素养 [J] 当代青年研究，2009（12）：20-24.
③ 安东尼·吉登斯.现代性与自我认同：现代晚斯的自我与社会 [M].赵旭东，方文，译.北京：生活·读书·新知三联书店，1998：58.

身份或者性别时就在表达相似性"①。在厘清个体、群体、社会认同的关系中，可以看出个体认同是构成群体认同的基础和前提，群体认同是建立个体认同的基本保障，个体只有在群体中才能找到归属感，社会认同则是更高层次的群体认同，三者共同构成了人存在的不同形式的外在表现。思想政治教育的对象是存在于社会实践活动中的现实而具体的人，要实现对人思想的引导、精神世界的塑造，需要让思想政治教育主体对个体、群体、社会等产生认同心理。这就需要通过思想政治教育活动帮助个人建立自尊和自信，进而对自我产生客观理性的认知，增强个体对群体的认同感和归属感，培养个体的责任担当意识和爱国主义情怀，增强个体对国家和民族的认同感和自豪感。

人在获得个体、群体和社会认同的过程中，首先必须通过运用话语积极建构生活世界中的意义、身份、活动等，即通过话语来"支持社会活动的开展和社会身份的确定；维持不同文化、社会群体和机构中人的归属"②。话语这一功能的实现，主要通过建构意义、活动、身份等来实现。例如，人们通过赋予某种事物语义或价值，进而以某种方式建构其特定的意义；人们通过使用语言来确认其所从事的某项活动，即通过具体、特定的话语来建构活动；人们通过使用特定的话语进而获得某种身份或角色，如特定职业有特定的话语语境、话语内容、话语言说方式等，通过这种专业性话语进而建构、塑造身份。同时，话语也发挥着其最重要的功能，即建构关系，人们可以通过话语来确证和建构与他人、团体、组织等的关系，通过使用话语建构其所身处的社会关系。而人们关系的建构、处理、协调等需要通过具体的思想政治教育活动来实现，在这个过程中思想政治教育"最重要的不是知识的获得，而是这些知识话语给予受教育者人生怎么样的指导和改变，话语的意义能否真正地抵达教育对象的内在世界，能否引起教育对象的共鸣"③。这种"共鸣"是教育对象对思想政治教育话语的呼应，同时也包括教育者对思想政治教育原初文本话语的"共鸣"，既包括了教育者、教育对象分别对思想政治教育知识的话语共识，同时也包括了教育者与教育对象在思想政治教育活动主体间的话语"共鸣"。可以说，通过思想政治教育话语实现了教育者与教育对象之间的"教"与"学"关系的建构，

① 黄佩. 网络社区 @ 我们在一起 [M]. 北京：中国宇航出版社，2010：81.

② 詹姆斯·保罗·吉. 话语分析导论：理论与方法 [M]. 杨炳钧，译. 重庆：重庆大学出版社，2011：1.

③ 冯茁. 教育场域中的对话——基于教师视角的哲学解释学研究 [M]. 北京：教育科学出版社，2011：29-30.

"共鸣"则是在主体认同和接受思想政治教育话语过程中实现的。这为思想政治教育话语转型提出了目标，即必须是在实现话语认同基础上的对主体身份及精神世界的建构和塑造。

（三）主体自主意识的觉醒

无论是个体的需要、利益的驱动，还是认同的获得、主体关系的建构，都必须是来源于主体的自主性和能动性的驱使，这种自主性和能动性不能停留在需要、认同和关系建构的阶段，更不能因被动的需要、认同或关系建构而寻求自我发展的可能，主体应在需求、利益、关系等之上寻求更加自主、自由的发展模式。科恩指出："自主有两个尺度。第一个尺度描述个体的客观状况、生活环境，是指相对于外部强迫、外部控制的独立、自由、自觉和自主支配生活的权利和可能。第二个尺度是对主观现实而言，是指能够合理地运用自己的选择权利，有明确目标，坚韧不拔和有进取心"①。现代人以更加独立的姿态寻求自我发展的可能，社会发展给予人们更加开放、自由、自主的生存与发展空间，追求自我、个性张扬、崇尚自主成为人们生存与发展的逻辑，人们更加自主、务实、多元、宽容和进取，竞争意识、平等意识、效率意识与风险意识共存的现代生存观、发展观影响着人们的处世方式。自主意识的觉醒促使人们在生存、发展以及社会交往过程中有更多的话语权。虽然思想政治教育话语是人的话语系统中的一部分，但人们并不会自主、主动地选择或接受思想政治教育话语体系。同时，由于传统思想政治教育话语内容、方式、模式的固化与单向度，人们的话语自主选择与思想政治教育话语内容设置出现差异，导致人们对思想政治教育话语产生无形的抗拒。这种话语抗拒主要在于思想政治教育话语内容与个体话语需求的差异、思想政治教育话语传授方式与个体话语接受方式不同等，导致当人们的话语自觉与思想政治教育话语相遇时就会出现自觉性不足或本能地产生话语拒斥等现象。可见，当代社会人们的话语自觉在思想政治教育系统却出现匮乏现象，亟须通过思想政治教育话语转型来实现主体的话语自觉。同时，人的自主意识所产生的话语自省、自觉，是促使思想政治教育话语转型的原动力，所以在思想政治教育话语转型研究过程中需要调动、激发人作为主体的自主意识的发挥。"在实践活动中，人是活动的主动者，实践主体是实践活动中自主性和能动性的要素，担负着设计实践目的、操作实践中介、

① 依·谢·科恩.自我论[M].佟景韩，范国恩，许宏治，译.北京：生活·读书·新知三联书店，1986：407.

改造实践客体的任务"①。无论是思想政治教育者还是受教育者，都要触及思想政治教育话语，但教育者传授思想政治教育话语的目的、内容主要在于受教育者对其话语的理解、认同与接受，这就要求教育者要积极、主动对思想政治教育话语进行逻辑分析，针对教育对象的差异进行话语内容与方式、方法的转换与调整。教育者的话语自觉来自于学科发展的使命和为教育对象解惑的责任担当。对于受教育者来说，其作用于思想政治教育话语，并不是为了改变和创造思想政治教育话语，而是为了自己的发展，也就是说通过选择、理解、接受、运用思想政治教育话语，进而内化思想政治教育话语所承载的思想、理念、价值及意义，以促进自我精神世界的发展。

综上所述，社会转型不仅是结构要素、体制、机制的转型，更重要的是身处于社会转型中的人的思想、观念的转型，忽视了人的主体性、能动性等主体意识的发展，就失去了人自觉的实践活动的动力、价值和意义。社会是不断变迁、转型与发展的过程，其中人的因素对社会转型发挥着重要的推动作用，因为作为参与社会活动的主体，没有人的自觉的、主动的、积极的社会实践，人类社会就不可能发展。同样，社会转型中人的自主意识的觉醒和发挥亦是思想政治教育话语转型的原动力。对于身处思想政治教育活动过程中的教育者和受教育者来说，实施思想政治教育话语的过程，也是教育者与受教育者通过话语交往彰显自身话语风格、实现个人发展的过程。教育者与受教育者的话语自觉是实现思想政治教育话语转型的主要动力，尤其是对于教育者的话语自觉来说，就是要在思想政治教育活动中具有一定的话语先觉和话语预判意识，要从学科视域、教育对象、社会现状等方面对思想政治教育活动的开展进行最基本的话语预设和研判，以确保思想政治教育话语交往的有效开展。

第二节　思想政治教育话语转型的现实契机

当前，全球化进程的推进、网络技术的普及和我国改革开放的不断深入以及社会结构调整、转型升级为思想政治教育话语的科学化、民族化、领域化、国际化等发展提供了契机。在中国式现代化建设的过程中，世界范围内各国文化与中国特色社会主义文化融合共生，为思想政治教育话语转型提供了丰富的

---

① 袁贵仁. 马克思主义哲学 [M]. 北京：高等教育出版社、人民出版社，2009：84.

话语理论与实践资源。在社会转型过程中，"不仅是一种事物、环境、制度的转化或一种基本概念和艺术形态的转化，而几乎是所有规范准则的转化——这是一种人自身的转化，一种发生在其身体、内驱、灵魂和精神中内在结构的本质性转化；它不仅是一种在其实际的存在中的转化，而且是一种在其判断标准中发生的转化"①。可见，全球化、信息化、现代化发展为思想政治教育话语的发展提供了新的理念、格局、结构、功能、条件、领域等新形态，其最终的目的是满足社会发展及人的思想和观念发展过程中新的价值及意义诉求，为实现思想政治教育话语新价值及功能提供了可能。

一、话语领域全球化开辟了思想政治教育的话语空间

全球化浪潮推动了世界各国经济、政治、文化等在全球范围内的密切交往，地域、区域界线在逐渐被跨越，全球化促使各国的联系不断加强，形成相互依存、共同发展的利益共同体。"全球化"并非只是政治、经济概念，也并不限于经济、政治和文化等行为，它同时是一种话语存在，是由不同主体所建构的社会关系和社会实践，是包括经济、政治、文化、社会等方面的全球话语表达的一种特殊的话语行为，并且在全球化发展的进程中形成了比较成熟的全球话语体系。全球化不仅强调经济、政治、文化等方面的发展问题，全球化同样是一个话语问题，它"包括并连接其他许多话语——技术话语、'知识产权'、管理和政府话语（如电子政府等）、社会排斥和社会包含话语等等"②。全球化发展也是一种各国间建立对话、合作、共存与共享关系的过程。全球化作为话语的存在，是对全球化发展过程中的经济、政治、文化等发展现状、事实的现实存在关系的描述和建构，涉及各国、各利益集团的利益、权力等的争夺，通过话语符号、文本结构、蕴涵、预设、隐喻、意义等的呈现来建构社会身份、社会关系、知识和信仰，而意识形态、权力关系也借此渗透到全球话语的交往过程中。全球化话语从话语范畴、内容、边界、资源、传播等方面超越了思想政治教育话语的视域，丰富了思想政治教育话语理论和实践资源，拓展了思想政治教育话语转型研究的空间，为思想政治教育话语转型提供了机遇，将思想政治教育话语放置于全球化视角，是思想政治教育话语与世界话语沟

---

① 马克斯·舍勒.资本主义的未来[M].罗悌伦，译.北京：生活·读书·新知三联书店，1997：207.

② 胡春阳.话语分析：传播研究的新路径[M].上海：上海人民出版社，2007：194.

通、交往的前提。

全球化思维为思想政治教育话语的发展提供了更全面、系统的逻辑发展思路，无论是经济、政治、文化还是地域、价值观等的界限都被超越了，人们在全球范围内共同关注人类生存的空间，在全球性的开放与交往中，生态、贫困、病毒、局部战争、信息安全等关涉人类共同利益的问题成为各国交往的话语共识。全球化作为当代各国交往的一种方式，它改变了传统封闭、固守、内生的文化发展空间，在多元文化共存的模式中探寻学习、借鉴各国优秀文化资源与本国文化相融合的模式，促使人们超越国界、地域、身份等民族和国家狭隘视域的限制，构建以全球意识为基本特征的全球性话语体系。全球意识是全球化过程的必然产物，全球共生的问题所表征的是各国共同的普遍性、整体性的问题，要求人们以一种全新的思维方式面对当代世界及其发展过程中存在的问题。"所谓全球意识，就是在承认国际社会存在共同利益，人类文化现象具有共同性的基础上，超越社会制度和意识形态的分歧，克服民族国家和集团利益的限制，以全球的视野去考察、认识社会生活和历史现象的一种思维方式。"① 全球意识要求思想政治教育话语在转型过程中要将视野放置于全球视域，将思想政治话语聚焦全球化浪潮中共生的问题，引导人们以更加客观、理性的态度审视人类发展的轨迹以及在发展过程中所凸显的问题，以思想政治教育话语分析和引导人们在面对传统与现代、东方与西方、一元与多元等思想、意识、文化的碰撞与融合过程中发生的异化问题。思想政治教育话语不仅要担负和解决社会转型过程中经济、政治、文化、社会、生态的发展，以及人们的思想、观念、行为变化的各种问题，还要以国际化的视角、思维、话语聚焦全球化发展过程中人类共生的世界难题，并展开积极的对话、交流和沟通，共同关注人类社会整体的进步与发展，实现思想政治教育话语民族化与国际化的接轨、融合与发展。

全球化作为一种特别的话语行为，为思想政治教育话语发展提供了丰富的理论和实践资源，是思想政治教育话语发展进程中需要特别关注的问题。思想政治教育话语的实践包括了话语的生成、分配、消费、传播和创新等方面，思想政治教育话语在不同的语境中生产、分配和消费方式不同。影响思想政治教育话语实践的不仅有话语的内在要素，还包括特定环境下政治、经济、文化等方面的因素。全球化视域下其他民族性、区域性、地方性话语的接触、同化、

---

① 蔡拓. 当代全球问题 [M]. 天津：天津人民出版社，1994：562.

冲突与融合丰富了思想政治教育话语资源，这种强势民族与弱势民族、传统与现代、全球性与区域性等多样性话语的对抗与共生为思想政治教育话语研究提供了更多的可能和机遇。全球化话语既揭示了异质话语间的冲突、矛盾、话语权的争夺等利益博弈，又维护了具有共同利益的趋同性话语的生成与传播。全球化话语体现了话语本身的建构性意义，即在描述、分析、诠释全球化现象的基础上以特有的话语建构全球化的知识、理念、规律等共识性概念和理论。全球化理论及其研究视域、内涵、方法极为丰富，其边界超越了思想政治教育学科视域，为转型期思想政治教育话语提供了丰富的理论资源和广阔的话语实践空间。思想政治教育话语作为实践性和建构性的话语，是主体间对话、交流及话语意义生成与传播的参与者和建构者，无论是教育者，还是教育对象都必然要以全球化的眼界关注国际局势、社会思潮，以及全球化范围内政治、经济、文化、社会、生态等诸多领域的话语现象和问题。尤其是全球化范围内的多元话语在交往过程中的交锋与争论、融合与共生，不断丰富着思想政治教育话语的内涵及话语言说、传播与创新模式，为思想政治教育话语发展提供了更广阔的实践平台。

二、网络提升了思想政治教育话语主体交往的能力

根据中国互联网络信息中心（CNNIC）发布的第 51 次《中国互联网络发展状况统计报告》，"截至 2022 年 12 月，我国网民规模为 10.67 亿，互联网普及率达 75.6%""2021 年，互联网相关的大数据、云计算、人工智能等技术加速创新，更快、更好融入网民生活发展全领域全过程，数字经济正在成为重组生产生活要素资源、重塑社会经济结构、改变全球竞争格局的关键力量，进一步推进网民增长"。网络的普及不仅改变了人们固有的生活方式，还改变了承载人们思想、观念及价值的话语交往方式。同时，网络技术的迅速发展亦为思想政治教育学科的发展开辟了新的领域，思想政治教育话语与网络的相遇打破了传统思想政治教育话语内容的结构、话语传播的路径以及教育主体话语互动的方式。"网络建构了我们社会的新社会形态，网络化的逻辑的扩散实质地改变了生产、经验、权力和文化过程中的操作和结果。"①网络化的发展为思想政治教育话语提供了新的话语交往空间和方式，其发展逻辑为思想政治教育话

---

① 曼纽尔·卡斯特．网络社会的崛起 [M]．夏铸九，王志弘，译．北京：社会科学文献出版社，2006：245.

语的生成、传播和创新等提供了新的思路和方案。

网络交往方式实现了主体的自主交往，在网络场域中教育者与教育对象的交往关系被重新界定。在传统思想政治教育话语交往过程中，教育者身份及知识的积累和拥有程度决定了他们在话语交往实践中占主导地位，教育对象则处于被动式的话语倾听、被动接受的状态。在传统思想政治教育话语交往过程中，教育者过度的主导导致课堂成为教育者自我言说的阵地，教育对象在课堂话语交往过程中的被动参与导致教育者的"授"与教育对象的"受"发生话语错位，这种缺乏话语自觉和自主的交往必然导致交往场域中的主体性的"离场"。而网络交往则突破了传统思想政治教育话语的教育者与教对象的单向度、控制式、劝导式占主导地位的交往模式，无论是教育者和教育对象之间，还是教育对象互相间的话语交往都变得更加频繁、多元和复杂，思想政治教育话语主体的交往关系被重置了。网络化的发展丰富了人们的各种信息交往形式，极大地满足了人们精神发展的需要，人们乐此不疲地沉浸于网络话语交往中，各种 APP 软件也应运而生。对于教育对象来说，网络交往中的开放性、自由性、平等性、隐匿性等满足了他们精神文化交往的诉求，网络话语交往的实践平台和技术保障超越了教育对象的现实生活而使其获得了精神世界发展的富足。在网络信息流动的场域中，教育对象获取信息更加便捷和有效，教育者与教育对象在网络话语交往中不再是自上而下的理论灌输，而是自下而上倒逼的知识接受方式，这种方式促使教育者掌握更全面深刻的理论知识、网络技术和素养，从而进一步提升教育者自身话语言说的水平和能力。"互联网促进人与人之间关系发展方面的能力是它最有价值的特点之一"[①]。人们在网络话语交往中促进了人与人之间社会关系的发展，人的本质得到了体现和发展，同时与人们相关的经济、政治、文化等关系在话语交往中得以形成和丰富。"虚拟社会具有给类似经历的人聚集的机会——不受时间和空间的限制——并形成富有意义的个人关系"[②]。网络环境下，丰富多样的话语信息交往实践为人们主体性的发挥创造了条件，人们根据自己的知识结构、兴趣、爱好组成特定群体进行身份标识的话语交往，网络话语交往为人们提供了建构自我、发展自我的虚拟

---

① 帕特里夏·华莱士. 互联网心理学 [M]. 谢影，苟建新，译. 北京：中国轻工业出版社，2001：173.

② 约翰·哈格尔三世，阿瑟·阿姆斯特朗. 网络利益——通过虚拟社会扩大市场 [M]. 王国瑞，译. 北京：新华出版社，1998：29.

场域。可以说，在网络话语交往的过程中人与人之间的信息得以流动和沟通，无论是个体还是群体在心理、情感、思想等方面都可以进行充分而无阻隔的交流，人们在网络中进行的自主、自觉的话语交往是思想政治教育话语发展的原动力。

网络话语交往促进了思想政治教育话语的发展，首先，其促进了思想政治教育话语的内容变革及方式的更新。"新时代与新数字工具的结合，使得我们必须重新去思考教育的本质，当然更包括其内容及方式"①。虚拟教学环境的创设、在线教育、虚拟大学等已经成为现代教育的新理念和新模式，"在线教育呈现爆发式增长。截至 2020 年 3 月，我国在线教育用户规模达 4.23 亿，较 2018 年底增长 110.2%，占网民整体的 46.8%。2020 年初，全国大中小学校推迟开学，2.65 亿在校生普遍转向线上课程，用户需求得到充分释放，在线教育应用呈现爆发式增长态势"②。在线教育、智慧课堂改变了长期以来传统思想政治教育者课堂"灌输式"教授的单一固定模式，智慧教学已经在全国大中小学实施，网络技术不仅是一种教学资源的载体和教学手段，更重要的是呈现教育者与教育对象对话的虚拟课堂。目前，思想政治教育的在线教育集中优势教育资源供教育者与教育对象共享，通过多样化、个性化、情景化的思想政治教育教学内容的情境、主题设置、互动式教学方法的开发以及虚拟实践课堂的创设，提升了教育者与教育对象在线对话与互动的可能性、针对性和有效性。其次，网络话语交往促进了思想政治教育话语传播理念的变革。话语传播是一个文化共享的过程。"它不是指分享信息的行为，而是共享信仰的表征。""传播的起源及最高境界，并不是指智力信息的传递，而是建构并维系一个有秩序、有意义、能够用来支配和容纳人类行为的文化世界。"③传统思想政治教育话语受时间、空间及地域的限制，而网络话语交往关系的形成则改变了传统思想政治教育话语传播渠道及方式的单一性。无论是思想政治教育者还是教育对象都可以充分利用网络交往获取所需知识及信息，并且在话语交往中及时有效地与个体、群体进行话语沟通。对于个体或群体思想、观念或网络行为异常等

① 唐·泰普斯科特.数字化成长——网络世代的崛起 [M].陈晓开，袁世佩，译.大连：东北财经大学出版社，1999：179.

② 中国互联网络信息中心.第 45 次《中国互联网络发展状况统计报告》[EB/OL].（2020-4-28）[2021-6-4].http：//www.cnnic.cn/gywm/xwzx/rdxw/20172017_7057/202004/t20200427_70973.htm.

③ 詹姆斯·凯瑞.作为文化的传播 [M].丁未，译.北京：华夏出版社，2005：7.

现象，教育者可以在网络话语交往过程中及时进行干预和引导，通过思想政治教育话语的有效传播促进个体与个体、群际话语交往关系的和谐发展。思想政治教育话语所涉及的宏观、中观、微观语境影响着其话语的传播效率，在传统思想政治教育话语交往过程中，无论是宏观、中观，还是微观语境都是相对封闭，很难从系统视域进行贯通和考察。网络话语交往则打破了这种研究的僵局，在虚拟空间实现了学校、家庭、社会思想政治教育的有效对话、整合及传播。同时，在网络平台上，教育者与教育对象、教育对象之间在话语交往的过程中，将政治性、知识性、趣味性、理论性、娱乐性等话语融合为一体，教育对象更乐于接受这类话语并成为其创生者和传播者。在这种拥有平等性、价值性和意义性的话语交往中，无论是教育者还是教育对象都拥有更清晰、更强烈的自我意识，因此他们的话语交往更有可能被注入探索未知、感受知识魅力的精神对话。最后，网络话语交往促进了思想政治教育话语实践的新突破。网络话语交往是思想政治教育话语借助网络平台所展开的教育者与教育对象、教育者之间、教育对象之间的对话交往过程，网络平台为他们提供了虚拟实践场域。在社会发展过程中，各种社会现象、问题、热点等以各种形态由现实转移聚焦于网络，社会的道德、法律法规、风俗习惯等在网络交往中受到认同、质疑、批判等多重声音。在现实生活中，思想政治教育话语往往很难就某一个问题或现象向受众进行话语的描述、解读、分析和批判，只是针对某一特定受众展开思想政治教育话语的交往，这导致思想政治教育话语只是聚焦于课堂、校园或学术会议，其学科话语言说的实践场域限制导致思想政治教育的话语价值及意义受限。网络话语交往则为思想政治教育话语打开了一扇窗，使思想政治教育话语能在网络交往中触及现实生活的世间百态。思想政治教育话语可以潜移默化地整饬社会及个体的生命状况，甚至可以使社会以及生活中的个体发生深刻的改变。

三、中国特色社会主义的发展促进了思想政治教育话语的转型

中国特色社会主义是科学社会主义的基本原则与中国实际相结合的产物，具有鲜明的时代特征和中国特色。中国特色社会主义的道路、制度、理论和文化从不同层面揭示了中国特色社会主义发展的历程、理论及实践过程，具有指导性、方向性、整体性的特点，其产生于中国特色社会主义的发展实践，经过理论的概括、总结和提炼，充分体现了中国特色社会主义的本质。中国特色社

会主义理论是思想政治教育话语重要的理论资源，思想政治教育话语是承载中国特色社会主义理论体系的重要载体，中国特色社会主义理论体系必须通过思想政治教育话语的具体形态才能传递给社会主体，从而使他们坚定对中国特色社会主义道路、理论、制度和文化的自信。

思想政治教育话语的概念、范畴、内容、体系等都来自于中国特色社会主义的理论与实践中具体的理论、学科和学术话语，是按照思想政治教育学科思维逻辑根据不同的对象运用具体的方式、方法表达的呈现。可以说，思想政治教育话语是建立在中国特色社会主义理论形成与发展的实践基础上的，中国特色社会主义的发展历程、基本理论、哲学思想、主要原则等内在地规定了思想政治教育的核心话语。发展中国特色社会主义要求将中国特色社会主义理论成果尤其是习近平新时代中国特色社会主义思想融入思想政治教育的全过程，以丰富和完善思想政治教育话语体系，从教材话语到课堂话语、从课堂话语到实践话语、从学术话语到生活话语等，将这些话语在现实生活和虚拟空间不断进行拓展传播，以提升思想政治教育话语的实效性，构建中国特色思想政治教育话语体系。中国特色社会主义实践要求思想政治教育话语要从社会发展实际、人的思想发展实际、思想政治教育学科等实际出发，坚持把继承性和民族性、原创性和时代性、系统性和专业性作为思想政治教育话语转型研究的基本原则，在建设中国特色社会主义的语境中，对新时代中国社会主体、经济、政治、文化、社会及生态等进行有效的解读和分析。应遵循中国特色社会主义历史、理论及实践逻辑，充分发掘具有中国特色、中国风格和中国气派的思想政治教育概念、范畴、理论、学科及学术话语等，以满足思想政治教育话语对现代转型期社会主体生活目标、价值及意义的话语诉求和精神生活的期许。

中国特色社会主义理论尤其是习近平新时代中国特色社会主义思想赋予新时代思想政治教育育人、学科、课程和科研使命。习近平新时代中国特色社会主义思想是马克思主义中国化时代化的最新成果，是中国特色社会主义理论体系的重要组成部分，是 21 世纪的马克思主义，为思想政治教育话语提供了转型的方向和理论基础。发展中国特色社会主义要求思想政治教育话语要体现理论、民族和时代特色，思想政治教育话语在言说的过程中要具有理论的彻底性，引导受众认知理论、分析问题及解决问题。中国特色社会主义发展理论及实践不仅为思想政治教育话语提供了深厚的理论基础，同时提供了科学的方法论。任何一种话语，只有抵达人的心灵深处才是有意义的话语，思想政治教育话语要坚持与时俱进的发展思想，坚持立德树人的育人理念，遵循思想政治教育工作规律、教书育人规律、学生成长的规律。在具体的话语交往实践过程中，要厘清教育者话语与教育对象话语、教材话语与课堂话语、学术话语与生活话语、理论话语与实践话语、中国话语与西方话语、传统话语与现代话语等的关系及特征，要将中国特色社会主义理论体系通过学习与研究融入于思想政治教育话语交往的全过程，引领人们的思想、观念、价值及行为。习近平新时代中国特色社会主义思想立足时代前沿，将人民的利益诉求和价值期待与中国特色社会主义现代化建设相契合，创造性地凝练出具有真理性、价值性、人民性和人类性等标识性的新概念、范畴和表述，为思想政治教育话语转型提供了基本逻辑。习近平新时代中国特色社会主义思想要求思想政治教育话语聚焦新矛盾，分析因为社会主要矛盾的变化使得人们的思想观念及精神领域产生的新诉求，这些都是通过个体具体的话语表现出来的。思想政治教育话语要引导人们聚焦新时代我国社会主要矛盾的变化，如从话语描述、分析、批判到话语的生产、分配、传播和消费，引导人们正视和解决社会主要矛盾。

第三节　思想政治教育话语转型的现实症候

当前，我国正处于社会结构调整和转型深化期，这种转型不仅是人的生活方式的变化，更重要的是影响人的思想、价值观念及意义标尺的转型。在现实生活中，话语建构人们的社会实践和社会关系，人的思想、观念及价值体系的转型也必然通过具体的话语来呈现。在社会转型过程中必然会遇到新旧价值观念的冲突与矛盾，要想在"新"与"旧""变"与"不变""破"与"立"之间寻求适当的转型方法和路径，思想政治教育话语就要正视当前全球化视域中多元话语的博弈、市场经济催生话语的异化、网络场域中话语的狂欢与迷失以及思想政治教育话语内部要素的结构性矛盾与冲突等方面的现实症候。思想政治教育话语转型需要从现实症候的问题中寻求解决的方法和对策，进而有目标、有针对性地促进和实现思想政治教育话语转型。

一、全球化视域中多元话语的博弈

全球化是一个多维化的视角，在全球化浪潮中充满着发展的机遇也充斥着利益、权力、资本和价值的较量，各种利益诉求所引起的矛盾和冲突即全球化视域中的话语博弈，这对思想政治教育话语转型提出了挑战。面对全球化，思想政治教育话语转型不仅要应对挑战，还要在应对挑战的过程中寻求实现思想政治教育话语转型的最佳契机，从而为转型的成功谋求更多的条件支持和可能性。话语冲突是在话语交往过程中存在的一种特殊形式，是各种话语之间的较量与对决，在全球化背景下，话语霸权一直是西方意识形态渗透以及建立利益和权力的重要支撑力量。福柯指出："权力制造知识，权力和知识是直接相互连带的；不相应地建构一种知识领域就不可能有权力关系，不同时预设和建构权力关系就不会有任何知识。"[①]知识与权力的关系必然要通过话语来描述、表达和建构，没有话语的描述、表达、分析、建构和批判知识便难以形成。同样，没有话语与权力知识也就荡然无存，因为只有通过话语交往才形成了人类的文明史，只有通过话语的"载体"，我们才拥有了世界，实现了"我们"与"他者"的交往。在全球化过程中西方的话语霸权并不是凭空产生的，而是来自于西方的意识形态渗透、强势的经济、政治以及文化等作为基础的话语交往。话语能够以言表意、以言行事、以言取效，西方话语霸权就是通过在话语交往过程中预设话语的目的、意图来以言行事，使对话者理解其意图和目的，通过话语的施压、诱导、威胁、告诫等来建构其权力，实施其话语权。以此来增强话语的影响力和辐射力，实现其经济体系、政治模式、文化生产方式、意识形态等在全球化过程中的统摄力。全球化发展是"趋同"与"逐异"的过程，"逐异"是全球化最基本的特征，这种特征在全球话语的冲突与矛盾中体现得淋漓尽致。全球化话语的渗透性尤其是西方话语霸权随着全球化的发展也愈演愈烈，强势民族与弱势民族文化、传统与现代、全球化与地方性、西方与东方等话语接触、同化、冲突等共存。各利益集团、国家之间也会因为利益、权力的导向呈现话语的依附、争执、趋同等不确定性，并通过这种话语的不确定性来建构权力关系。全球化场域中的话语冲突与矛盾，尤其是西方话语霸权渗透、消解了马克思主义意识形态话语权的影响力和整合力。相对于全球化话语，思想政治教育话语的视域、范畴、内容等更加学科化，而全球化话语内容和影响力则比较窄化。全球化话语中的自由主义、民族主义、极端个人主义、民主社会主义等思潮消解了马克思主义意识形态的话语权，思想政治教育话语

---

① 米歇尔·福柯.规训与惩罚：监狱的诞生 [M].刘北成，杨远婴，译.北京：生活·读书·新知三联书店，1999：29.

转型不仅要应对全球化的外在"逼迫"，还要经受内在社会结构调整与社会转型的"追问"，思想政治教育话语出现"缺场""失语"现象。全球化进程中话语的渗透与反渗透、依附与斗争、解构与建构的关系，致使思想政治教育话语转型面对严峻的挑战。

无论是地域、民族、国别等话语在全球化进程中以何种形式存在，其都指向了全球化话语关系中的主体问题。在全球化过程中不同文化背景和文化价值判断标准的差异导致主体在话语的判断、描述、分析、批判等过程出现话语的迷茫和困惑，甚至误入话语陷阱等，这对思想政治教育话语转型提出了挑战。在全球化过程中，人类共同利益、和平与发展、国际机制的兴起与作用的发挥以及合作、求同存异的竞争意识，使得人们的思想、意识、价值观念发生了改变，人们对异质文化开始趋向借鉴学习、包容与批判。在社会转型过程中，西方价值观念与我国固有文化价值观念的差异、冲突，使人们在理解、接受、批判话语的过程会出现选择的困惑与迷茫，导致价值观的异化。全球化话语主要体现为描述性、多样性以及建构性话语三个层次。全球化话语的描述是站在更高的维度而超越地域、民族、领域等话语的差异，是对全球化面临的共性问题的描述，如由于各大国关系在经济、科技、军事等方面的不对等发生的地区冲突、贫困、环境恶化、网络安全、毒品、疫情等问题导致了世界性危机的发生。全球化话语的多样性主要在于对经济、文化、信息、网络等全球化现象的话语描述和意义的阐释。全球化话语多样性发展的过程中也呈现一定的趋同性话语，如全球性问题的话语。"话语既具有被构成性，即受社会结构、社会关系、特殊社会机构、分类系统以及各类规范和习俗等的制约与限制；同时又具有建构性，即建构那些有差异的事物，如社会身份、社会关系以及知识与信仰体系"①。话语的建构性就是在全球化过程中话语建构各主体间的关系和全球化意识。全球化不仅影响人们的价值取向，同时作为独立的主体国家在参与全球化的过程中，要把"主权"置入世界结构中，须警惕西方话语霸权，要将中国的魅力、风格、气派以具有中国特色的话语、视角进行阐释和表达。

综上所述，思想政治教育话语转型要将视角放置于全球化视域，客观理性地看待全球化话语冲突与矛盾所引发的话语斗争、全球性问题以及西方价值观的渗透等问题。在思想政治教育话语转型研究中要引导主体以客观、理性、敏锐的眼光和深邃的洞察力看待全球化，深入研究全球化发展中政治、经济、文

---

① 胡春阳.话语分析：传播研究的新路径[M].上海：上海人民出版社，2007：179.

化、社会、网络等领域的话语资源及发展态势，丰富思想政治教育话语研究内容，要关注全球化进程国际局势、社会思潮、前沿动态等对人们思想、观念及价值观的影响，给予人们客观、理性的思想政治教育的话语分析和批判。

二、市场经济催生话语的异化

社会主义市场经济的发展改变了传统计划经济模式，多种所有制经济形式并存促使经济关系多元化、利益主体多样化、利益关系复杂化。在市场经济体制下主体的能动性得到了充分的激发，平等意识、竞争意识、效率意识等冲击着传统的思想、观念、体制、文化及价值体系。市场经济发展过程中所催生的见利忘义、权钱交易等功利性的狭隘发展观导致"人与自然""人与人""人与自我"的疏离。随之发生的生态失衡、资源匮乏、病毒肆虐、地区冲突、信仰危机、价值失落等社会转型期人类面临的共同困境对思想政治教育话语转型提出了挑战。在社会转型中，思想、观念、意识、文化、精神等与人们的物质活动、经济关系以及现实生活中的话语交融在一起。市场经济体制发展所带来的系统性、解构性的改变必须通过具体的话语来建构经济和利益的主体关系，因为话语的作用不仅是建构社会关系，更重要的是建构社会实践。市场经济体制趋利性特征致使人们在社会交往中以经济、物质、金钱、消费等为主的话语交往遮蔽了自然、人文、生态、理想、信念及精神的话语需求、生产、选择、消费及传播。

（一）"物化"意识主宰话语交往场域

话语是人们思想最直接的表达方式，是凝结人们观念、信仰和精神的意义符号。任何一个时代的话语都与人们日常生活中的观念、交往、消费等相关联，映射着特定时代的人们在现实生活中对物质世界和精神世界的追求。话语对社会以及生活着的人们具有重要的意义和价值，它不仅构建社会主体的身份、社会关系、归属以及存在的意义，同时构建了整个社会的经济、政治、文化、社会及生态体系，促进了人类社会的发展。话语的力量及价值并不在于话语本身，而在于言说者所拥有的社会资本和文化资本的差异，以及附着在社会化个体身上的各种社会关系，所有的这一切都会成为话语言说者行使话语权的基础。话语本身具有商品化的过程，商品在生产、出售、使用的过程中不仅具有经济意义，同时，还在商品的生产、分配和消费的过程中通过话语而使之具有富有观念的意义，任何一件商品在生产、分配和消费的过程中都被赋予了特定的话语意义。话语可以说是经济事务的一种方式和重要组成部分，可以被视为变化发展的话语数据，话语文本可以像商品一样被生产、分配和消费。市场经济打破了计划经济体制思想的束缚，在充分激发个体主体性、能动性的基础上，为个体的发展提供了丰富的物质资源和精神资源，而这些资源则成为当代主体话语言说、表达及关系建构的资本。这种社会资本的赋予，一方面为个体或群体提供了更多的话语选择权、表达权和支配权，丰富和拓展了个体话语言说的空间和影响力；另一方面，这种话语资本的赋予使得主体的话语交往更加自主和自觉，但话语异化和话语暴力现象也更为突出。这主要体现在市场经济体制下诱发的"物化"意识、符号化消费等思想盛行，在人们日常的话语交往中充斥着"拜金主义""享乐主义""个人主义"等思想，这种功利性的话语观在青年群体交往中更为凸显，尤其在虚拟交往平台中更是呈现出低龄化趋势。

在人们的日常生活中，话语并不只是单纯的交流和交往工具，它同时负载着不同主体、群体、组织等多样的价值和利益追求。市场经济体制下的阶层结构、分配方式、竞争方式、利益关系等都发生了变化，新兴阶层的出现，平台经济、分享经济、直播经济等新产业、新业态、新模式渗透到人们的生活领域，改变了人们的生活方式、消费观及交往方式。尤其是在人们的日常交往中，对于相同的事物、现象、事件以及人物，人们根据自己的身份、知识结构、成长经历、兴趣爱好等会持有不同的观念、态度、意见。而这一切也必然与话语相关联，呈现在话语层面时也必然会出现相互排斥的另类话语。市场经济条件下人们对物的追求已经超越了"物"本身，即其使用价值特性的存在，"物"作为一种身份的象征和标识被赋予了更高层次的意义。"在由'物体系'构成的符号系统中，符号产品作为表演者，展示着物品持有者的社会身份与形象；作为沟通者，通过特定物品无声的语言与他人进行沟通与交流，"[①]可以看出具体的物蕴含着人与物、人与人、人与社会、人与自我的关系。人们在对"物"的消费和使用的过程中将思想、意识、情感等精神赋予"物"，"物"的客体使用价值被淡化，一方面这种"物"作为客体被主体化，此"物"不仅是物质载体，而且具有使用价值的物开始成为非功能化的、符号的、意义的"物"。另一方面，人们被"物"所支配。当"物化在人的整个意识上留下它的印记"后，"人们相互关系的任何形式，人使他的肉体和心灵的特性发挥作

---

① 龚小凡.消费文化与当代产品的符号化 [J].中州学刊，2010（1）：238-241.

用的任何能力，越来越屈从于这种物化形式"①。在这个过程中，人们更倾向于用"物化"的思想和话语来进行描述、表达、评判事件，"物化"的话语承载着人们交往的思想，它以生活中的"物"替代人的本质及其生活诉求，支配着人们的精神和心理活动，导致在现实生活中人们习惯将精神话语屈从于物质话语，并在实际的交往和生活中以"物化"的话语作为衡量和评价人生价值的尺度和原则，导致人们生活的孤立化、平面化和单向度。

在社会转型过程中，人们的精神话语被"物化"话语支配，甚至人们习惯于将物质成果以符号化、数据化等形式进行具体量化，致使人们在功利的物化生活中将目标局限于客观的"物"的存在，导致其主体性、生存的意义及价值被矮化。人们过度以"物化"的话语解读、衡量和评判人的价值及社会发展的意义，忽略了这些经济数据符号背后的精神动力及其话语意义，过度地追求"物"的增长导致对"物"产生狭隘的认知，导致"物化"意识、话语、思想成为人们生活的本质及目的，不再追问理想、信仰和幸福的话题，在市场和商品潮流中沦为经济动物。思想政治教育话语转型就是澄清"物化"话语的弊端，深度拷问为什么我们不断追求需求的满足，在市场经济发展过程中过度追求物质生活的满足却只囿于"物"的世界，为什么我们强调精神世界的发展，却止步于浅层次的精神满足而不能实现心灵深处灵魂的对话？为什么在纷繁复杂现实与虚拟的交往中我们却异常地感到孤单和无助，不知向谁诉说也不知如何诉说？为什么在现代世界中人们很难提高话语言说的能力、理解的能力和交往的能力？思想政治教育话语转型要化解这些问题，必须发掘在社会转型中丰富的话语资源及其价值，引导人们树立正确的话语观，使人们的在学习、工作及生活交往中的话语更加丰盈、温暖和充满人性的光芒。

（二）传统道德话语系统被"解构"与"重构"

费尔克拉夫认为话语有三个向度，即文本向度、话语实践向度和社会实践向度。从市场经济相关文本向度来说，话语是对经济现象和事件的语言分析，话语实践向度则是对经济事件文本的生产和解释过程，社会实践向度则倾向于对经济事件的机构、环境等话语建构性方面的分析。"社会实践有各种方向——经济的、政治的、文化的、意识形态的，话语也可以在其中任何方向都未被还原为话语的情况下，而被包含在所有这些方向之中"②。然而市场经济体

---

① 卢卡奇 . 历史与阶级意识 [M]. 杜章智等，译 . 北京：商务印书馆，1999：167.

② 诺曼·费尔克拉夫 . 话语与社会变迁 [M]. 殷晓蓉，译 . 北京：华夏出版社，2003：62.

制的发展不仅促使经济体制、社会结构、利益格局产生深刻变革与调整，为社会发展和国家建设奠定了坚实的物质基础，同时深刻影响着人们的思想道德观念变化趋势。市场经济发展所带来的这种改变决定和影响着人们的话语需求、生产、获取及消费的取向。因为话语不仅是表现自我、社会和世界的实践，更重要的是在于通过具体的意义说明、组成和建构自我、社会及世界。市场经济的商品化、物质化、消费化、娱乐化等特性所带来的"物化"倾向、价值观异化、道德缺失、集体意识、奉献精神淡漠等改变和影响着人们的话语需求及建构自我及世界的取向，导致道德评价尺度失衡。传统道德话语系统处于被"解构"与"重构"的境地，思想政治教育话语如何应对在社会转型中所面临的这种"破"与"立"的关系，如何在继承、弘扬和创新的基础上构建转型期道德观是思想政治教育话语转型研究的重要内容。

市场经济趋利性的特点贯穿于其发展逻辑、运行机制等全过程，经济、政治、社会、文化、生态的发展呈现了话语的多维化、全面化、体系化，但原有的道德话语系统也处于被解构的境地，人们的思想、观念、话语及行为由大众化、集体化向个体化和多元化转变。传统道德话语产生于特殊的历史时代语境，在市场经济体制下以集体主义道德为核心的话语原则、规范、范畴、价值等失去了被理解、认同及践行的时代基础。这些道德话语系统范畴中以凸显集体、国家、社会为核心的话语在社会转型与个体的个性化、"自我"化话语共存，在强调"集体"话语的同时重视"个体"的话语诉求和言说。在市场经济趋利性的促使下"享乐主义""拜金主义""个人主义"等话语在人们日常生活中不绝于耳，影响着人们道德话语的选择、评判、言说和建构。市场经济的功利性影响着人们对人生目的、态度及价值的理解和追寻取向，而"日常态度既是每个人活动的起点，也是每个人活动的终点"[1]。这种功利化的倾向强化了人们在话语乃至行为上的能力，人们会按照这种功利化的倾向与现存的社会价值及信仰相对抗，进而选择与此相一致的行为。由于"物化"意识所促使的消费主义的盛行，人们"遵循享乐主义，追逐眼前的快感，培养自我表现的生活方式，发展自恋和自私的人格类型，都是消费文化所强调的内容"[2]。各类消费文化流行语随之兴起更迭，这些话语否定、颠覆、解构崇高理想和科学信仰，各类商品通过借助现代媒介、广告、APP 推送等向人们进行图像、视频、文

---

① 卢卡奇.审美特性（第一卷）[M].徐恒醇，译.北京：中国社会科学出版社，1986：1.
② 迈克·费瑟斯通.消费文化与后现代主义[M].刘精明，译.南京：译林出版社，2000：165.

字等话语文本的宣传，这种话语的刺激和诱惑不仅解构了以往实惠、耐用、勤俭、理性的消费价值取向，同时，宣扬彰显身份、炫耀财富、标榜个性的消费观被大众尤其是青年所追捧。在这个过程中人们看似是在进行自主的选择和消费，但实质上是在无意识中被商品推销的话语文本和消费逻辑所支配和控制。尤其是"直播经济"成为撬动市场繁荣的"云支点"，"网络＋直播"作为线上的新型消费方式在教育、健身、游戏、食品等领域兴起并得到人们的青睐。不可否认，"直播经济"在未来可能覆盖更多领域，成为主流销售模式之一，但是由于其兴起时间较短，缺乏一定的规范运行模式和监督机制，直播过程中主播对产品的话语介绍和推广存在虚假宣传，直播产品存在假冒伪劣、价高质次等问题成为"直播经济"的短板。同时，在网络直播过程中，主播话语缺乏严谨和规范而呈现低俗化和庸俗化倾向，为谋取利益导致互相话语诋毁、话语暴力等乱象在直播过程中屡见不鲜，甚至存在为了谋取关注、流量而以各类话语挑战道德和法律底线而寻求商机和利益的现象。对于"直播经济"，人们在善于拥抱这些新事物的同时，应该看到其改变的不仅是人们的消费取向，其也在潜移默化地改变人们的话语习惯、规则和对生活态度的选择、人生价值取向的追寻。因此，对于市场经济发展过程中凸显的新事物、新现象、新问题，要从思想政治教育话语的角度给予新的解读和诠释，在市场和消费逻辑下，思想政治教育话语转型要立足新时代道德话语和法治话语体系的建构。

（三）公共生活话语降格与销声

市场经济的发展打破了传统计划经济体制下僵化思想的束缚，个体意识、独立意识、创新意识、竞争意识在私人领域得到前所未有的重视，个体独立的身份和自主的意识不断增强。在市场经济体制下，私人领域发展不断成熟，现代社会的发展为个体提供了丰富的物质世界和精神世界，为个体创造有意义的生活提供了源泉。"生存、体验、语言和意义越来越成为私人领域的存在方式。私人领域的自由性和切适性让人们得以真实地感悟生存的意义，进而呼唤新的创造意识，追求新的人生境界"①。但不可否认，市场经济在确立独立性、主体性、规范性、竞争性等原则的同时，也致使部分人追逐私利的欲望不断膨胀，开始寻求自我利益和商业利润的最大化。私人、个体、欲望、感性等在当代社会不需要再依靠宏大叙事来寻求个体利益的合法化和合理性，尤其是当前

① 李红春．自由空间与审美话语——社会领域分化中的当代中国审美文化 [M]．北京：中国社会科学出版社，2014：68．

经济飞速发展、网络全方位介入人们日常生活、大众文化的发展等促进了私人领域空间及意义的转型与发展。虽然在社会的发展过程中，只有最充分的"个人及其个人叙事"才是社会发展的根本，但如果将私人领域推崇到极致，过度凸显和夸大私人性的价值及意义，进而忽略私人性的多重含义，会导致忽略私人性与公共性的关系弱化，从而疏离了私人生活与公共生活的密切关涉。这种观点将私人生活狭隘地理解为囿于个人性范畴的纵欲、狂欢、享乐和感性，忽视了私人生活更为积极、丰富及价值性的现代意蕴。随着市场经济的发展，私人领域不断成熟，"私人"的内涵更加丰富，不仅包含富有自我意识的个性特质，同时也包括独立的精神，即自信、自立、自强以及强烈的责任意识和担当意识。可见，要辩证地看待私人领域与公共生活领域，要认识到私人性内在地包含着公共性，通过公共性才能实现私人性的发展。"公共性不是由个人建构的，人一开始就是主体间性的。单纯'个人'不可能建构公共性，不能从个人性（个人权利、自由和尊严）出发来建构公共性。相反，只有在主体间的关系中，才有个人的尊严、权利和自由可言"①。公共性源于主体性，但是又不仅限于主体性，人类的交往关系是从主体性到主体间性再发展到公共性的，这也显示了人类从私人领域到公共领域的不断转型与发展。而人们的思想、意识，甚至是行为都必须是在掌握了一定话语的基础上来进行交往关系的建立，所以说话语本身就具有公共性的特质。在人们的社会交往过程中，为了建立良好的交往关系，人们都致力于在现实的交往条件之上构建理想的话语沟通情景。但在现实生活交往中，也会不可避免地产生话语交往、沟通障碍，特别是在公共生活领域，过度注重私我领域利益的追寻与获得会导致人们经常漠视公共生活，尤其是人们话语言说与行动的异化致使公共生活陷入困境。

当代公共生活从场域、空间、设施等方面为人们提供了丰富而又广阔的领域，公共生活是由人们的言行互动所构成的鲜活的、丰富的、有意义的公共交往场域。在市场经济发展过程中其趋利性造成的消极后果，导致人们忽略私人领域与公共领域的融合及其关系，将私人化带到公共生活领域，使公共生活遭遇碎片化的困境。公共生活领域不断被私人化，人们在公共生活领域过度地追求私人话语，导致公共生活、公共事务、公共事件等公共话题不断被降格，以至于真正意义上的公共话语被冠以私人领域自利性话语的名义，公共话语让位于私人话语的局面导致公共话语处于销声的境地。"公共空间成了一个公开承

① 郭湛．社会公共性研究 [M]．北京：人民出版社，2009：114．

认个人隐私的地方，它无法继续发挥过去那种作为私人困难和公共问题聚会与对话的'辩论场所'的功能"①。虽然在社会发展的过程中通过思想政治教育培育了人们的责任意识、担当意识，引导了人们关注、参与公共生活，但未进行真正意义上的私人话语与公共话语的澄明与互相关照，其结果就是出现了一种缺乏安全感、信任感和幸福感的公共生活，这种公共生活无法安放与照亮人们孤独与偏狭的内心。公共生活最根本的任务就是促进人的价值更充分的实现，针对这一点阿伦特明确指出："在公共领域中采取的每一行动都能获得在私有领域中难以获得的卓越成就；对卓越来说，他人的存在永远是需要的。"② 可见，对于个人来说，个体价值的实现是公共生活对于个人的价值所在。但在现实生活中，公共生活也面临着"异化"，其根源就在于公共生活因被个人利益所牵制而失去了其应有的公共性和生命力。"'公共'并不是为了'私人'而存在，也不是'私人'的'功能'；相反，'私人'是为了'公共'并作为其条件而存在的"③。可以说，个人的话语言说与行动的落差和异化是导致公共生活陷入困境的主要原因。话语的表达是个体自主性和能力的体现，是行动的核心要素，只有通过话语表达目的、意图、描述行为的意义才能促使行为的实施。但在公共生活领域"言而不行"的困境依然是阻碍公共生活发展的重要原因。话语是承载思想内容的重要载体，语言只有在言说的过程中才能成为话语，通过诉说与倾听构成对话，话语只有回归生活世界才能实现其公共性价值。虽然话语根据个体的存在而具有独立性，但话语作为一种社会实践，它既为他人存在也为自我而存在。可见，话语要立足公共生活和社会实践，才能从丰富多彩的公共生活获取有生命力的话语内容和话语意义。"没有生活根基的话语只能是'能指的循环'或'热昏的胡话'，或者说脱离的哲学无法表达时代精神。试图在纯粹的'语言世界'中思考'生活世界'，无疑是舍本逐末之举"④。因此，话语必须立足公共生活，在承载个体思想诉求和价值实现的同时，应摒弃其囿于私人领域单向度的、缺乏公共性品质的话语。思想政治教育话语转型要立足市场经济体制下公共生活话语的降格与销声的困境，要在注重个体话语诉说的同时强调社会公共生活问题的思考与言说。在强调解决公共生活领域"知

---

① 张康之，张乾友.公共生活的发生 [M].北京：高等教育出版社，2010：211.

② 汉娜·阿伦特.人的条件 [M].竺乾威，译.上海：上海人民出版社，1999：37.

③ 川崎修.阿伦特：公共性的复权 [M].斯日，译.石家庄：河北教育出版社，2002：260-261.

④ 郭湛.社会公共性研究 [M].北京：人民出版社，2009：254.

而不行"的道德困境的同时，应先探讨如何打破人们在公共生活领域不可"言说"、不愿"言说"、不被"言说"的话语内容，确证话语在公共生活中的自身意义和价值，进而真正实现话语"解释世界"和"改变世界"的目的。

三、网络场域中话语的狂欢与迷失

网络的普及与发展为思想政治教育学科的发展提供了更多的可能和契机，网络的虚拟性、自主性、交互性、开放性、平等性等特质为思想政治教育主体及群体提供了更自由的话语交往空间。人们在认识到网络为大众生活和思想政治教育学科提供新的场域和机遇的同时，也应该注意到网络的隐匿性、分散性、随意性、失范性、符号化等导致人们交往的话语异化所构筑的话语喧嚣与狂欢的乌托邦式景象。因此，网络场域话语的异化与狂欢及其背后的主体话语的失落与迷失等现象是思想政治教育话语转型必须解决的现实问题，这样才能提升思想政治教育话语在网络场域的吸引力、影响力和生命力。

（一）话语"自由"与话语"监控"两难困境

网络技术的迅速发展改变了人们的交往方式，互联网以图像、声音、文字、直播等形式拓展了承载人们的思想、观念及价值的话语方式。在网络场域中，人们超越了国界、地域、阶层、年龄、身份、知识结构等传统媒介及现实生活的定格，实现了话语交往的自由和自主，诸多网络平台成为承载个人思想传播的媒介，人人都是传播者亦是参与者。人们在网络场域中以承载话语的文字、图片、数字、视频等多种符号进行交往，甚至以多个"符号"为代码同时或分别进行群体的网络交往活动。"网络是以计算机和信息技术为基础，以实现边界通信和资源共享为目的，发展人的本质的虚拟世界"①。可以说网络技术的发展促进了人类的个性化和个体化的发展，尤其是随着诸多网络平台的兴起，人们话语言说的空间变得越来越开阔。网络场域的隐匿性、虚拟性、随意性等使得人们在网络空间中过度注重话语的"自由"而规避了话语的合理性、科学性和规范性，致使网络场域话语的"乏"与"泛"现象成为常态，主要体现在网络场域中话语"自由"与话语"监控"两难。在网络场域中缺乏较为完备的法律监督机制对话语言论的约束，人们在享受话语"自由"的同时缺乏一定的责任意识。尤其是青年的价值观正处于形成期还不稳定，部分青年自律性欠缺，导致他们在网络交往过程中理性话语与非理性话语交织。在网络场

---

① 韦吉锋. 网络思想政治教育 [M]. 北京：新华出版社，2005：39.

域中，人们针对特殊的社会现象、热点问题的讨论往往比现实生活要强烈，因为人们在现实生活中的"不可言说""不愿言说""不被言说"，而在网络场域中都可以"畅所欲言"，各种承载个体思想、观念的声音、言论竞相出现。网民在评论网络场域中所聚焦的热点问题、现象和事件的过程中，忽视了话语描述的真实性、话语分析的客观性、话语存在的合理性而使得在评论区非理性的评论和吐槽蜂拥而至，导致话语的"真相"被话语的"乱象"所淹没，甚至出现话语暴力现象，而所谓的话语批判、话语理性则被有意无意地规避。可以说，在网络场域中因为人们话语自觉性、自主性、责任意识的缺乏，网络言论约束机制又未能及时地制止这些声音，导致网络场域中的话语"傲慢"、话语"偏见"、话语"攻击"等使人们深陷话语成见中。同时，在网络场域中部分媒体人发布信息时，由于缺乏一定的媒介素养，为博取大众的眼球和所谓的点击率，在对特定"事件"进行话语描述的过程中故意地夸大、造假，导致话语内容与客观事实相悖进而误导大众。可见，在网络场域中话语的假象、话语评价的偏激、话语暴力的常态化导致对特定"事件"的话语描述、分析和批判客观、理性声音的不足，尤其是这些话语在网络场域中不断地繁衍传播，致使人们在这种状况下难以看到"事件"的真实面貌。

（二）"拆解"与"拼凑"的话语生成逻辑

网络场域中话语随意的复制、拼凑、改造、解构与重构成为话语生成与传播的逻辑取向。网络场域中的话语交往较少受到现实生活中的身份、职业、知识结构，以及道德和法律等方面的约束，话语固有的严谨性在网络场域中被随意化，话语交往的理性、严肃性被娱乐化、消费化所取代。网络场域中人们不再拘泥于倾听、阅读等基本的话语交往，而是更加乐意于设置相关话语议题并参与其中进行话语交流，同时亦可以争取一定的话语权促成新话语文本的诞生，在此过程中获得虚拟世界中的存在感、认同感和归属感。在网络场域中，人们的话语言说具有特定的网络群体、组织的身份符号特质，现实生活中正常的话语言说、文字表达方式已难以满足虚拟世界中话语交往的需求。网络话语交往中的话语符号更加多元，话语内容可以由符号、表情、图像、词句等多种符号构成，话语形式简短、新奇、随意，甚至会刻意使用错的字词、语句、音调等以寻求话语表达的个性化。虽然网络场域中话语丰富的表达形式对思想政治教育话语具有一定的借鉴意义和价值，但这种错误的、单向度的、怪异的、混乱的言说方式致使话语的描述、分析、解读以及批判等停留在浅层次或偏离原初文本的语义上，不利于对事件现象、理论本质的深度分析和解读。可以说，当前"在网络狂欢的情形下，突破现有的语法规则重新剪接组合语言，以单纯的意象排列组合语言提升语言的表现力，成为网民构造网络语言的主要方式"①。同时，在网络场域中也存在对经典话语文本的调侃、娱乐、恶搞的倾向，"恶搞"者一方面在网络平台中肆无忌惮地以嘲笑、讽刺、挖苦的话语对经典文本的权威性和经典性进行否定、批判和娱乐化的改编，传递对传统经典文本话语风格和意义的曲解与抵抗；另一方面，则借此发泄个人情绪和心理压力，裹挟着自我狭隘的话语视域继而恣意放纵和宣泄情感。而诸多网民则成为网络"恶搞"场景的围观者和参与者，默许这种模拟、戏仿以及反讽的话语狂欢方式并从中获取所谓的娱乐快感。这种对经典文本的话语解构与重构的目的不是对经典理论的传承和弘扬，其破坏正常语句表达的合理顺序、逻辑和习惯使其最终展示的是一种断裂式的、断章取义的话语"拼凑"过程，最终会导致经典话语理论文本"深度模式的消解""历史厚重感的消失""情感的缺失"和"边界的消弭"②。可见，网络场域话语的生成模式与思想政治教育话语的生成与发展逻辑是相背离的，这种缺乏深度意义、终极价值、人文关怀、永恒真理的话语解读和阐释在网络场域的传播，尤其被青年所追捧并呈现低龄化趋势，其所导致的必然是青年认知的窄化及行为的矮化。同时，在网络场域中人们沉溺于这种话语的粘贴、复制、恶搞、解构与重构的话语狂欢与喧嚣中，致使网络场域中的话语交往与现实生活中的话语交往的关系发生疏离、断裂。从上述论述中可以看出，人们在网络场域中话语交往的迷失与混乱最终会导致人的主体性的"迷失"。针对网络场域中存在的话语的"乏"与"泛"的现象，思想政治教育话语转型要立足网络场域话语生成与传播的逻辑，要将积极、健康的网络话语自主地纳入思想政治教育学科范畴，以丰富其话语的内容和形式。对于网络中存在的非理性的话语及这类话语泛化的现象背后的主体性"迷失"问题，要从思想政治教育话语转型视角予以分析和解决。

（三）话语权的"分散"与"流变"

话语在建构社会实践的过程中蕴含着特定的权力，话语的权力不仅来自于话语符号系统的本身，更是话语交往中话语的言说者和倾听者在社会权力结构中所处的地位赋予的。福柯指出："在任何社会里，话语一旦产生，即刻受到

---

① 许家烨. 网络语言流变与思想政治教育话语创新 [J]. 黑龙江高教研究，2016（3）：120−123.
② 吴学琴. 当代中国日常生活维度的意识形态研究 [M]. 北京：人民出版社，2014：274.

若干程序的控制、筛选、组织和再分配，这'若干程序'就是权力的形式"①。可以说话语与权力是界定话语言说者与倾听者的关系，即话语控制与被控制的关系。话语权的分散与流变的实质是教育者话语权在网络场域中的弱化或离场。在话语交往中每个人都有话语言说的权利，但由于人们掌握政治、经济、文化等话语资本的差异，以及身份、知识结构、阶层、权力赋予等的不同，只有具备一定话语资本的人才拥有一定的话语权力，也就是说"话语是一种权力关系，它意味着谁有发言权谁无发言权"②。话语同时是一种权利，但话语在建构人类社会的实践过程不仅停留于话语权利层面，权力的获得才是话语权存在的根本意义和价值。因此，思想政治教育话语权要放置于教育者与受教育者的教育关系中进行解读，思想政治教育话语权必然包括教育者的话语权和受教育者的话语权。教育者作为思想政治教育活动的组织者、实施者，具有主导思想政治教育活动开展的权力，其话语权主要体现在对理论知识的设置、解读、分配、传授等对受教育者进行教育、引导的权力。受教育者的话语权主要体现在思想政治教育活动中有表达自己观点、意愿、讨论、质疑等的话语权力。在传统思想政治教育活动实施的过程中，教育者与受教育者的话语权的界限是相对比较明确的，教育者在思想政治教育活动的实施过程中教育、引导的话语权威性深受教育对象的尊重和拥护。但随着网络技术的迅速发展，网络场域中话语生成的自主性和自由性、话语传播的即时性和便捷性、话语交往的开放性和互动性等颠覆了传统思想政治教育话语文本传播及实践的方式。同时，亦改变了教育者与受教育者话语交往的关系结构，思想政治教育话语权深陷"话语惰距""话语去中心化""话语失范"和"话语极化"③的困境。

在网络场域中，话语权的分散和流变的本质在于话语权的"泛化"，思想政治教育者与教育对象在网络场域中都具有话语言说的权力，从话语文本的生成到传播不仅限于教育者的权力，教育对象亦可以成为话语中心的设置者和传播者。网络场域解构了传统思想政治教育"教"与"受"的主体关系结构，网络空间的隐匿性使得话语言说者与接受者的身份界限模糊，教育者的话语权地位受到削弱。教育者与教育对象平等、自由、自主的对话也成为了可能，彼此

---

① 艾莉森·利·布朗.福柯 [M].聂保平，译.北京：中华书局，2002：59.

② 约翰·斯道雷.文化理论与通俗文化导论 [M].杨竹山，郭发勇，周辉，译.南京：南京大学出版社，2001：121.

③ 胡玉宁，薛云云.融媒传播环境下高校思想政治教育话语权的变迁与形塑 [J].思想教育研究，2017（9）：105–108.

"知识鸿沟"不断缩小，教育对象拥有比教育者更娴熟的网络技术、更敏锐的网络视角以及对海量话语信息的接受力，打破了教育者对知识的垄断、描述、分析、研判的权力。人类之所以有话语交往的需求，一方面是来自于社会发展的需要，另一方面是来自于人自身发展的需要。而社会发展又为人的发展提供了条件，因此人们在进行话语交往的过程中就希望自己能成为话语的生成者和传播者。在网络场域中表现最为强烈的就是自主参与对"事件"的描述、讨论和分析，并敢于质疑、评判、反抗话语霸权，教育对象话语言说的自由性和自主性对思想政治教育话语权提出了挑战。当然，这种话语的挑战主要指由于教育对象的话语自由逾越了道德和法律边界而引起的话语极化，尤其是针对某一事件在网络中所发生的话语暴力、冲突所引起的群体极化现象；在网络场域中每个人都可能是话语的发生者和传播者，人人既是媒体，又是话语中心，打破了传统思想政治教育"教"与"受"的中心话语模式，网络场域的话语"去中心化"更为明显。尤其是西方敌对势力在网络场域中以话语渗透、价值异化为形式所进行的争夺话语权的斗争，对思想政治教育话语权的塑造提出了挑战。

目前，关于网络思想政治教育的成果相对比较丰富，但是思想政治教育话语对网络场域中存在的话语问题、现象的诊治却比较薄弱和有限，导致思想政治教育话语权缺乏坚实的理论基础的支撑。尤其是当前网络新兴媒介的兴起更迭，思想政治教育者对网络技术认知及掌握能力的有限，导致思想政治教育话语理论对相关媒介特性的深度研究比较缺乏，同质性研究更为普遍，思想政治教育话语在分析和解决相关凸显的网络问题过程中话语的针对性和有效性不足。从目前的研究成果来看，网络场域中的思想政治教育话语立足对网络话语利弊的两极化分析比较多。但对于网络中的话语粗鄙、暴力、极化等导致的网络行为失范等现象，思想政治教育话语的澄清、引导、治疗被网民们的喧嚣与质疑声所边缘化了。尤其是网民的匿名性致使其身份、性别、知识结构、工作领域等无法真实呈现，导致思想政治教育话语在网络空间中无法区别对待教育对象，更无法以学校、青年、农民、社区等领域的思想政治教育话语进行针对性的分析。教育者在网络场域中以笼统的、宏观的思想政治教育话语分析具体的话语现象、问题，这种缺乏针对性、差异性的话语引导致使思想政治教育话语的"无力感"更为强烈。

四、思想政治教育话语内部要素的结构性矛盾与冲突

全球化、市场化以及网络技术的发展对思想政治教育话语转型提出了新的话语诉求，全球化视域下的话语博弈、市场经济体制下的话语异化以及网络场域中的话语多重声音对思想政治教育话语转型提出了挑战。同时，思想政治教育话语内在结构要素的整合性、系统性的不足，话语主体的双重失落以及思想政治教育学科话语自足性的欠缺是导致思想政治教育话语内部生态失调、话语失语的重要原因。"教育的很多危机往往可从语言那里找到某种征兆，教育的危机很可能是语言的危机，很多时候教育出了问题，需要医治的却不是教育，而是教育的语言"[①]。思想政治教育话语转型研究，必须立足当前思想政治教育话语内部结构的失衡所引发的矛盾及冲突，优化思想政治教育话语内部结构，实现其内部生态的良性运转，从本质上提升思想政治教育话语的实效性。

（一）思想政治教育话语内部结构缺乏系统性

话语是人们交往的重要载体，人们在交往的过程中用话语传递复杂的意义，但在现实生活中人们往往很难发现话语背后隐藏的真实意义，时常会根据自己的身份、文化储备、知识结构等来给他人的话语赋予意义，过于重视自己对话语本身语义内涵的赋予进而改变原初语义，导致人们在交往过程中难以顺畅传达话语的意义。这种情况的发生不是要求人们在话语交往过程中不去创新和赋予话语新的意义，而是需要在遵循话语原初语义的基础上进行话语新的创生与传播。在人们的交往过程中之所以会出现话语交往障碍，根本的原因在于忽视了话语所包含的诸多要素的系统性。思想政治教育话语是一个复杂的系统，它承载着思想政治教育学科知识的话语体系，不同于其他学科话语的标识和学科属性，是由多种要素构成的有机统一体，包括思想政治教育话语间性、语境、预设、交往、内容和形式。可见，思想政治教育话语研究必须考量其内部各要素之间的系统性研究。当前思想政治教育话语研究必须在社会转型的背景下系统考察和审视思想政治教育话语，以揭示思想政治教育话语有效性不足的问题。思想政治教育话语的系统性研究不仅要着眼于当前社会转型过程中经济、政治、文化、社会、生态各方面的转型与分化的宏观外部环境进行系统研究，更要立足思想政治教育话语内部结构的系统性研究。

思想政治教育话语间性是教育主体与教育对象平等对话、沟通的关键，其

[①] 刘良华.教育，语言与生活 [J].华东师范大学学报：教育科学版，2001（1）：29-34.

打破了传统思想政治教育话语"主客体二元分离"的模式，强调建构自主、平等的对话模式。教育主体和教育对象是思想政治教育话语交往关系的主要建构者，更是思想政治教育话语价值、意义的主要生成者和创造者。思想政治教育话语内容蕴含着思想政治教育知识、性质、目标和任务，其内容都是通过一定的话语形式来实现其意义和价值的，主要包括文本话语和实践话语。思想政治教育话语交往是指教育者与受教育者以何种话语方式开展对话和沟通进而实现思想政治教育的目的，良性、健康的话语交往关系是确保思想政治教育话语目的和任务实现的关键。思想政治教育话语语境贯穿于思想政治教育话语生成、传播和创新的全过程，是决定着主体交往过程中思想政治教育话语价值、目的、意义、效果实现的关键。从上述论述可以看出，思想政治教育话语主体、内容、方式、语境等是构成思想政治教育的系统性要素，各要素环环相扣、紧密联系，共同决定着思想政治教育话语实施的效果。可见，思想政治教育话语必须立足各要素的协同性和系统性进行研究，这决定着思想政治教育话语目的和任务的实现程度。

但从思想政治教育话语研究的趋势来看，其各要素间的系统性研究存在诸多不足，思想政治教育话语内部各要素结构关系的失衡导致其内部结构冲突与矛盾频发。"思想政治教育话语内容真实性缺失、话语交往真诚性离场、话语方式正当性不足、话语语境相关性式微、话语预设切适性背离这五个方面的相互作用、相互影响，造成了思想政治教育话语间性的存在，即教育者和受教育者之间的话语差异和冲突，并最终导致思想政治教育话语的失效"[①]。目前，学界从思想政治教育话语主体、客体、方式、内容、环境等构成要素方面揭示思想政治教育话语差异化、断层化、边缘化、迷失化等困境。但研究成果多集中于对思想政治教育话语构成要素即主体、内容、方式与方法等方面特殊性的研究，而对于思想政治教育话语各要素的系统性、整合性研究比较匮乏，导致其内部结构紊乱。思想政治教育话语之所以存在话语的描述、阐释、解读、批判等不足，有其各要素的特殊性问题，但更重要的是思想政治教育各要素间功能性发挥的断裂，阻碍了各要素的协同性和整合性功能的发挥。思想政治教育话语作为复杂的话语系统，其内容各构成要素的关系研究不仅要从宏观视域考察思想政治教育话语研究的系统性，更要深入其复杂的内部结构，揭示思想政治教育话语的内部与外部、现象与本质的关系。纠偏在思想政治教育话语研究

---

① 洪波.思想政治教育话语范式转换研究[M].杭州：浙江大学出版社，2012：164.

过程中单向度的子系统研究，把分析与综合相结合，从思想政治教育话语内部结构考察其话语系统要素的结构关系及功能的认知与深化；同时，思想政治教育话语反馈研究在目前研究中是比较欠缺，"系统思维是主体在思维过程中把思维对象看作一个系统，辩证地分析其整体与部分、结构与功能、信息与组织、控制与反馈、系统与环境等关系，以期实现系统整体优化和指导学科实践的观念行动方式"①。思想政治教育话语反馈研究能更好地从整体过程中考察思想政治教育话语研究的效果，通过反馈所提出的问题和建议及时地调整和把控思想政治教育话语研究的全过程。思想政治教育话语反馈研究的缺场，使教育者不能有效预见话语实施过程状况，更不能客观诊断思想政治教育话语实施过程中存在的问题，无法全面协调、统筹和优化思想政治教育内部各要素之间的关系。同时，思想政治教育话语研究缺乏动态发展的研究视角，无论从教育主体、内容、方式还是从语境来说，都需要从动态的角度系统考察思想政治教育话语的交往过程，避免静态式研究致使各要素间出现的闭塞性、阻隔性问题，导致无法贯通思想政治教育话语研究的全过程。

（二）思想政治教育话语主体的双重失落

教育者和教育对象是思想政治教育的主体，亦是思想政治教育话语交往的核心。思想政治教育话语就是通过教育者与教育对象的话语交往来实现对彼此精神世界的建构，进而实现思想政治教育的目的和任务。"教育说到底是一种彻底人性化的事业，离开了作为教育活动主体的人，教育就什么都不是。而人之为人，从哲学上讲，就因为人有动物所缺乏的自我意识"②。可见，教育者主导性和教育对象主体性的发挥是开展思想政治教育话语交往的前提，思想政治教育话语交往的过程，不仅是对教育对象进行精神世界建构的过程，也是教育者实现自我精神世界塑造的过程。教育者是思想政治教育的"实践主体"，即思想政治教育话语交往活动的组织者、发动者和实施者，具有主导性作用。教育对象是思想政治教育话语的接受者，但并不是被动的话语接受者，而是具有自我意识的能动的接受者，这种主动性和能动性要求教育对象要自主参与到思想政治教育话语交往的全过程。思想政治教育话语交往关系的失衡，看似是教育主体话语的失落、迷失，其实质是思想政治教育话语主体的双重失落。教育者与教育对象在思想政治教育话语交往过程中的"主体性缺席"是导致思想政

---

① 侯勇．社会视野中的思想政治教育系统研究 [M]．北京：人民出版社，2016：32．

② 朱小蔓．教育的问题与挑战：思想的回应 [M]．南京：南京师范大学出版社，2000：204．

治教育话语出现诸多症候的主要原因。

一方面是教育者的"主体性缺席"。教育者作为思想政治教育话语的核心生成者、传播者和创新者，其对于思想政治教育学科知识的掌握程度决定着其对于思想政治教育话语由理论话语到教材话语、由教材话语到课堂话语、由课堂话语到实践话语的转译程度。目前，部分思想政治教育者缺乏对思想政治教育学科话语的认同、热爱和信念，他们的职业定位依然是"工具"意义上的存在，是囿于物质生活层面被动的、谋生的、"苦役"的职业状态，而对于从事思想政治教育职业的信念感、幸福感和获得感是缺失的。这导致教育者在进行思想政治教育话语生成、转译、传播、创新的过程中，倾向于把话语作为传递思想政治教育知识的工具，而其价值和意义则被忽视了，在这样的话语交往过程中教育对象的精神世界便不能被"照亮"。"教育的价值不仅在于知识的传递与授受，更在于让人充分领悟、体验到生命的意义和价值，从而使人们不断摆脱工具理性的奴役，进而不断地提升人自身的质量。教育应使每一个个体成为精神丰盈的人、体验着生命意义的人"①。在思想政治教育话语交往的过程中，不仅是教育对象理论知识的获得、自我成长的过程，同时是教育者自我思想意识提升和塑造的过程。但如果教育者没有处在思想政治教育的学科语境，不具备生成、传播和创新思想政治教育话语的能力，那么教育者的话语在交往过程中便很难从话语描述抵达话语的理解和意义层面。在思想政治话语交往过程中，教育者的"主体性缺席"导致其很难与课程、课堂和教育对象建构良好的对话关系，亦很难通过思想政治教育话语将教育目标、课程内容、要求、规范等进行科学、合理的设置与表达，更无法对"教育者"与"课程"及"教育对象"的关系进行自觉的反思与建构，富有精神引领、心灵对话及意义建设的话语交往则更难以实现。

另一方面是教育对象的"主体性缺席"。教育对象在思想政治教育话语交往的过程中并不是被动地倾听和接受，而是需要结合自己的认知和理解进行话语的理解和转换，如可以通过提问、质疑、辩论等与教育者进行平等对话。教育者与教育对象的话语交往过程可以分为准备过程、传授过程、反应过程、理解过程、选择过程、整合过程、内化过程和外化过程，在这个过程中"其间可能会出现柳暗花明、茅塞顿开、幡然醒悟的境界，也可能因在整合中冲突、对

---

① 冯苗．教育场域中的对话——基于教师视角的哲学解释学研究 [M]．北京：教育科学出版社，2011：21．

峙，以至于出现思维中断、情绪对抗的现象"①。话语的冲突、抵抗、冷漠等现象在思想政治教育话语交往过程中频发，由于传统思想政治教育中革命性、政治性、"以社会需要论"话语的主导，以及当前思想政治教育文件、权力、控制性话语的存在致使教育对象对思想政治教育话语的抵抗与漠视更为强烈，教育对象在话语交往过程中的自主性从内而外地被牵制了。同时，传统思想政治教育话语的弊端并不是当前思想政治教育话语交往的唯一障碍，其他障碍还包括在社会转型的过程中由于教育对象自我意识的增强，他们的话语言说、表达更加个性和自主，思想政治教育话语的内容及传授方式难以满足教育对象的话语诉求、期待和憧憬，继而对于思想政治教育话语形成"视听疲劳"的免疫力，形成我在场、我听、但我不深度参与话语讨论更不会践行的模式。教育对象失去了与教育者对话的热情、积极性和自主性，更不会按照教育者设置的话语内容进行自我的学习、内化和提升，在思想政治教育话语交往场域中教育对象的自觉性、自主性是"离场"状态。苏霍姆林斯基曾经说过："我十分坚信，能激发出自我教育的教育，才是真正的教育"②。可见，如果在思想政治教育话语交往过程中，教育者和教育对象都出现"主体性缺席"，那么就会出现"尽管他们还在不断言语，但无人聆听，没有对话……在思想政治教育领域，出现了集体失语状态"③。这样的思想政治教育话语交往势必会成为一个短暂的行为，教育主体在话语交往过程中只有知识单向度的灌输。在这种强硬话语灌输的交往中没有思想的碰撞、心灵的启迪和精神的对话，他们的话语交往与思想政治教育话语价值、意义无关，他们都将自身处于思想政治教育学科语境之外。当教育主体离开特定的教育场域，思想政治教育话语也必然会销声匿迹。因此，在思想政治教育话语交往过程中教育者与教育对象双重主体的失落，不仅将"授"与"受"的关系对象化为工具与手段，同时将教育者与教育对象平等、真诚对话的可能性和积极性在无形中消解了，导致主体的话语迷失在思想政治教育话语交往过程中。

（三）思想政治教育学科话语痼疾

思想政治教育学科话语代表思想政治教育学科的本质属性，不同于其他学

---

① 刘丽琼.思想政治理论课教学接受论 [M].北京：人民出版社，2009：23.

② 蔡汀，王义高，祖晶.苏霍姆林斯基选卷（第5卷）[M].北京：教育科学出版社，2001：334-335.

③ 王卫东，冉杰，胡潇.当代语境中的思想政治教育 [M].长沙：湖南人民出版社，2004：1.

科的话语范式，近四十年的发展促使思想政治教育学科最基本的知识概念、范式、术语等更加规范和成熟，思想教育学科话语呈现出理论化、体系化和科学化的发展趋势。思想政治教育学科话语是思想政治教育学科存在和发展的核心概念和完整的术语体系，它包括思想政治教育学科思维逻辑和学科价值取向的课程、学术、实践等体系。思想政治教育学科话语的发展，既要遵循马克思主义理论的发展逻辑、思想政治教育学科的内在属性，又要遵循当代社会发展的规范、道德和法律的现实要求，体现社会主体思想、观念发展的规律。也就是思想政治教育学科话语要在遵循现实性的基础上，具有一定的超越现实意义的价值引导性，体现思想政治教育学科话语对于社会发展及个体生存与发展的功能性价值，即构建社会和个体生存与发展的"意义图景"。"缺乏现实性要求的学科话语，意味着思想政治教育学科缺乏实践性、针对性、可操作性；缺乏超越性要求的学科话语，意味着思想政治教育学科缺乏前瞻性、引导性、理想性"①。从思想政治教育学科的发展历程来看依然是一门比较年轻的学科，理论基础研究比较薄弱，尤其是"思想政治教育学独特的概念、范畴、话语等尚未充分体现出来，更谈不上影响力，主要注意力和作用力仍然局限于思想政治教育实践领域"②。在社会转型发展的过程中，思想政治教育学科话语面对社会发展过程中凸显的新现象、新问题、新热点等难以进行有效描述、解释、聚焦、分析、诊断和解决，思想政治教育话语处于被悬置或被多元话语遮蔽的状态。

在社会转型过程中，思想政治教育话语发展依然囿于自身学科话语痼疾，如学科话语的边界问题、生活话语的疏离问题、实践话语的式微问题、领域话语的薄弱问题等是思想政治教育学科话语发展亟须解决的。

首先，思想政治教育学科边界问题一直被学界诟病。思想政治教育研究范围比较广泛，基础理论涉及多门学科理论。因此，思想政治教育学科被认为是"口袋学科"，即认为思想政治教育学科边界意识不明确，什么理论都可以装，什么都可以解释，这也导致思想政治教育学科话语与政治学、教育学、心理学等其他学科话语区隔不明确，导致思想政治教育学科话语未能真正体现其学科属性。这主要体现为思想政治教育研究借鉴了国内外相关理论话语或其他学科的理论，但并未真正地在借鉴的基础上与思想政治教育学科理论进行比较、学习、融合性研究，只是简单地、粗暴地进行理论话语的"移植"，没有将其内

---

① 张国启. 论思想政治教育学科话语的发展逻辑 [J]. 思想理论教育，2014（1）：51-54.
② 孙其昂. 思想政治教育学前沿研究 [M]. 北京：人民出版社，2013：72.

化为自己独立的学科话语体系，导致在研究过程中思想政治教育学科话语被弱化。生搬硬套的话语理论难以成为思想政治教育学科话语生存与发展的资源，对于其他学科知识的概念、命题、逻辑等的借鉴价值和意义依然停留在简单的话语理论的"依附"和"套用"阶段。当前，思想政治教育学科话语体系还存在着概念范畴各执一词，理论阐述缺乏依据，学科基本知识、理论研究界定不清晰等问题。"语言是思想政治教育最重要的中介，没有健康、灵动语言的思想政治教育是会被时代淘汰的"①。思想政治教育学科话语应该是亲近生活、抚慰人的心灵、引导和治愈人精神世界的具有生命力的话语。

其次，思想政治教育话语生活化的疏离。主要体现为思想政治教育的学科话语与社会发展实际及教育对象生活的疏离。思想政治教育学科话语往往更多的是被架构于课堂，导致这种课堂话语与教育对象的生活话语难以融合，宏大叙事的话语风格难以为教育对象的现实困惑解疑。思想政治教育的学术话语则集中在学术会议的交流、讨论、争辩，思想政治教育学人更应该把思想政治教育学科话语书写在祖国的大地上和人民群众的心灵深处，真正投身于提高全民思想道德素养和立德树人的伟大事业中。无论是传统思想政治教育话语还是社会转型中的思想政治教育话语，其共同的症结在于实践话语的弱化。孙其昂认为，思想政治教育之所以有效性不足，主要问题在于内容要素，即"内容与现实""内容的主题与社会主题""内容的价值主导与现实的价值主导""内容的时间维度与现实""内容一元化与多样性"②存在着反差。思想政治教育学科话语的研究更多地集中于理论层面，之所以出现上述话语理论与实践的断层，是因为思想政治教育话语实践研究不深入，大多只是停留在教材话语、课堂话语、文件话语等方面，而对于这类话语向实践话语的转化研究则难以彻底地有效落实。这也是思想政治教育学科话语被大众认为"空""泛"的主要原因，虽然近些年关于思想政治教育红色教育、网络实践教育平台等实践基地的建设有效开拓、发掘了实践教育资源，但思想政治教育学科话语实践作用的发挥依然没有脱离"形式主义"的窠臼。

最后，领域思想政治教育话语研究的不平衡。思想政治教育研究比较广泛，人们围绕不同领域、群体开展了思想政治教育。当前思想政治教育话语研究主要集中在大学生思想政治教育话语、网络（新媒体、全媒体）思想政治教

---

① 金林南.思想政治教育学科范式的哲学沉思 [M]. 南京：江苏人民出版社，2013：64.

② 孙其昂.思想政治教育学前沿研究 [M]. 北京：人民出版社，2013：85.

育话语等方面。随着社会转型的发展思想政治教育研究的领域空间不断得到拓展，群体涉猎范围也不断扩大，但领域思想政治教育话语研究目前主要集中在高校和网络范围内，对于农村、军队、企业、社区等领域研究覆盖面比较弱，缺乏全面性和广泛性。尤其是在社会转型过程中由于社会结构的调整，涌现出了诸多的新兴阶层（如资产者、农村劳动者、城市劳动者、管理者、专业技术者等新社会阶层）和新的社会群体（如自由职业者、农民工等），社会结构的变化导致思想政治教育面对的教育对象的角色身份、结构形态、职业岗位、流动机制等都具有差异性，思想政治教育话语在这些领域的研究相对比较薄弱，关注度不够进而缺乏话语的针对性研究。领域思想政治教育话语研究覆盖面的不足，阻碍了思想政治教育学科话语在社会转型过程中的现代化、科学化研究进程。因此，在社会转型过程中亟须加强领域思想政治教育话语的研究，以提升思想政治教育话语在社会现代化进程中的解释力和建构力。

综上所述，思想政治教育学科话语的痼疾束缚了思想政治教育学科发展，其根源在于其自足性不足，缺乏反思性话语和批判性话语的生成，导致思想政治教育学科话语难以诊治学科话语内部存在的问题，对于基本的概念、术语、范式等在思想政治教育学界没有形成基本的学科共识，缺乏对思想政治教育学科话语的系统性和专业性研究。

第五章　思想政治教育话语转型的风格

　　思想政治教育话语是教育者与教育对象基于一定的思想政治教育情境而产生的话语实践，即思想政治教育对话，而可交流、可联通、可对接的话语是确保对话发生的前提性要件。思想政治教育对话也不例外，其产生的向来都是基于符合思想政治教育情境的、契合教育者与教育对象的话语需求融合的、恰当的思想政治教育话语的实践。不同的思想政治教育场域、思想政治教育境遇、教育者、教育对象大致都拥有与之相匹配并符合其特殊需求的话语规则，会逐渐形成与这些话语规则相对应的特定的思想政治教育话语风格。思想政治教育话语要有生命力，就必须与时俱进、因时而进。当下，关于思想政治教育及其各要素改革、创新及转型的思考、探讨和实践正在不断地向纵深推进，思想政治教育话语作为其中的一项重要课题在思想政治教育理论研究者和实际工作者的协同努力下取得了较大程度的发展，话语的亲和力、感染力和影响力不断得到提升。但思想政治教育话语仍然面临着讲不好、说不透、话不准的困境。为进一步促进、深化新时代思想政治教育话语的改革、创新与转型以更好地积极辐射于思想政治教育话语实践的长足发展，应实事求是地立足我国国情及其作用下的思想政治教育，积极推动思想政治教育话语及其实践的时代化转型、现代化转型。思想政治教育话语转型的风格主要表现为思想政治教育话语在转型过程中持续地、稳固地呈现出的独特性、审美性、艺术性。

第一节　思想政治教育话语风格转型的本质

在对思想政治教育的学科话语、核心话语、理论话语、实践话语等既有话语的承接与超越基础上实现转型与发展以适应不同场域思想政治教育的需要，就是我们所强调的思想政治教育话语转型。思想政治教育话语转型，既有从传统向现代转型的内涵，又有应对技术革命和社会转型的内涵。在思想政治教育话语转型风格探讨中，首先要明确思想政治教育话语是在什么角度或什么意义上进行的转型，哪些要转，哪些不能转。这是探究思想政治教育话语转型的前提性预设问题和基础性定位要求。

一、坚守思想政治教育话语语境：以意识形态为底色

对思想政治教育话语的描述、分析与研究，一般都要联系相关的语境因素来讨论。这就要求教育者在运用思想政治教育话语时要有清醒的语境意识。在思想政治教育实践中，思想政治教育话语总是与一定的主体密切相关，体现着该主体对思想政治教育是什么、为什么、怎么做等的认知、理解与描述，是其在"思想政治教育对话"意义之上描绘的、建构的思想政治教育内容，而思想政治教育对话的发生就依赖教育者与教育对象处于同一语境，都是在思想政治教育层面，用思想政治教育话语进行着思想的交流与解惑。

思想政治教育在约束、规定思想政治教育话语的同时，也在为思想政治教育话语的存在、运行及发展提供着资源、条件和空间。以思想政治教育为基础而产生的话语，是用语言、语词等言语符号描述出、展示出的思想政治教育，思想政治教育构成其产生、运行、发展的唯一语境。政治性是思想政治教育的本质，意识形态性是政治性的根本属性，对思想政治教育有着十分重要的指向性影响，赋予了思想政治教育从思想层面引导人们形成一定思想政治观念的重要责任。显然，从思想上影响、引导人们之使命的顺利达成因思想政治教育情境的差异，而对思想政治教育实践的吸引力、亲和力、感召力和获得感等的程度、水平有着不同角度、层面的现实需要，又在事实上了赋予了思想政治教育话语在表达、形态上生动、丰富、多样的实践责任。这也就意味着，对思想政治教育承载的重要使命和实践责任负有有效落实、开展之责的思想政治教育

者必须时刻警醒，思想政治教育话语的表达与运用必须以意识形态为底色和前提，在此基础上再根据思想政治教育情境、教育对象的话语倾向和需求选择合适的话语形态进行表达，并注重给予教育对象充分的话语表达空间。在长期的话语实践中，常常会看到教育者在长期解读、言说和转译思想政治教育具体内容以明确更有效的思想政治教育话语的过程中，历经了模仿—尝试—明确—熟练等的实践操练，不断积累着选择、运用有效话语的技术和艺术，这些持续累积的对话语选择、把握和运用的经验、感悟会逐渐呈现为教育者所特有的一种有特色的、有魅力的思想政治教育话语模式。这些不同的话语模式都源于教育者对怎么来说思想政治教育、怎么来讲思想政治教育，展示着思想政治教育内容的不同呈现、不同表达，呈现出话语表达的不同形态。如理论化或实践化、通俗化或深刻化、严肃或幽默，抑或是贴近日常生活的生活话语、时尚青春的流行话语、鲜活灵动的个性话语等。但思想政治教育话语本身的意识形态性从未改变，只是将思想政治教育内容进行了更艺术化地表达、更有效率地传递，以及更易于理解和认同的考虑而为思想政治教育话语加上了更丰富、更审美化的色彩，这是对思想政治教育话语处于不同的思想政治教育情境、面向不同的教育对象时进行的调整、铺展和转译，意识形态作为思想政治教育话语的底色从未改变也不能改变。

意识形态、思想政治教育的意识形态性、思想政治教育话语的意识形态性是接续决定的，一环扣一环，逻辑严密。在意识形态这个问题上，思想政治教育话语必须旗帜鲜明、立场坚定，具有洞幽察微的意识形态的敏感性，要一以贯之地坚持把意识形态放在首要地位，将意识形态作为第一要求来坚守。意识形态对思想政治教育话语及其实践的影响是客观的、普遍的且必然的。在一定意义上，意识形态就是思想政治教育话语活动及实践的平台或舞台，也是引发思想政治教育话语实践过程和结果的信息源，因此必须以思想政治教育质的规定性——意识形态作为基础。思想政治教育话语可以也确实需要有不同的表达及呈现，但其背后是教育者对思想政治教育话语的科学把握与智慧呈现，思想政治教育话语不仅有科学、准确、艺术的特性，还带有鲜明意识形态的方向性要求。那么，思想政治教育者应当明确自身角色的责任担当和使命要求，树立正确的思想政治教育话语观，一以贯之地认识到意识形态始终是思想政治教育话语的核心价值，要旗帜鲜明地讲政治。思想政治教育话语的有效乃至高效固然有吸引力、亲和力、凝聚力和感染力等方面的要求，但更应保持清晰的判断，即话语是为了更好地完成思想政治教育目标和任务服务，思想政治教育目标和任务的落地生根才是第一要义。思想政治教育话语的置换、转译等都是为了更好地传达思想政治教育内容、更好地达成思想政治教育目的而服务的。思想政治教育决定了思想政治教育话语的孕育、萌生及成长。因此，衡量一种思想政治教育话语是否可行的标准，从来不在于或不止在于教育者花了多少心思、是否迎合教育对象的话语需求，而在于思想政治教育内容是否被准确传达给教育对象且获得了教育对象的理解、认同和接受。换句话说，恰当地、艺术化地运用思想政治教育话语给思想政治教育增加吸引力、感召力和感染力不能以失却思想政治教育内容、失却意识形态为代价，更不能忽视意识形态、淡化意识形态、不讲意识形态。说到底，思想政治教育话语的意义、价值皆因思想政治教育而存在，离开了思想政治教育，思想政治教育话语也会失去存在的意义。

"把马克思主义意识形态概念单纯限制在理论形式上的一个明显失误是，没有坚持马克思恩格斯的实践立场去观察分析意识形态现象，并因此片面强调意识形态的理论性和抽象性，忽视了意识形态现象的现实性和生动性。"[1]事实上，意识形态既有理论性的一面，也有现实性的一面，它广泛存在于并影响着人们的日常生活实践，有其感性的、生活的形态。就思想政治教育而言，其虽以提升人们的思想政治素养为旨趣，但却不是简单地、命令式地修正教育对象的思想政治教育观念，也不是强制教育对象遵循规则和秩序，而是深入教育对象的生活世界并对其赖以产生的思想政治观念、行为方式等产生有意义的影响和引导，进而提升教育对象思想政治素养的过程。这一过程的实现无疑需要教育者与教育对象间基于思想政治教育的对话与互话，特别是要依赖思想政治教育者话语的可接受性、可连通性、可对接性，以使得教育者与教育对象可以在思想政治教育的世界里进行无碍的沟通与交流，以协同作用于思想政治教育目的之实现。在这样的情形下，针对不同的思想政治教育知识、思想政治教育空间、教育者等，往往会有多种样态、丰富多样的话语在对思想政治教育进行着描述和表达，他们始终都以意识形态为底色，具备深厚的思想政治教育意涵并致力于营造更加和谐的思想政治教育对话，这是进行话语选择、话语运用所应当遵循的基本逻辑，也是确保思想政治教育话语的科学性、专业性的应然要求。

---

① 郑杭生等. 社会转型与中国社会学的理论自觉 [M]. 北京：中国人民大学出版社，2011：53.

二、塑造思想政治教育话语权：注重学科意识

话语权决定的是主动权、主导权和定义权。建构思想政治教育话语体系以及掌握其话语权是思想政治教育领域极为重要的课题，是影响思想政治教育实效的重要方面，关乎如何来认知思想政治教育及其话语。思想政治教育话语从来不是简简单单作为一种话语类型而存在的，其从产生之时起便担负着重要的使命，即用思想政治教育学科特有的、专有的概念、范畴、术语等科学精准地描述思想政治教育，将思想政治教育独特的价值和意义优势实实在在地转化为能够影响更多人思想政治素养及其行为取向的话语优势，以实现思想政治教育空间内教育者话语与教育对象话语的有效对话、和谐共生。思想政治教育话语权问题历来得到高度重视，但总体上看，思想政治教育的话语权仍有待提高，各种网络新媒体、自媒体正在深刻影响着思想政治教育话语权的格局。强化思想政治教育话语的主动性和积极性，使得思想政治教育话语的影响力步步高升，引导越来越多人的思想成长，展示好思想政治教育的形象，积极构建符合时代需求、生活需求、时尚需求的新时代思想政治教育话语体系，是思想政治教育永葆活力的重要法宝，也是我们面临的一个重要课题。

不同学科的话语体系，不仅展示的是概念、范畴、术语的不同，而且突显的是思维方式、理论体系的不同，更重要的是反映的论题、问题域和解释域也不同。因此，重塑思想政治教育话语权，必须立足明确的学科意识，尽量避免用其他学科话语体系来阐释、解析思想政治教育及其实践。这里的学科意识，就是教育者对思想政治教育学科的学科定位、研究对象、研究范围、研究方法等要素的自觉认识与习得。具体来看，学科意识主要包括如下内容。第一，学科专业意识。思想政治教育学科作为一门独立学科，专业化程度极高。思想政治教育理论研究者或实际工作者，首先要具备鲜明的专业意识，即教育者要以思想政治教育专业的学科视角探察、分析和解决问题，要有学科发展的先觉和自觉意识。第二，学科归属意识。学科归属问题在思想政治教育领域中，既是人人都应知晓的常识性问题，更是需时刻保持清醒的重大问题，是思想政治教育学科能够成为一门学科的基本问题。学科归属作为思想政治教育学科的归宿所在，决定了思想政治教育应该做什么、可以做什么、能够做什么，也决定了思想政治教育学科在整个学科系统中的位置。思想政治教育学科的归属意识体现为其对思想政治教育学科性质、定位的科学理解与精准把握，是确立和塑

造思想政治教育话语权的重要前提。在学科分工不断细化和深化的大背景下，2005 年 12 月，《关于调整增设马克思主义理论一级学科及所属二级学科的通知》（学位〔2005〕64 号）发布，将原政治学一级学科下的"马克思主义理论与思想政治教育"二级学科调整到马克思主义理论一级学科下，分别归入"马克思主义基本原理"和"思想政治教育"二级学科。从那时开始，思想政治教育学科成为一个独立的二级学科，其既有马克思主义理论学科的学科属性，又有思想政治教育学科的学科属性。基于此，思想政治教育共同体（理论研究者和实际工作者）要具有明晰的学科归属意识，不断培养对本学科的强烈认同，即以思想政治教育学科价值的实现为根本取向作为自己主张、坚持的理论的信心、信念和信仰，确立起思想政治教育学科信仰。第三，学科边界意识。学科边界意识，就是明确地知道在学科之林中思想政治教育学科居于什么位置，它与"上级"马克思主义理论一级学科以及其他"同级"的马克思主义基本原理学科、马克思主义发展史学科、马克思主义中国化研究学科、国外马克思主义研究学科、中国近现代史学科以及政治学、伦理学等相近学科之间关系如何，要厘清与明确它们的研究角度、方向、范围、重点、方法等层面的边界。因此，人们要对思想政治教育学科的地位、价值等进行积极能动地自觉把握，肩负起思想政治教育专业化、规范化、科学化的重要使命。然而，有些人对思想政治教育学科边界的把握并不准确，不少人仍将其与教育学、社会学、伦理学、政治学等混为一谈，这与思想政治教育学科的依托式发展思路直接相关。此外，不少思想政治教育人边界意识模糊，研究方向随心所欲不规范，简单移植其他学科的知识框架等，使思想政治教育学科俨然成了一个什么都可以装的"筐"。对此，思想政治教育话语体系作为思想政治教育学科、知识、价值取向等的独特表达，更需要持有明确的学科边界意识，在思想政治教育学科范围之内来提炼、建构思想政治教育话语体系。

归根结底，思想政治教育话语权塑造首先要有明晰、精准的学科边界意识，要对思想政治教育从哪来、到哪去、要做什么有准确的认知和把握，在此基础上严格恪守本学科的规范，掌握话语权，引领新时代思想政治教育话语的新发展，把思想政治教育做到极致。思想政治教育因其特殊的规定性而与其他学科相区别成为了一门独立的学科，因此不能任由其他学科话语来为思想政治教育"代言"，不能总是使用其他学科的话语体系诸如概念、范畴等来言说思想政治教育，这样既不科学，更不专业。思想政治教育能不能、行不行、好不好，要由思想政治教育共同体自己来言说和界定，要用思想政治教育的话语体系来说。综合性的确是思想政治教育较为重要的特征，但既不能因综合属性而理所当然地对思想政治教育相关学科的范畴、概念、术语等照单全收，也不能为保独立属性而一概拒斥思想政治教育相关学科的话语体系，而应在保持思想政治教育学科生长点的基础上，坚守思想政治教育学科的立场，坚守思想政治教育属性作为话语的重要特质。具体来说，首先我们必须明白立场为先，要对思想政治教育立场是话语发展的关键有清晰且稳固的认知，然后要对可供使用的相关学科话语进行了解、分析与评判，将其合理性方面融合提炼至思想政治教育话语体系的结构之中，再立足于思想政治教育标准进行合乎思想政治教育、合乎思想政治教育话语的吸收、转化和发展，将思想政治教育相关学科中的"珍贵遗产"为思想政治教育所用，聚焦于思想政治教育，使之具有思想政治教育属性和思想政治教育意义，形成有效的话语权。这也就意味着，我们要有足够的底气来建设并守住思想政治教育话语权，且要明白相关学科话语体系在思想政治教育学科话语体系中运用的程度、水平和价值，总是取决于相关学科话语满足于思想政治教育学科特定范围知识表达以及话语体系建设需要的程度和水平，这也决定了在面对相关学科话语体系时，思想政治教育究竟该借鉴什么、该拒绝什么。

三、建构思想政治教育话语体系：由"借鉴"转向"自成一家"

思想政治教育的吸引力、影响力如何，在很多情形下取决于精细化的、差异化的思想政治教育话语体系的影响力。思想政治教育则有其一套独立的用于表达或标识思想政治教育理论和实践的话语体系，以思想政治教育话语的视角描述、记录着世界。

这里的话语体系建构，其实就是用思想政治教育的语言、语词、概念、范畴等来理解和描述世界、社会及生活。思想政治教育是"在马克思主义指导下，既要吸收、应用政治学、教育学、伦理学、心理学、社会学等学科的理论和方法，又要吸收、借鉴现代西方行为科学和企业文化理论等相关学科中的有益成分"①，综合性非常突出。但需要明白的是，思想政治教育的综合性绝不止步于借鉴，而是旨在经过借鉴达到为我所用，自成一家。现实情况却是，当前思想政治教育话语体系中混入了不少教育学、心理学、德育、哲学等相关学科

---

① 张耀灿，郑永廷等．现代思想政治教育学 [M]．北京：人民出版社，2006：46.

不加修正的话语，而用其他学科话语来讲思想政治教育学科的理论和实践，显然是讲不深、讲不透、讲不明、也讲不好的。在思想政治教育学科、理论及实践中，自己的话语本应最有话语优势、最有发言权，却往往因话语不够响亮，陷入有理说不出、有理说不好的境地。这表明，尽管思想政治教育的地位和价值很特别，其重点作用于人的思想，但思想政治教育的优势实际上并没有转化为话语优势，还仅局限于较小的范围之内，思想政治教育话语依然不可避免地面临话语贫瘠、话语贫困的境遇。那么，通过建构自成一家的话语体系可以在很大程度上助力于思想政治教育优势的展现，彰显思想政治教育本身的逻辑。因此对思想政治教育有全面、系统、准确的理解和把握，才能将不同空间、不同层面的思想政治教育根据一定的标准进行合理的分类整理，再分别运用恰当的思想政治教育话语来表达，这样不仅可以使得思想政治教育话语更有效、更有影响，还在学科交叉融合中体现出了思想政治教育的话语权。思想政治教育话语体系受思想政治教育影响，没有思想政治教育话语体系，就没有了思想政治教育话语权，又何谈思想政治教育，更别提教育者与教育对象直接进行无障碍的"思想政治教育对话"了。

任何一门独立的学科都无一例外地拥有其成体系的一系列具有专业性、系统性的概念、范畴和表述来揭示本学科的本质，即本学科独立的话语体系。在这样一个网络时代中，改革创新无疑是思想政治教育话语研究及发展取得成就的重要法宝，对社会现实、热点问题进行及时、准确、理性的关注、缕析与解惑是思想政治教育的重要内容，这在客观上要求思想政治教育话语体系的持续建构。而话语体系的质量和水平究竟如何，归根到底要看有没有独立性、独特性与思想政治教育性。如果只是以思想政治教育的综合性为根据，"理直气壮"地奉其他学科话语体系为金科玉律，一味跟随、模仿、借鉴教育学、伦理学、政治学等其他学科的话语体系、话语表达，最终不仅无法从思想政治教育角度来看待问题、用思想政治教育方法来分析问题、以思想政治教育内容来回应问题，而且无法形成思想政治教育自己的话语体系，结果只能是"种了别人的田，荒了自己的地"。教育者要有一定的思想政治教育敏感性，要用思想政治教育的"眼睛"来看色彩缤纷的世界，时刻提醒自己要有思想政治教育者的清醒和自觉，立足思想政治教育学科来考究话语体系的建设，并清楚地知道什么样的思想政治教育要配以什么样的话语来表达，形成恰当的思想政治教育话语表达。

　　思想政治教育话语体系应该且必须有自己的特色，不能徘徊或止步于"借鉴"，而应积极主动地探索一套属于思想政治教育自己的话语体系，这样才能"自成一家"，绝不能生搬硬套其他学科既有话语，也不能简单借鉴和模仿其他学科话语。要立足中国特色社会主义伟大实践和思想政治教育实际，立足新时代、聚焦教育对象的思想政治教育需求，着力打造贯穿古今、融通理论和实践的范畴体系、理论体系、分析框架和话语表达，精心构建具有鲜明中国特色、中国风格、实践特色、时代特色和国际视野的思想政治教育话语体系。从而为有效地、高效地实施思想政治教育行动提供语言工具支撑，切实增强思想政治教育的公信力、说服力和感召力，实现对思想政治教育的"守土有责、守土尽责"，避免误解，增信释疑。

　　话语生成是思想政治教育话语体系建设的起点和基础，关乎究竟要用怎样的话语表达、描述思想政治教育，是理论与实践交互影响、接续作用的结果。也就是说，话语体系的形成要历经这样一个过程，即从实践话语到理论话语再到实践话语的回归过程，以思想政治教育实践中的话语经验总结为基础，呈现为实践话语—理论话语—实践话语的不断循环与互话。在这样一个持续循环与互话的过程中，思想政治教育话语日益突出，最终形成了独特的、具有标志性的反映思想政治教育实践世界的意识与技术并贯穿于思想政治教育实践而展开、形成的独具风格的言语符号系统。话语体系的形成不是概念、术语、范畴的简单转换，而是由实实在在的思想政治教育实践所激发并以之为现实基础，依赖思想政治教育话语实践过程的经历、理解、积累和总结。从根本上说，思想政治教育话语体系建设应当久久为功，要善于在话语生成层面处理好实践话语与理论话语的关系及其之间的相互作用机理，善于从思想政治教育话语实践中积累话语经验，形成话语模式。"在马克思、恩格斯创立科学理论的过程中，就有用黑格尔、费尔巴哈式的话语表达新思想的情形，因为存在新思想已经形成但表达新思想的话语需要经历一个过程后才能逐步确定下来、逐步精确化的情形"[①]。

　　对思想政治教育而言，拥有自己的话语体系是在中国特色社会主义实践中发挥其应有乃至更大作用的前提。如果思想政治教育话语体系还只是驻足于相关学科话语的重复使用和重新排列，用相关学科的话语体系来硬套思想政治教

[①] 田心铭.学科体系、学术体系、话语体系的科学内涵与相互关系 [N].光明日报，2020-5-15（11）.

育的实际问题，套用相关学科话语体系来描述、解释和阐发思想政治教育现实，不仅无法讲清楚思想政治教育，无法讲明白思想政治教育的价值和意义，还容易引发对思想政治教育合法性、合理性的质疑和讨论，甚至还会延伸到对思想政治教育的否定。思想政治教育学科所要考虑、关注与解决的问题自思想政治教育作为一门独立学科存在之始就已经与其他学科有了实质性的区别，对世界的关注、解析与回应，思想政治教育学科必须做出自己的探索、思考与解答，不断加强自己的话语体系建设。思想政治教育学科要认识到相关学科的答案并不是思想政治教育的答案。目前，针对思想政治教育话语体系中存在的老话、旧话、宽泛与滞后、缺乏实效的情形，要明确这种被动局面的根本转变在于思想政治教育人的转型意识，在于主体的本学科话语意识的觉醒和追求，但究竟如何建设思想政治教育话语体系，需要经历哪些阶段，如何评价等，还都有待更进一步的讨论和探索。其中，思想政治教育话语体系建设是学科任务中较为重要的任务，要把话语体系建设摆在更加突出的位置上，明确话语体系的建构必须是用"自己的话讲自己的故事"，要讲真、讲实、讲好、讲活、讲深思想政治教育，进一步扩大思想政治教育的亲和力、感染力和认同力，坚决落实好话语体系建设的责任制并积极予以贯彻。在长期的思想政治教育实践中不断总结、提炼、升华出的核心概念、基础性话语等构成话语体系的重要组成部分，使话语体系"用自己的话讲自己的故事"，绝非自说自话，而是采用易于且能够为外界、为教育对象所理解和接受的一系列思想政治教育的概念、范畴、表述等，它不是为了独特而独特，而是在遵循主流意识形态形成发展规律、思想政治教育话语生成规律、教育对象话语需求规律以及思想政治教育规律等基础上形成的一套科学化、专业化的思想政治教育话语体系。

第二节　思想政治教育话语表达风格

思想政治教育话语的传播、实践乃至发挥效用，都离不开一定的话语表达。新形势下，思想政治教育的话语环境发生了很大变化，时代变迁、思想政治教育学科发展以及教育对象思想政治需求的日益丰富，特别是社会转型和自媒体平台的日新月异，冲破了思想政治教育话语表达在时间、空间上的局限而持续不断地深刻影响和改变着思想政治教育话语的表达。基于此，思想政治教育更要敏锐把握新时代、新形势赋予的机会和条件，改革创新思想政治教育话语，主动发出思想政治教育的声音。但目前思想政治教育话语表达的转型略显滞后，在弹性、灵活性、敏锐性，以及针对教育对象的需求契合度方面都还不够强，一些原有的思想政治教育话语表达已逐渐不能适应新要求、新需求，导致思想政治教育话语表达因失当、滞后或陈旧、模式化等问题而在力度、效果等方面欠佳，没有准确表达思想政治教育的意蕴。需要予以明确的是，思想政治教育如何、怎样只能由思想政治教育自己来决定和建构，要结合思想政治教育所处的时代背景、现实条件，特别是要抓住教育对象在思想政治教育生活中出现的困惑、疑虑和问题，创新和优化思想政治教育话语表达，展示真实、立体、全面的思想政治教育，探索更加符合思想政治教育情境实际的话语表达，使思想政治教育话语更具针对性。

一、思想政治教育话语表达转型概述

近年来，关于思想政治教育话语的研究和探讨越来越多，思想政治教育话语在实践渠道、传播手段、传播方法等方面都取得了较大进步，但遗憾的是，思想政治教育的话语表达与时代需求、学科发展趋向、教育者专业化诉求以及教育对象的话语需求倾向相比，仍然呈现出相对滞后和不足的情形，如内容科学却平庸乏味、表达清晰却了无生趣、话语规范却没有灵性等等。思想政治教育话语表达中存在的这些问题和不足，都值得被冷静正视。为此，亟待在深入揭示思想政治教育话语表达的基本逻辑与主要规律的基础上逐一克服这些问题和不足，通过思想政治教育话语的改革、创新等不断强化满足人们思想政治素养提升与思想健康发展需要能力的思想政治教育的核心竞争力，进而增加思想政治教育的影响力和认同度，经由思想政治教育话语表达搭建起教育者与教育对象之间的桥梁，使思想政治教育话语表达更具思想穿透力，进而扣人心弦，引起思想共鸣。

表达，即表示（思想、感情）。话语表达就是指话语的表示。一般而言，话语表达不仅要清晰、规范，还有科学与艺术方面的更全面的要求。话语表达通常包含话语内容与话语方式两个方面。其中，话语内容关注的是"表达什么"，话语方式关注的是"如何表达"，无论是"表达什么"还是"如何表达"都同样重要，两者往往是辩证统一的，既要重视"表达什么"，更应兼顾"如何表达"。这就意味着，思想政治教育话语内容与思想政治教育话语方式是辩证统一的，不能简单地或错误地认为思想政治教育话语内容与思想政治教育话语方式是关联度不高的或存在着鸿沟的两个不同方面。如何在确保思想政治教育内容的品质与科学性前提下，尽可能尊重和贴近具体的思想政治教育实践过程，充分彰显思想政治教育话语表达的艺术化和审美化，应是思想政治教育话语研究的题中要义。因此，思想政治教育话语表达亟须转型，这一转型要求思想政治教育话语表达要走向一种更高的境界，即注重"表达什么"与"如何表达"的浑然融通。换言之，思想政治教育话语表达首先要注重话语内容的科学性和准确性，然后在此基础上尽可能体现出话语方式的美感与艺术性，不断彰显思想政治教育话语表达方式的生动性、形象性等艺术品质。

当前，有学者指出思想政治教育话语表达存在着"质胜于文"的表达窘态，如"仅仅停留在概念、范畴、逻辑、原理层面的硬灌输上；底气不足，在错误价值观念面前不敢亮剑，在敏感和疑难问题面前不善辨析；话语本身不够接地气，少温度，与年轻受众生活圈贴切度、融合度欠佳，'隔纸隔纱甚至隔重山'"，① 严重影响着思想政治教育效果。为此，新时代的思想政治教育话语表达亟须转型，要将思想政治教育话语转化为教育对象所喜爱并乐于接受的话语表达，使思想政治教育话语经恰当的表达而变得更加鲜活，更加易于接受。思想政治教育话语的吸引力、感染力究竟如何，归根结底取决于表达是否恰当。鲜明、鲜活而又合适的话语表达确实可以大大增加思想政治教育话语的影响力与影响度，更容易使思想政治教育令人信服，直抵人心，有血有肉。恰到好处的思想政治教育话语表达可以让思想政治教育话语内容变得立体和丰满，让教育对象能"良久有回味，始觉甘如饴"。例如，习近平总书记在谈坚持以马克思主义为指导时，说到"实际工作中，在有的领域中马克思主义被边缘化、空泛化、标签化，在一些学科中'失语'、教材中'失踪'、论坛上'失声'。这种状况必须引起我们高度重视"②，这里，"三化"和"三失"的话语表达，十分对仗，既新颖别致，又直击要害，令人拍手叫绝，充分彰显出了话语表达的魅力。这也启示我们，思想政治教育话语表达应该以思想政治教育为中心，在思想政治教育范围之内挖掘话语材料、提炼话语经验、构建话语模式，不断推进思想政治教育话语体系的建设和创新。

在思想政治教育话语表达上，话语内容与话语方式构成有机统一体，二者

---

① 张国启. 论思想政治教育学科话语的发展逻辑 [J]. 思想理论教育，2014（1）：51–54.
② 习近平. 在哲学社会科学工作座谈会上的讲话 [M] 北京：人民出版社，2016：10.

相互联系、相互作用，密不可分。在一定意义上，思想政治教育话语内容决定了思想政治教育话语方式，思想政治教育话语方式可以反作用于思想政治教育话语内容。也就是说，有什么样的思想政治教育话语内容，就必然会有与之相应的思想政治教育话语方式，思想政治教育话语方式会随着思想政治教育内容的发展变化而进行相应的改革创新，如报刊、图书、广播、电视、图片、动画、视频等。这表明，思想政治教育的话语方式由话语内容来决定并依赖话语内容而存在，但话语方式对话语内容并不是消极适应、被动接受，它从产生之始便对思想政治教育话语内容的存在和发展起着能动的推动或阻碍作用，恰当时就会发挥能动的推动作用，不恰当时就会产生阻碍作用。另外，某一思想政治教育话语内容并不是只能用一种思想政治教育话语方式，同一思想政治教育话语内容，在不同情境下，可以采取不同的思想政治教育话语方式；同一思想政治教育话语方式，也可以因地、因人制宜地为不同的思想政治教育话语内容服务。于是，一方面，思想政治教育话语内容决定了思想政治教育话语方式，思想政治教育话语方式必须适合思想政治教育话语内容，不能片面追求轰轰烈烈的思想政治教育话语方式而忽略思想政治教育话语内容，必须明确话语方式无论何时何地都是为一定的话语内容而服务的，要讲究思想政治教育话语效果；另一方面，要正视思想政治教育话语方式对思想政治教育话语内容的反作用，善于运用或创造出恰到好处的思想政治教育话语方式来呈现思想政治教育话语内容，做到事半功倍。

随着新时代的到来以及自媒体时代、全媒体时代等的多方位影响，思想政治教育话语表达转型问题日益受到关注和重视。这既是学科本身不断发展所产生的实质性要求，也是思想政治教育话语的理论与实践发展的必然趋势。思想政治教育话语表达的转型，意在强调思想政治教育话语的表达、呈现在现在以及未来在内容、方法、载体、资源、条件等方面会日益体现出变化的特征，呈现出"日新月异"之景。当然，我们所说的思想政治教育话语表达转型并不是对已有的、既有的话语表达的全盘否定，而是根据时代变迁、思想政治教育的发展以及教育者和教育对象的发展对思想政治教育话语表达形成的新需求的科学把握，是在对思想政治教育话语表达批判地继承基础上的"辩证扬弃"，其本质是思想政治教育话语表达的更新换代，是话语表达在新时代的新发展。一方面，话语表达转型中包括革除思想政治教育话语表达系统中已经落后、无法满足当下话语实践需求的部分，改革话语表达中不合适、不恰当、不够准确的部分以及充分运用新技术、新条件来补充、增加新的话语表达，这是当前思想政治教育话语表达适应思想政治教育实践需要的必要的转型；另一方面，思想政治教育话语表达的转型，包含着两个方面，分别是话语内容的转型和话语方式的转型，两者缺一不可，共同代表着话语表达的转型。割裂思想政治教育话语内容和思想政治教育话语方式之间的内在联系、相互作用关系而孤立地谈某一方的创新或转型都是不恰当、不准确的，只能算"伪转型"，这是当前思想政治教育话语发展中必须冷静审视和予以必要纠偏的。

二、思想政治教育话语内容转型风格

关于思想政治教育话语内容的研究众说纷纭，莫衷一是，有学者认为它主要包括"思想教育话语、政治教育话语、道德话语、心理学话语、法治话语、哲学话语，等等"①。这种基于思想政治教育话语内容与思想政治教育内容一致的逻辑对思想政治教育话语内容进行的界定并不明晰更不明朗，实际上遵循的思维方式是思想政治教育话语内容就等于思想政治教育内容，二者是一致的。这里，首先要清楚的是，思想政治教育话语内容具有怎样的结构要素，有什么样的特征，其核心究竟指向什么？是思想政治教育内容，还是用什么内容的话语来表达思想政治教育？显然，应当是后者，那么理论性话语与通俗性话语就是最常见的思想政治教育话语内容的样态。

理论是指人们关于事物知识的理解和论述，也指辩论是非、争论和讲道理。理论性话语就是用理论性的话语来表达思想政治教育，靠开门见山的讲道理、系统知识的讲授以及富有理论品质的思想政治教育话语来影响和掌握教育对象。总体上看，理论性话语是对特定思想政治教育内容进行理论性阐释与系统化讲解的一种话语，多由一些专业化、规范化的概念、判断和推理组成，不仅系统完整、逻辑性强，而且专业性、科学性都比较突出。例如，思想和行为、思想政治教育的本质、思想政治教育主体和客体、思想引导、思想交流、思想对话等。思想政治教育的知识属性、理论属性决定了理论性话语是思想政治教育话语内容的重要样态，且任何一种知识体系都仰赖于理论思考。思想政治教育话语内容不能直接等同于思想政治教育内容，但并不意味着两者毫无关系，相反，它们是紧密相关的，思想政治教育内容决定了思想政治教育话语的内容。思想政治教育内容具有很强的理论属性与思想属性，特别是马克思主义

---

① 洪波. 思想政治教育话语范式转换研究 [M]. 杭州：浙江大学出版社，2012：69-70.

哲学、马克思主义政治经济学、科学社会主义所构成的马克思主义理论体系，以及马克思主义中国化时代化的理论成果即毛泽东思想、邓小平理论、"三个代表"重要思想、科学发展观、习近平新时代中国特色社会主义思想作为思想政治教育的核心内容有着突出的理论性、知识性与思想性。从这个层面上讲，思想政治教育要着力实现知识性、科学性与价值性的统一，思想政治教育不仅要讲政治，更要讲道理，要以透彻的理论话语、理论分析回应现实问题，并以彻底的理论说服人、影响人、掌握人，要以理服人，不能只是停留于现象描述。思想政治教育有理论传播的诉求，教育对象在一定程度上也会有理论学习的要求。基于此，保有一定理论深度的理论性话语是毋庸置疑的，其彰显了思想政治教育所具备的理论品质，包括对思想政治教育内容的专业化、学科化、系统化和规范化的加工制作，不仅有利于教育对象深入把握思想政治教育知识的内核与精髓，而且有利于对教育对象形成思想政治教育理论魅力的感召。例如，新华网评论室的《100秒漫谈斯理》、陕西省委宣传部制作推出的谈话类理论宣讲栏目《理论宣讲面对面》、吉林省委宣传部和吉林电视台联合推出的理论宣传栏目《有理讲理》以及中国人民大学先后编写的《信仰书简》《信仰追问》《因为祖国》《道德书简》等一批广受好评的理论读物都是较为成功的实践。

通俗性话语是用朴实简洁、明白易懂、生动优美的话语来表达思想政治教育，将思想政治教育内蕴的深刻的思想和道理以简洁明了、深入浅出的话语表达出来。为了确保思想政治教育理论更易于被教育对象接受，为教育对象带来生动的知识感受，在特定思想政治教育情境下，思想政治教育话语还要注重通俗性话语，要以通俗易懂的方式说理，将高度凝练的思想政治教育知识、理论与特定教育对象的思维方式、认知水平相对接后转化成更加自然、生活化、具体化且符合思想政治教育场域的话语。通俗类的话语讲究的是浅显、俚俗、流畅、大众化、生活化、口语化，在词语的选用上多采用大量的常用词、口语、方言和土语，即使遇到一些专门术语也会尽量地做通俗化的处理，使句式结构单纯、连贯、紧凑。通俗类的话语注重化抽象为具体，特别是在讲到一些概念、原理、判断推理时，往往通过举例子、讲故事等化抽象内容为具体内容，先从教育对象熟知的具体、生动、形象的事例、现象入手，然后再逐步从现象过渡到本质，实现由感性认识到理性认识的飞跃。也就是说，思想政治教育话语必须贴近教育对象的日常生活，要充分理解、把握与判断思想政治教育所处于的现实的确切事实，深入浅出地将专业化、概念化的理论转化为人们听得懂、能理解、信得过的思想政治教育，在平实中内蕴大道理。例如，在农村进行党的十七大精神宣传教育的活动时，浙江省金华市武义县借助方言广播栏目《勤俭嫂拉家常》，贴近群众开展党的十七大精神宣传，取得了较好的效果。宣传中除了在内容上采用老百姓的身边事，在语言上也"入乡随俗"，特别注重运用方言、俚语等直白、朴素的语言来说道理、解政策、传精神，极大地增强了宣传教育的吸引力和感染力。2015 年 9 月，习近平总书记在华盛顿州当地政府和美国友好团体联合欢迎宴会上，用"住在土窑里、睡在土炕上"到"住上了砖瓦房"的话语生动形象地描绘出、表达了改革开放以来梁家河的变化，语言朴实且灵动，极大地增强了中国特色社会主义道路是适合中国国情的正确道路的吸引力和感召力。近年来，随着人民群众网络生活方式的日渐走深，自媒体、微信、微博、知乎、直播等渐渐成为人们获取信息的重要平台与重要方式。在这种环境下，我们的宣传工作也要随之发生变化，要更加注重采用生活话语、通俗话语、流行话语等话语表达来进行宣传思想工作。人民网、人民日报、新华网等微信公众号推送的文章大多使用了通俗易懂、极富生活风味和时尚青春气息的话语，极大地增强了思想政治教育的吸引力和亲和力。以两会为例，2019 年的《剧透！ 2019 年两会将办这些大事》《"拼了"！90 秒告诉你，今年两会网友期盼啥？》《刘兰芳说理一段两会评书！这气场太横了……》《网上给政府写建言有用吗？答案超乎你想象……》《总理报告中的"大红包"何时落地？部长们的回应来了！》。2020 年两会期间的《两会，将这样影响"小明"的生活》《原声！习近平两会上的暖心话》《2020 年两会将这样影响你的生活》《不一样的两会，7 大看点值得关注》《创业者请签收！今年两会传来这 36 条好消息》《两会来了！追梦奋斗！》等等，这些推送文章都获得了较高的点击率，赢得无数网民的赞叹声，宣传工作的效果也不断得到提升，这让人们见识到把握好话语表达的重要性及意义。另外，有一点要着重强调，人们应该特别予以关注的是通俗而不是平庸，更不是浅薄，思想政治教育话语中的通俗性话语是深入浅出而不是浅入浅出，要重视在背后支撑通俗性话语的思想政治教育内容，不能为了通俗而通俗，通俗传达出的应仍然是思考、逻辑与理论。

在思想政治教育话语内容上，还有很多思想政治教育者正致力于从经典话语、传统话语、时代话语、网络话语、日常性的实践话语中挖掘思想政治教育话语元素，立足中国特色的思想政治教育实践来增加或优化话语内容的供给，增强话语内容的亲和力、说服力以及教育对象对思想政治教育话语内容的认同度和接受度。全媒体时代的到来正改变着人们的思维方式、话语习惯，各种新词汇、新话语的不断出现，既为思想政治教育话语内容的发展注入了新鲜血液，也使得思想政治教育话语面临新的挑战。伴随着人们话语主体意识的不断增强、图像话语需求的持续增加以及自由开放话语空间的日趋明显，思想政治教育正在积极寻求并探索思想政治教育话语内容的转型，如平等互话、网络话语开发等，以进一步提升思想政治教育话语面对教育对象所产生的吸引力和感召力。总体上看，从话语内容角度而言，转型就意味着要倾向于教育对象想听、愿意听、听得懂的思想政治教育话语内容，不断增强思想政治教育话语对社会现实、人们普遍存在的思想困惑的解释力与回应力。深入挖掘富有时代特色、深受教育对象喜爱的思想政治教育的新范畴、新表述，在关切人们的生存和发展中彰显思想政治教育话语内容鲜活的生命力，这样，思想政治教育所关注并致力于推动的思想层面的教化和引领作用才能真正生效。

三、思想政治教育话语方式转型风格

话语方式的风格有许多不同的类型，如讲究自然、质朴、本土化、校本化的朴素类的话语方式，讲究华美、华丽的话语方式，讲究细密、细腻、修饰、丰富的繁丰类话语方式，讲究直接、明白、明确、清楚的明朗类的话语方式，讲究隐秘、模糊、渗透、意会的含蓄类话语方式，讲究渊博、高雅、书面语、雅致、舒缓的典雅类的话语方式，以及讲究庄严、方正、严肃、稳重、平实、常规、清晰的庄重类话语方式等，不同的话语方式风格，往往会在思想政治教育过程中营造出不同的氛围。因此，要把话语方式放入具体的思想政治教育实践中，以考察不同思想政治教育实践、思想政治教育过程在话语方式运用上有哪些不同，有哪些特点，即话语方式的特色。传统以规训为主的思想政治教育话语方式在今天的影响力已日渐式微，取而代之的取向是立足新时代教育对象的思想政治教育话语的新需求，即注重改进和提升思想政治教育话语方式，注重言说方式和言说艺术，构建能够直抵人心，易于被教育对象广泛理解和真切认同的、鲜活的思想政治教育话语方式。这就意味着思想政治教育话语方式要倾向于采用教育对象想用、正在用、喜欢用的方式，思想政治教育才能更好地发挥作用。

情感性话语。情感是人类世界的基本元素，是个体对周围现实及自身的一种态度体验。积极的情感如愉快、信任、热情、激情和友善感等可以激发主体的自觉性、积极性和主动性，切实提高活动的实效性。思想政治教育说到底是做人的工作，是做人的思想的工作。思想政治教育的过程，固然是一定的思想政治观念、知识和理论的讲授或传递过程，但更是将真挚情感融入并贯穿于思想政治教育实践过程的基于情感的思想交流过程，并且在很多情形下思想交流的畅通与否、质量高低依赖教育者与教育对象间情感交流的质量，情感是促成教育者与教育对象间基于思想政治教育的有效沟通和对话的桥梁、中介，是新时代话语方式转型不可或缺的重要维度。情感性话语在用词上较多地选用声音不响亮且精细的词语，讲究情浓意深、温和、亲切、委婉、内柔外秀，语调上讲求柔和、抒情细腻、和风细雨、涓涓如流水，修辞上选用以细巧、精致的修辞方式如比喻、拟人等，语势平缓如细雨滋润万物。此类情感性话语风格以女性教育者居多，是一种柔和婉转的言语风格，对教育对象有如诉心曲的吸引力，发挥着思想政治教育以情动人、以情育人的重要作用，激发着教育对象对更高水平思想政治素养的追求。通常，教育者或热情明快，或细致温婉，只要真诚地对待教育对象，以尊重、真诚、平等和包容的心态面对教育对象，在此过程中教育者真挚的话语、行为中传达出的情感可以深深地感染教育对象，使之乐于接受相应的思想政治教育。在思想政治教育中，情感性话语对激发教育对象的学习积极性，创设良好的思想政治教育情境，提升思想政治教育效果都起到了积极的推动作用。有些教育者正是以自己的思想政治教育实践阐释了作为一名温暖的教育者的理念——没有深不可测的理论，没有深奥难解的概念，有的是浑厚的声音、亲切的态度，有的是对思想政治教育的一腔热爱、几十年如一日的奉献，有的是鲜活的事例、灵动的道理。近年来，我国的宣传工作在话语方式的情感把握上越来越动人心弦，越来越能够直抵人的心灵。例如，2019 年，新年主题公益广告《2019，我和我的祖国一起出发》，以普通人的视角，生动诠释了习近平总书记关于"中国梦归根到底是人民的梦"重要论述；2020 年五四青年节前夕，由央视新闻、光明日报、中国青年报、环球时报等多家官方媒体联合发布的"献给新一代的演讲"视频《后浪》，在央视一套和哔哩哔哩平台播出，其内容短小精悍，语言风趣幽默，声音深情而不失生动，其中"你们有幸，遇见这样的时代；但是时代更有幸，遇见这样的你们"，传达了对当代青年一代的认同、称赞和寄托，那句"心中有火，眼里有光"更是精准地阐释出年轻一代的魅力和特质。

激情澎湃性话语。激情澎湃性话语多用概括性强、饱满厚实的词语，用语讲究气势、豪迈、奔放、雄健、刚强、气宇轩昂、雄辩有力，语调上讲求铿锵有力、抑扬顿挫、慷慨激昂、高低有致，修辞上多运用反复、排比、层递、反问等修辞手法，表现出刚劲之美、壮阔之美，以男性教育者居多，对教育对象有一种强有力的影响。教育者的选词也很有讲究很有特色，多存在于鼓励性、动员性的思想政治教育情境中，具有激励人、鼓舞人的话语属性，常营造出斗志昂扬的、动人心魄、血脉偾张的氛围，具体程度因思想政治教育情境不同而有所差别。在特定思想政治教育情境中，教育者要善于通过激情澎湃性话语制造激情，用激情感染教育对象，深化思想政治教育理论知识的迁移，营造良好的思想政治教育氛围。2019 年 10 月 1 日，适逢中华人民共和国成立 70 周年，习近平总书记在庆祝大会上发表重要讲话，全文内容不足千字，言简意赅，短小精悍，通过两个简单的排比句引领社会大众在历史记忆的唤醒与游走之际领略祖国 70 年之风云变幻、时代变迁和命运更迭，在铿锵有力、举重若轻的话语言说中深感中国的伟大之处。"今天，社会主义中国巍然屹立在世界东方，没有任何力量能够撼动我们伟大祖国的地位，没有任何力量能够阻挡中国人民和中华民族的前进步伐"[1]。习近平总书记通过大气磅礴、勇往直前、坚定执着的话语表述清晰地阐释了中国壮大与发展的客观性和必要性，散发出一种舍我其谁、势不可当的话语风格。同时，讲话继续通过三个排比句以"前进征程"为话语切入，简要阐述了从建设到统一，从国内到国外，从人民主体、人民立场到人类命运共同体的建构等"五个坚持"和基本做法，话语言说情感和表达意蕴随着排比句的逐次递进层层加强。讲话是基于特定场域情境的专属化、针对性的言说，为社会大众"情景式"共享阅兵仪式营造了具有前见性的话语语境，随着习近平主席在阅兵仪式中的"同志们好！""同志们辛苦了！"以及受阅官兵的"主席好""为人民服务"等话语的应答与互动中，社会大众的视听感受和情感心理瞬间被刺激、被点燃，伴随着气势雄壮、澎湃的《中华人民共和国国歌》《中国人民解放军军歌》《钢铁洪流进行曲》等乐曲的演奏，阅兵分列式"震撼登场"，由前见性话语、互动性话语、自发性话语等共同编织而成的激情澎湃性话语在视觉化、视听化的政治仪式中对社会大众施加了显性和隐性、正面与侧面等多重影响，这类话语一般不直接表述真实目的和要求，而

---

[1] 习近平.在庆祝中华人民共和国成立 70 周年大会上的讲话 [M].北京：人民出版社，2019：2.

是将其隐匿于"故事情节"之中，通过情境建构、氛围渲染、情景设计等来达到"润物细无声"的育人效果。此外，要提到的是激情澎湃性的话语并不受时空局限，不同时代的思想政治教育都使用过这类话语方式，但是会因所处时代背景、历史条件的不同，在表达和内容上有所差异。

幽默性话语。艺术技巧与话语方式密切相关，思想政治教育话语方式表现得越具艺术性、技巧性，这一话语方式风格的特色就越突出。不同的话语风格在话语方式上也有明显不同。例如，庄重的话语风格偏爱书面语汇、词语的词典义等，而幽默的话语风格偏爱口语词汇、词语的生活义等，词汇多变、修辞手段丰富，擅长在轻松、愉悦的氛围中发挥思想政治教育话语的教育、教化作用，讲究诙谐、滑稽、轻松、愉悦、非常规、变异、新奇、有趣。思想政治教育尽管意识形态属性突出，但也实实在在地源自并存在于人们的日常生活之中。幽默有着强大的吸引力和感染力，在思想政治教育中，恰到好处地运用幽默的话语、巧妙的修辞，不仅可以活跃、融洽思想政治教育气氛，有助于提升思想政治教育话语效果。更为重要的是能够激发教育对象的兴趣，能够比较快速地消解乃至消除教育对象因各方面原因而对教育者形成的阻碍思想政治教育对话和交流的隔阂感，使得思想政治教育因轻松、愉悦的话语描述而变得更加有意思，更加鲜活和生动。这样相应的思想政治教育也更易被接受，可以极大地增强思想政治教育的吸引力，让人印象深刻。例如，思想政治教育界不乏一些"万人迷"教授、"阳光教授"，他们以自己诙谐风趣、幽默睿智的话语风格，赢得教育对象的一致好评。其中一位教授每次上课时说到兴奋处时，声调渐扬，头也随之摆动，戛然而止时，亮额上几缕长发便飘落下来，再随手往上一捋，然后定格，令全场忍俊不禁。但在思想政治教育过程中，幽默性话语的使用是有"度"的要求的，其必须符合特定的思想政治教育情境，是在对一定思想政治教育内容的深刻认识与艺术把握基础上形成的一种独特的思想政治教育表达，不是毫无意义的单纯制造笑点，其背后有相应思想政治教育意义的支撑。失去"度"的幽默性话语的思想政治教育效果只会适得其反，不仅不会促进教育者与教育对象在思想政治教育上的对话，还极有可能会阻碍有效的思想政治教育对话的发生，因为幽默性话语对思想政治教育情境的要求很高，需要在长期的思想政治教育实践中不断琢磨、体会和锻炼，慢慢培养科学把握幽默性话语的习惯、智慧和能力。

无论是情感性话语方式、激情性话语方式、幽默性话语方式还是其他类型的话语方式，它们彼此之间都不是泾渭分明、互相排斥的。在思想政治教育过程中，很多时候它们都是处于互联互通、相互映衬、有机融合、巧妙运用的状态。运用不同话语方式的关键在于要贴近思想政治教育情境、贴近教育对象思想政治教育生活实际及其所关注的话题、贴近教育对象的思维方式和语言习惯，防止概念化、程式化。归根结底，"言之无文，行而不远"，有好的内容还不够，还要有好的表达。就思想政治教育话语而言，好的话语内容需要借助恰当的、生动的、灵活的话语方式来增强其有效性和针对性，丰富话语内容的意蕴和力量，这样才能更具感染力和说服力。思想政治教育话语表达方式的力量源于思想政治教育话语内容本身的科学性，如果思想政治教育话语内容本身空洞无物，再丰富的思想政治教育话语表达也没有任何意义可言。思想政治教育话语的影响力如何，在根本上取决于思想政治教育话语内容的质量，华而不实的话语内容是无法打动人的。常言道，诗以言志，经久不衰、深入人心的往往是话语中蕴含的内容、道理。就思想政治教育话语表达而言，话语方式的背后是话语内容，思想政治教育的思想和观念是灵魂。因此，思想政治教育及其教育者要修炼好内功，要更有说服力地阐释思想政治教育的意图和目标，否则，再丰富的话语方式也无法产生好的思想政治教育效果甚至会导致思想政治教育的低效或负效。

第三节　思想政治教育话语形态的风格

话语具有多种不同的属性与功能，在不同思想政治教育时空和条件下、在不同思想政治教育场域和情境中，也应有不同的思想政治教育话语形态，其差异是由教育者、教育对象以及思想政治教育话语运用的时间、空间、情境、条件等思想政治教育语境决定的。要想更好地取得直抵人心的思想政治教育效果，就需要秉承分化、差异理念，为不同类别的教育对象精心定制相应的思想政治教育话语形态，将思想政治教育的"漫灌"和"滴灌"结合起来，研究不同教育对象的话语习惯和话语特点，找准教育者与教育对象的话语共同点，谋求话语共识度和话语融合域，提高思想政治教育话语的针对性、层次性和有效性。思想政治教育话语形态的转型风格是思想政治教育话语运行方式和整体特征转型呈现出的艺术性，这种风格既是基于特定时期思想政治教育的现实境遇及对教育对象话语诉求的及时回应，又是话语发展与更新的具体表征。

一、思想政治教育话语形态转型概述

"思想政治教育，作为思想教育、政治教育、道德教育的总称，作为人类的育德活动，是普遍存在的"[①]，故不应仅囿于学校思想政治课乃至高校思想政治理论课，思想政治教育面向的对象也从来不只是大学生。但对已有思想政治教育研究成果稍加分析，就会发现多数研究者研究的主要内容及成果都指向或聚焦于高校思想政治理论课教学或大学生思想政治工作，关于思想政治教育话语形态的探讨也大体如此。此外，在广阔的社会空间与公共生活中，社区、企业、军队、公共空间等多个不同的社会领域也都需要并正在进行着大量的思想政治工作，相应地就会有与这些领域相匹配、相适合的思想政治教育话语形态，并需要人们对这些领域的教育对象话语的特点、思想政治教育内容及结构的差别化进行深入研究和精准把握。遗憾的是，目前这些领域的思想政治教育话语形态尚未成为思想政治教育学科发展关注的主要方面。

思想政治教育话语形态是指其话语的形式或表现，这种形式或表现因具体受众的不同而有所变化。人的问题是思想政治教育话语研究的重要问题，因此要研究不同场域、不同对象的习惯和特点，采用合适的思想政治教育话语形态，将思想政治教育想言说的与教育对象想听的结合起来，增强思想政治教育话语的吸引力、感染力和影响力。类别丰富、循序渐进、有序衔接的思想政治教育话语形态体系之所以能够不断推动话语形态的创新与发展，就在于其生动阐释了思想政治教育为什么好、为什么行和为什么能，着力在乐于接受和易于理解上下功夫，让教育对象听得懂、听得进、听得明白。教育对象的特定活动场域的特征决定了思想政治教育话语的主题内容、表达风格和组织结构，每一特定的思想政治教育场域根据其领域属性都应发展为相对稳定、系统的思想政治教育话语类型和模式。因此，思想政治教育话语形态是可辨认的，常常在特定的思想政治教育空间或场域内发生，并被该思想政治教育空间和场域内的教育对象广泛理解。依据不同场域的具体要求和标准，思想政治教育话语形态可以呈现为不同类型，如理论与实践、学科与日常、书面与口头、情境与永恒、价值性与技术性话语等。

思想政治教育话语形态具有明确的目的指向，其清晰地标示出所面对的教

[①] 张耀灿，郑永廷等 . 现代思想政治教育学 [M]. 北京：人民出版社，2006：102.

育对象是一个什么样的群体，这一群体有什么样的话语习惯，其在思想政治教育话语的理解和接受上有什么倾向等，从而可以使思想政治教育话语更精准地与特定受教育者或群体进行对话。这里的思想政治教育语域就是指与特定思想政治教育场域、情境相匹配的话语变体，如学校、家庭、企业与公共空间思想政治教育话语等，理论与实践话语，口语与书面语，宣讲与谈话等话语变体就构成不同类别的语域，不同类别的语域必然要与相应形态的思想政治教育话语相契合。思想政治教育话语形态的差异主要表现在词汇、修辞、语法、句子衔接等形式上面，其中词汇方面的区别尤为明显，这其实也就指明了这些功能单位是如何构成某一类思想政治教育话语形态的，回答了为什么某一思想政治教育话语形态总是倾向于这样而不是那样的遣词造句。归根结底，各思想政治教育话语形态有其特殊结构，被置于特定的思想政治教育情境、思想政治教育语境中，着重考察的是特定思想政治教育情境和语境对某一思想政治教育话语形态的生成、理解和传播的重要影响，尤其是着重考察某一思想政治教育情境和语境中的教育对象的需求，这也是某一思想政治教育话语形态建构的理据和动因。思想政治教育话语使用者要善于分析和把握各思想政治教育话语形态生成的情境和语境，并在此基础上明晰特定思想政治教育话语形态有其对应的特殊功能与适用场合，种类丰富且齐全的思想政治教育话语形态不能脱离真实的思想政治教育情境和语境。思想政治教育话语形态与思想政治教育情境和语境是相互建构的，每一种话语形态都无一例外地总是反映着特殊思想政治教育情境的内在需要与现实要求，带有鲜明的该思想政治教育情境的语境特色。换言之，思想政治教育情境和语境决定了其思想政治教育话语形态的图式结构，支配着思想政治教育话语资源的选择、使用和继续的发掘，同时制约和影响着思想政治教育话语形态的内容结构、风格特点及发展定位。

从话语形态角度而言，思想政治教育话语可视为由各种思想政治教育话语形态构成的一个话语系统，在这个话语系统中各个思想政治教育话语形态都有其更好发挥效用的特定思想政治教育场域，也都有其相匹配的教育对象，是分阶段、分层次、有目的地进行思想政治教育的一个部分，有其相对固定的思想政治教育任务，但最终都服务于思想政治教育目的的实现。也就是说，思想政治教育的实践过程是不同的、有明显差别的，应该坚持具体问题具体分析，通过运用不同的话语形态以言行事来实现各个不同阶段、不同层次的思想政治教育目标和任务。一言以蔽之，在思想政治教育中必须准确分析教育对象所处的思想政治教育语境、社会文化语境和各种场域语境，以了解思想政治教育需求，即需要运用哪些思想政治教育话语形态来实现思想政治教育目标和任务。例如，按学段来看，同样是思想政治教育，但面对大学生、中学生和小学生这三类不同阶段的教育对象，由于其各自习惯的、能够接受和理解的思想政治教育话语呈现出循序渐进、螺旋上升的特点，客观上就要求话语形态的使用应因思想政治教育情境的不同而有所差别，话语形态的理论性、知识性、抽象性程度要从小学生到中学生再到大学生逐渐加强，使思想政治教育话语形态的运用更真实、更有意义。

不同的话语形态对思想政治教育话语产生的效果有一定制约力，也就是说，某一教育对象群所能理解和接受的思想政治教育话语形态往往是固定的，并与其语言习惯和思维方式直接相关，教育者在使用某一思想政治教育话语形态时没有完全的自由，如采用什么形态、什么类型、什么程度的思想政治教育话语都会受到某一思想政治教育话语形态本身的影响。因此，教育者必须充分考虑教育对象的差异性、特殊性以及该思想政治教育话语形态的适用场域。但话语形态对思想政治教育话语产出的约束力并不意味着教育者只能被动接受，专业的思想政治教育者在充分发挥主观能动性后，往往可以将某一话语形态提供的框架创造性地作用于思想政治教育话语来表达思想政治教育的意图。

二、思想政治教育话语形态主要矛盾："供"与"需"的不平衡

当下，讲好思想政治教育故事正遭遇教育对象的"审美疲劳"、话语重复、话语落后、话语陈旧等问题。例如，教育者说了上半句，教育对象能接到下半句，导致话语走不进教育对象的耳朵，更不要说走进他们心里。近年来，思想政治教育话语不断发展并着力促进自己的转型，取得了一定的效果。但思想政治教育话语"供给不足"的情况逐渐显露，从形态上而言，思想政治教育话语的"存量"不足，没有及时更新，难以满足日益变化的教育对象的需求。于是，针对教育对象不同的思想政治教育话语需求，要不断丰富话语形态才能满足不同教育对象、不同场域的思想政治教育情境的需要。

抓住重点带动全面工作是我们党一贯倡导和坚持的方法论。只有正确认识思想政治教育话语形态的主要矛盾，才能确定正确解决矛盾的策略和办法，促进思想政治教育话语形态主要矛盾的解决。通过对话语形态进行深入分析可以发现，当前思想政治教育话语形态的主要矛盾表现为"供"和"需"双方的

矛盾，"供"方指的是教育者提供的思想政治教育话语形态，"需"方指的是教育对象在实际学习、生活中日益增长的对思想政治教育话语形态的诉求。可见，思想政治教育话语形态的主要矛盾就是教育对象日益增长的对思想政治教育话语形态的多样性需求与教育者对应话语形态供给不足之间的矛盾。人们的需要具有客观性，也具有能动性，是随着条件的发展变化而不断发展变化的，教育对象的需要亦是如此。随着时代的发展，教育对象的进步，教育对象对思想政治教育话语形态的需求也在日益发生变化并呈现出多样化、多层次、多方面的特点，教育对象越来越强烈地期盼有更符合其"口味"的思想政治教育话语形态。思想政治教育应该且必须及时意识到和把握住教育对象之于思想政治教育话语形态需求的变化，要尽可能在科学性、有效性、适宜性、可操作性等原则指导下不断回应和满足教育对象对思想政治教育话语形态转换或更新的需求。的确，新时代教育者的思想政治教育话语形态供给能力达到了新水平，但相较于教育对象对思想政治教育话语形态需求的不断拓宽和延展，又表现出不平衡不充分的特征。于是，教育者的思想政治教育话语供给与教育对象话语需求之间存在的差异、断层导致矛盾产生，这就要求教育者要掌握多种思想政治教育话语形态，以确保有的放矢，有明确的针对性。

思想政治教育话语形态转型必须直面主要矛盾并紧紧围绕主要矛盾这个主题，据此确定思想政治教育话语形态当前和下一阶段工作的重点任务和奋斗目标，着眼点不发生偏移是促进话语形态继续往前发展的前提和基础。思想政治教育的发展必须立足教育对象日益增强地对思想政治教育话语形态的多样化需求，不断拓展、丰富思想政治教育话语形态。教育对象对思想政治教育话语形态的需求与教育者对应话语形态供给不足之间的矛盾是一种常态化的存在，但当发展到一定阶段这个矛盾上升为矛盾的主要方面，成为思想政治教育话语形态发展的聚集点时，就要下功夫去解决它了。必须以满足教育对象日益增长的对思想政治教育话语形态的需求作为努力方向、衡量标尺。而要想破解思想政治教育话语形态的主要矛盾，就必须处理好思想政治教育话语形态的"存量"与"增量"问题。所谓思想政治教育话语形态"存量"，是指思想政治教育自发展以来形成的长期存在的、被确证的思想政治教育话语形态的类别。如果某一思想政治教育者的思想政治教育话语形态的储备不够，这对教育者的工作来说是很不利的，较好的方式就是在丰富思想政治教育话语形态类别基础上，推进教育者的专业化、专家化，主攻某一思想政治教育话语形态，聚焦于某一教育对象群体。教育对象对思想政治教育话语形态的需求越来越多样，而教育者的供给存在不足，时而面临"库存紧张"的状况。所谓思想政治教育话语形态"增量"，是指随着教育对象对思想政治教育话语形态需求的不断增加以及思想政治教育话语形态发展需求的不断增加，人们要因地制宜、因时制宜、因人制宜地多渠道挖掘、创造出新的思想政治教育话语呈现形式与方法，增加思想政治教育话语形态，拓展增量。

思想政治教育话语形态的"存量"与"增量"以及"增量不足"，应当引起警惕。一方面，要明确思想政治教育是否有更多样、丰富且立体的话语可提供。简言之，讲好思想政治教育话语，使其具有针对性和实效性，亟须从话语形态转型入手推动思想政治教育话语的内涵式发展，即不追求一般意义上的思想政治教育话语形态数量的单纯增加，而是更加重视思想政治教育话语形态的内在品质及潜力挖掘。另一方面，着力推进思想政治教育话语的供给侧改革。加强话语形态的优质供给，对于思想政治教育话语形态的无效供给问题必须正视并予以解决，不能让话语形态的无效供给或供给不足成为常态，要着力提高话语形态供给的适应性、灵活性和多样性。因此，思想政治教育话语形态转型的趋向就在于，在"增量"中深入人心，切实感染教育对象；在"存量"中化腐朽为神奇，旧话新说，展现旧话的新魅力。

三、思想政治教育话语形态转型风格：由"失焦"转向"聚焦"

在当前思想政治教育过程中，如果思想政治教育话语形态不区分情境的差异性而频繁输出，思想政治教育话语形象就可能会出现脸谱化现象，不仅会使教育对象出现视听、审美疲劳，而且会降低思想政治教育话语传播的效力及教育对象的接受度，进而弱化话语本身的意义和价值。久而久之，思想政治教育话语就会呈现低效甚或负效，整个思想政治教育的效果也会大打折扣。讲述思想政治教育话语，必须注重在表达形式与方法上积累经验。

（一）由"宏"叙事转向"微"叙事

一方面，思想政治教育重"宏"叙事的倾向易使人们产生距离感，从而弱化思想政治教育效果。尽管思想政治教育的"服务"功能不断彰显，但不少人对思想政治教育的印象和认知依然停留或维持在"高大上"的远观层面，这是对思想政治教育的误解和误认，导致这种情形的原因有很多，其中一个重要原因就是思想政治教育话语形态总是以"高姿态"自居，偏于宏观、宏大叙事，没有真正深入到人们的日常生活之中。为此，思想政治教育话语形态要适时、适当由"宏"叙事转向"微"叙事，要关注人们的日常生活，关注人们在日常生活中的思想政治需求，增加思想政治教育的亲和力。另一方面，时代的不断发展使微媒介、新媒体等凭借其所具有的开放性、自主性、互动性、平民性、平等性、便捷性等极大地活跃了思想文化空间，迅速获得人们的青睐并已经成为人们的一种生活方式，这在客观上要求思想政治教育话语形态要改变其宏大叙事的风格，要立足人们的微观生活，通过关注微观世界来实现对宏观世界的关注。此外，必须始终保持清醒的是，无论是思想政治观念的形成，思想政治素养的提升还是正确思想政治行为的实施，最后都必然会落到教育对象身上，落到对某一教育对象日常行为或行动的影响或引导上。那么，究竟哪一种思想政治教育话语形态、哪一种话语叙事的选择标准会更有利于、有效于对教育对象的日常行为或行动产生积极影响呢？是总体的、宏大的、宏观的、抽象的话语，还是具体的、微观的、形象的话语？一般来说，人们对知识、事物或教化的接受心理是偏向于日常生活的，经现实日常生活感受到的体验较之现成的、符号式的信息要深刻得多。相应地，思想政治教育话语形态的"微"叙事对人们产生的影响较之"宏"叙事也要强烈得多。恰如罗家伦先生所说："人生观不是空悬，是要借生活来实现的。不是身体力行，断不能领会这种人生观的意味，维持他的崇高"[①]。更何况，思想政治素养也好、思想政治行为也好，都是在其微观的生活方式中不断体验、领悟、操练、巩固与习得。当前思想政治教育所遭遇的困境在一定程度上就源于思想政治教育话语形态过度强调"宏"叙事而轻视或无视"微"叙事，殊不知总是进行宏观叙事的思想政治教育话语的解释力正在走向衰弱。因此，思想政治教育话语形态要从一味注重"宏"叙事中解放出来，让思想政治教育话语形态回到教育对象的日常生活中，用"微"叙事的话语形态完成思想政治教育使命。

（二）由整合叙事转向分化叙事

与改革开放初期全国一个样，自上而下高度一致相比，当前的思想政治教育正在逐渐发生改变，已经发展成分工丰富的多样性的存在，其越来越分化已经是不争的事实。随着思想政治教育分化愈加明显，形成了各行各业特有的思想政治教育，"在不同职业和社会活动领域分化出了学校思想政治教育、企业思想政治工作、社区思想政治工作、机关思想政治工作、社会宣传教育等具体

---

① 罗家伦，罗庸．新人生观·鸭池十讲［M］．沈阳：辽宁教育出版社，1997：5．

活动领域，这些领域既按其分工各自承担着相应的社会职能，同时也已一定程度地建立了联系"①。于是，思想政治教育既有整体层面、整合层面的全国一盘棋式的思想政治教育，又有各行各业具体层面、分化层面的思想政治教育，思想政治教育在形式上具有多样性，与之相应，思想政治教育话语形态大致呈现出整合叙事与分化叙事两种状态，前者倾向于从整体、总体的思想政治教育出发，采用高度一致的、浑然一体的话语整合叙事，即"一起说""一样说"；后者倾向于从局部的、具体的思想政治教育出发，采用不同的、相互区别的话语分化叙事，即"分别说""分开说"。思想政治教育的分化趋向无疑深深影响着思想政治教育的话语形态，因时、因地、因人制宜地运用相应的话语形态来开展思想政治教育可以强化针对性，话语形态呈现出的分化叙事取向会日益凸显，思想政治教育的实践趋向也会更加精准。具体地说，这种分化叙事就表现为，教育者在引导教育对象思想政治观念、行为等发生预期变化的过程中所运用的话语形态，因思想政治教育时间、空间、具体教育对象以及内容的不同而分别使用了不同的话语形态，以在思想政治教育实践中尽可能满足不同教育对象对话语形态的不同需求、不同愿景。任何一类思想政治教育话语的选择、处理和运用，在教育者与教育对象的思想政治交往中都具有重要意义。与教育对象相匹配的思想政治教育话语形态有助于教育对象更容易、更快速地接受相应的思想政治教育，且易于在教育者之间形成一种有利于思想交流、引导和教育的良好的教—学关系；一旦思想政治教育话语形态与教育对象不匹配，往往就会使教育者与教育对象在思想政治教育语境中陷入难以对话、难以交流的境地，进而阻滞思想政治教育效果的达成。也就是说，将特定的思想政治教育话语形态用于特定场域中的思想政治教育对象，能极大地调动思想政治教育对象参与思想政治教育的积极性，从而使思想政治教育实践在一开始就更容易处于并维持一种良好的状态和情境。

可以说，思想政治教育总是在特定的实践场域中开展的，任何领域的思想政治教育均受到其所发生的、相对独立的场域的影响，特定思想政治教育一旦进入到特定的场域，就会表现出跟这个场域相符合的话语形态，这是由不同领域思想政治教育目标、任务、内容、方法等的特殊性所决定的客观事实。学校、农村、军队、社区、企业乃至公共空间等作为不同领域、不同方面、不

① 戴锐.思想政治教育共同体的可能、现实与前景——以场域为基本视角的研究 [J].思想理论教育，2012（9上）：40-45.

同层面的思想政治教育的特定实践场域，要求思想政治教育话语形态应有所不同。尽管思想政治教育的目标、内容、价值等导向与各领域思想政治教育中的对象的主体价值引导是相同的，但因具体场域的殊异，教育对象有不同的话语需求和话语习惯。正所谓，"适度则久存，极端则失败"。因此，需要明确思想政治教育话语形态因时空不同而呈现出的不同表现形态，教育者应敏锐地发现、发掘特殊场域的独特优势及特色，并利用具体的场域条件创设空间、情景，为思想政治教育话语形态提供场域优势，增强思想政治教育话语形态的魅力，通过具体的话语形态彰显领域思想政治教育价值及意义。

（三）由学科话语叙事转向日常话语叙事

尽管思想政治教育的政治性本质决定着该学科具有其独特的话语叙事，如集体主义、为人民服务、为共产主义理想而奋斗、中国特色社会主义等，但思想政治教育效用的发挥仅靠学科话语叙事是远远不够的，很多时候不能固守思想政治教育学科话语叙事，要结合生活实践和时事热点以时代化的、符合人们话语需求和话语接受心理的日常话语叙事来创新思想政治教育学科话语叙事，要从思想政治教育学科话语叙事转向人们喜闻乐见的、鲜活的、通俗的日常话语叙事，以实现思想政治教育由理论到实践、由抽象到具象、由少数人理解与接受到多数人理解与接受的有效转变，使思想政治教育话语更具感召力和影响力。事实上，思想政治教育既有专业性、理论性、抽象性、科学性和意识形态性的话语叙事，要旗帜鲜明地讲政治、讲理论、讲知识，也有感性、温情、亲切的深入人们日常生活中对人们的世界观、人生观和价值观施加直接的、潜移默化的影响的过程。思想政治教育从来都不是悬置于日常生活之上、之外，思想政治教育话语形态更不是远离日常生活的晦涩之言。因此，要想发挥思想政治教育的作用必须深入人们的微观生活世界，深入人们的日常生活之中去观察和影响人们在其个性化的日常生活实践中所养成的思想政治观念、思想政治素养以及思想政治行为。事实上，思想政治教育话语形态只有走进充满人间烟火气的日常生活，才会更紧密、更直接地将思想政治教育与人们的日常生活结合起来，更容易发挥思想政治教育指引人、引导人的作用，从而帮助人们自觉习得良好的思想政治素养。从这一角度出发，思想政治教育话语形态在相应情境内就要着力由学科话语叙事转向日常话语叙事，让教育对象愿意听、喜欢听、听得进、听得懂、能理解、记得住，基于对教育对象生活实践、生活观念和生活取向的关注，用有滋有味的思想政治教育话语形态吸引、感染和影响教育对象。

　　需要说明的是，无论是由"宏"叙事转向"微"叙事、由整合叙事转向分化叙事，还是由学科话语转向日常话语，都不能表明宏大叙事、整合趋势、学科话语不重要了。在思想政治教育话语形态转型上，应妥善处理思想政治教育话语形态的稳定性和变动性的关系，不能不顾时代变化、不顾思想政治教育学科发展、不顾人们话语需求的变化而始终固守思想政治教话语形态的"宏"叙事、整合叙事和学科话语不变，要在涉及思想政治教育立场、根本问题和核心范畴等内容上仍坚持"宏"叙事、整合叙事和学科话语，还要在思想政治教育具体情境、场域之中立足教育对象的特殊性，适时采用"微"叙事、分化叙事和日常话语。

第六章 思想政治教育话语转型的路径建构

思想政治教育话语的转型是新时代社会发展和思想政治教育现代化、科学化发展的必然要求，更是满足现代社会主体思想、观念变化及精神生活需求与期待的重要方式。"在全球化进程迅猛推进、社会主义市场经济不断完善的背景下，如何从价值哲学的高度，对思想政治教育的价值进行合理的、内在的反思、阐释与说明，就成了关系到思想政治教育的重大前沿研究课题"①。当前思想政治教育话语存在的现实症候要求必须改变话语主体交往关系的单向度模式，从内容、方法、语境、传播等方面进行有效转型，解蔽思想政治教育话语的"意义危机"。思想政治教育话语是思想政治教育学科的重要标识，承载着教育者、教育对象的思想、观念、文化、行为等重要内容。现代社会在发展过程中通过思想政治教育话语的理念、逻辑、内容、生成方式等方面的转型，实现新时代语境下思想政治教育话语对我国经济、政治、文化、社会、生态以及社会主体发展的思想、观念诉求的有效描述、分析和解读。

---

① 张耀灿，郑永廷等.现代思想政治教育学 [M].北京：人民出版社，2006：70.

第一节　思想政治教育话语主体意识的塑造

在人类社会的交往活动中，无论何种形态的交往，都必须借助于话语来实现人们思想、观念、信息等方面的沟通，都必须通过具体的话语交往实践来实现自我及社会的发展，话语是人实现社会化最重要的载体。交往"从动态上看产生出人的各种交往实践活动，从静态上看形成人们之间的种种交往状态，它是人的社会化的根源和动力之所在。"①交往对于思想政治教育来说是其存在与发展之根本，因为思想政治教育是教育者与教育对象、教育者之间、教育对象之间的交往实践活动，而话语则是实现思想政治教育主体间思想、观念、文化等教育性、精神性交往的重要载体。

一、话语主体现代人格塑造

思想政治教育话语交往过程要求教育主体在相互尊重、相互理解的基础上实现教育主体间思想认知、情感需求和价值取向的共识与互通，并在此交往过程中实现教育主体的共同成长与发展。思想政治教育话语主体客观、理性交往关系的建构首先要求教育主体必须具有独立、自主开展话语交往的能力。思想政治教育话语交往过程要注重教育主体的社会心理建设，培养教育主体自尊自信、理性平和、积极向上的社会心态，为思想政治教育话语的创生和传播培养坚实的心理基础。这就要求教育主体要培育自由、自尊、自主和宽容的现代人格，继而唤醒自我意识，发展自我能力，探觅抵达身体与心理愉悦、幸福的路径。

（一）话语主体的自由品格

当代社会主体尤其是青年追求的是自由而开放的文化理念，他们打破传统的禁锢、规则的束缚、大众的偏见，勇敢地以自己的方式通过情感、语言、文字、影像等表达自己的思想、兴趣、爱好和对未来发展的追求。尤其是网络的普及使人们找到了自我言说的平台和空间，网络的虚拟化、隐匿性、自由化等特性使得人们在网络中可以任由思想驰骋，但随之而来的是人们对话语自由的

---

① 姚纪刚．交往的世界——当代交往理论探索 [M]．北京：人民出版社，2002：14.

误读而导致在网络空间中交往的异化。当代社会为人们提供了更自由、开放的话语交往空间，人们的自主意识、个性发展更为明确，尤其对于青年来说，他们开始追求一种不被束缚、不被规定、不被定格的话语言说风格。但自由不仅意味着人们享有一定话语言说的权利，同时也要承担一定的责任和义务。因此，话语交往自由应该是在一定范畴内的自为的、自主的，更是自觉的话语交往活动。在思想政治教育话语交往过程中，要引导受教育者正确、理性地看待话语"自由"。受教育者在参与思想政治教育话语交往的过程中，要遵循一定的道德、法律和社会责任意识，要有话语是非边界意识，要意识到自由与责任相统一是教育主体在开展思想政治教育话语交往时必须遵循的原则。"自由是主体在认识活动和实践活动中追求和表现出的一种状态、一种境界"①。自由的话语状态和境界对受教育者来说就是其参与思想政治教育话语交往时所表现出的自觉、自为、自主状态。

思想政治教育话语交往过程是自我精神世界自觉成长和发展的过程，教育者要坚持思想政治教育的政治性和学科属性原则，遵循思想政治教育教材、课程、理论等话语文本的原初意义，在进行自我话语吸收、转换的过程中切忌随心所欲的解读，或是为迎合受教育者的兴趣、爱好、话语接受风格而将思想政治教育话语娱乐化、随意化和庸俗化，淡化思想政治教育话语的严肃性、严谨性和科学性。思想政治教育话语主体在交往过程中的自由绝对不是随意言说，而是要坚持马克思主义在意识形态领域的指导地位，要旗帜鲜明地反对和批判各种错误社会思潮。教育者在思想政治教育话语交往中要始终坚持思想政治教育的目的性和方向性，即"概括地说就是要提高人们认识世界与改造世界的能力，在改造客观世界的同时改造主观世界"②。其话语的实施应该是紧密围绕思想政治教育目标的实现展开的具有明确目的性的教育过程，而非盲目导致有失思想政治教育严肃、严密、严谨态度的随意话语的生成与传播。同样，受教育者在思想政治教育交往过程中也应端正学习态度，树立正确的学习目标，思想政治教育话语不应仅限于课堂，而是应拓展至广阔的生活世界，无论是在虚拟空间中还是在现实社会里，受教育者都应树立话语的边界意识和责任意识。

思想政治教育话语交往活动中的自由是自为的话语生成过程，自为行为是与自发行为相对应的，整个人类的文化发展史也经历了从自在到自为、从不成

---

① 袁贵仁.马克思主义人学理论研究 [M].北京：北京师范大学出版社，2012：250.
② 张耀灿，郑永廷等.现代思想政治教育学 [M].北京：人民出版社，2006：135.

熟到成熟、从不自由到自由的发展过程。思想政治教育话语交往是教育主体精神相遇的过程，也是教育主体思想道德素质提升的过程。从当前思想政治教育话语发展的态势及凸显的问题可以看出，受教育者的话语状态大多还处于自在、自发的一种状态，而这正是在思想政治教育话语交往过程中需要形塑之处。可见，受教育者的话语行为是由自在向自为发展的，在开展思想政治教育话语交往的过程中要注重提升受教育者的认知，要提升他们对教育者话语的吸收、转换、支配及再生成、传播的能力，促使他们的话语生成由被动向主动转化、由自发向成熟的自为行为转化。

思想政治教育话语交往的自由也是一种自主的行为，自主是相对于强迫、压制而言的。传统思想政治教育话语交往过程中"自上而下"的话语交往模式导致受教育者的话语生成和传播力受限，思想政治教育话语中以政治话语为主导的灌输方式导致其话语内容单一，其他话语生成也被政治话语所遮蔽。当代思想政治教育无论从话语的内容还是从话语的方式都得到了前所未有的改变，突破了传统思想政治教育话语观念及语境的局限，使思想政治教育话语真正进入大众公共生活范畴。尤其是受教育者在思想政治教育话语交往过程中从话语的认同、接受、消费到自主的话语设置、生成及传播等都拥有自主的话语权。受教育者在思想政治教育话语交往过程中的自由度，有赖于他们的知识结构基础以及对教育者话语的认知程度。同样，教育者在思想政治教育话语交往过程中的理论水平、学术水平、人格素养等决定了他们在思想政治教育过程中对话语自由的掌控程度。可见，在思想政治教育话语交往过程中，教育主体的话语自由是他们在认识思想政治教育话语文本过程中有目的地选择、支配、创新、传播及控制话语交往过程的话语能力和权力的统一。因此，思想政治教育主体对思想政治教育话语文本的创生，并不是随心所欲、盲目的模仿和创造，或是单纯的话语依附与控制，而是在主体与客体、权利与义务、自由与责任统一基础上的自为、自主、自觉的话语行为。

（二）话语主体的自省品格

"自省"是自我意识能动性的表现，是通过自我意识来省察自己言行的过程，是主体的自我评价、反省、批判、调控和教育，从心理学的视角来看，自省不仅是一种优良的道德品质，更是一种使人获得幸福的能力。一般而言，具有良好自省能力的主体，他们的个性比较独立、意志力强、有明确的生活目标、勇于追求自己的兴趣、自我存在的价值感较高、能独立并较好地处理各种社会关系，生活幸福感较高。思想政治教育话语交往过程要求教育主体必须具备自省能力，这样他们在话语交往过程中能善于审视自我在交往中的状态，对于交往过程中呈现的话语问题及症状能进行自我判断、分析并寻求解决的方法和路径。自省不仅意味着自我审查、批判，还包括自我肯定。思想政治教育话语交往过程中优秀的话语资源、内容、方法等对于教育主体的人格都具有形塑作用，而教育者优秀的交往人格品质决定了话语交往过程的和谐与否。无论思想政治教育话语交往过程呈现何种状态，教育主体都必须具有自省的态度，自省并不等于盲目的自我批判，思想政治教育话语交往过程的自省应该是教育主体积极的、愉悦的、具有建设性的心理活动，是教育主体将思想、行为导向理性、积极、健康的话语交往的行为。

思想政治教育话语交往过程中教育主体的自省就是要求他们对自己的思想状态进行客观的认知与评价，因为话语本身就是一个自我建构的过程，在思想政治教育话语交往过程中无论是教育者还是受教育者，都是在"授"与"受"的话语交往关系中建构自我的。首先，教育主体要提升自我认知。自我认知在自我意识系统中具有基础地位，属于"知"的范畴，是教育主体尤其是受教育者对自我身心特征的认知，他们的自我评价是在自我认知基础上产生的自我判断。在思想政治教育话语交往过程中，教育者要引导受教育者客观、理性地认知与评价自我，正确的自我评价是受教育者话语交往的前提。在现实思想政治教育话语交往过程中之所以会出现话语"失声"现象，主要是因为教育者话语与受教育者话语缺乏内在的契合性，交往过程中的理论话语、课堂话语、学术话语、实践话语等难以在受教育者群体中引起共鸣。思想政治教育话语交往过程中这种话语共识的缺失导致教育主体间关系的失衡，对于受教育者在交往过程中产生的话语抵触与抗拒情绪，教育者要及时对自我话语进行审视，要客观、理性地对思想政治教育话语的方法、内容、过程、传播等进行深入的分析和研究。受教育者要根据教育者在交往过程中描述、解读和分析的思想政治教育话语目标、内容、要求、规范等，对自我思想状态进行客观的自我评价并在此基础上认识自我、提升自我、发展自我。其次，要学会自我体验。自我体验是教育主体在话语交往过程中由自我认知引发的内心情感体验活动，使他们产生如自信、自尊、自卑、内疚、自满、羞愧等情感体验。教育主体在思想政治教育话语交往过程中的自我话语体验与自我话语认知、自我话语评价休戚相关，自我体验的训练就是在话语交往过程中教育主体要有自信、自尊、自省的心理活动。最后，适当的自我监控。思想政治教育话语交往过程中教育主体的自我认知、自我体验的最终目的就是要实现自我监控、自我管理和自我教育。思想政治教育话语交往既受到其内在结构要素的影响，同时离不开外界条件的限制，但对于教育主体来说，话语交往过程中的自我控制和管理是思想政治教育话语交往顺畅的必备条件。教育者要善于引导、管控话语交往的过程，对于交往的内容的设置、主题的把握、方法的选择、互动情景的创设等都需要根据受教育者及其外界环境变化而及时进行调整。同时，受教育者在交往过程中要根据教育者传授的思想政治教育话语的目标、内容等对自己的思想、观念、态度等方面进行合理调控、自我比较、监督和控制，从而以更积极、健康、理性的话语参与话语交往实践。在思想政治教育话语交往过程中，教育者要及时、有效地对受教育者不恰当的、偏颇的、异化的话语进行纠偏和引导，受教育者也要根据教育者引导的话语取向自主地对这类话语进行自我心理干预和调适。

（三）话语主体的尊重品格

尊重是现代文明发展的核心要素，是现代教育和心理发展的最重要的品质。尊重包括对自己的尊重和对他人的尊重，是对人的基本权利的尊重，这种权利不仅包括人的生存权、劳动权、发展权等，同时还包括人最基本感觉的权利、思想的权利以及行动的权利，也就是人有自己独立思考、选择和行动的权利。但人不仅是个体的存在，人同时存在于各种群体、社会关系中，社会化的存在是人的本质存在。从这层意义上看，尊重不仅包括人尊重自我的思想、观念及行动，同时包括尊重他人的思想、观念和行动的义务。现代社会发展过程中人与人的关系更加复杂和多元，现代教育及心理建设更要注重在尊重基础上的人与人、群体间的交往，要注重人与人之间的和谐共处关系的建构。思想政治教育话语交往要建立在教育主体彼此尊重的基础上，对于受教育者尤其是青年学生来说，他们是强调个性凸显、注重风格标识的群体，追求个体化的存在与发展是青年的共识。当代青年强调在话语交往过程中对自我思想、意识、文化、人格等方面的尊重意识，但在某种时刻却忽视了对"他者"的尊重，尤其是他们在网络媒介中的话语言论往往忽略了对客观事实的了解和理性的判断，容易过于情绪化地对某种现象、事件进行盲目地跟风，并根据个人喜好进行话语的探讨与评判。网络中频发的各种歪曲、抨击，甚至话语暴力事件已成为常态，这种现象极易导致话语的狭隘、暴力乃至引发青年群际间的矛盾与冲突。因此，思想政治教育话语交往要引导青年在尊重彼此思想、文化的基础上尊重客观事实，要让青年意识到保持客观理性的态度是话语交往的前提和基础。

在思想政治教育话语交往过程中必须强化"尊重"意识的重要性。一方面，教育主体要自我尊重。自我尊重的实质是对自己的善与好的维护，是对理想自我的一种渴望与期待。"它是人们渴望的更好的自我，不是现在状态下的自我；是从生活中创造出来的最好的我"①。在思想政治教育话语交往过程中，无论教育者还是受教育者都要尊重自己的旨趣、身份、文化、理想、信念、情感等。当代社会发展被物质、欲望以及高压快速的生活挤压、剥夺了人们的感官，信息时代的快速阅读、虚拟交往剥夺了人们完整阅读、深度思考的习惯，人们的思想交流呈现出碎片化、娱乐化的特点，思想的交流无法真正延伸或者触及到人们的内心，仅停留在思想的浅层次。人们交往过程中的话语也无法触及心灵，而兴趣、爱好被人们有意无意地放逐了，人们逐渐成为无视自我趣向、没有旨趣的现代人。党的十九大报告中指出：要"加强社会心理服务体系建设，培育自尊自信、理性平和、积极向上的社会心态"②。因此，在思想政治教育话语交往过程中，教育主体要尊重自己表达思想、观念的权利，尊重现有的话语文本资源，客观理性地参与思想政治教育的话语交往，并在这个过程中塑造、发展自我。另一方面，要引导教育主体尊重"他者"。无论是教育者还是受教育者，在思想政治教育话语交往的过程中都要尊重承载思想的话语的差异性，尊重话语交往中的差异性、层次性，在尊重与被尊重中开展思想政治教育话语交往。教育者和受教育者只有在彼此尊重、尊重"他者"的基础上才能公正、理性、客观地评价一个人、一件事情甚至是某种行为，才能构建理性、客观的思想政治教育话语交往体系，才能真正以"我"的姿态对待"他者"，进而建构温暖、有序、规范的思想政治教育话语交往过程。尽管在思想政治教育交往过程中存在"我文化"与"他文化"的区分，但身处于思想政治教育话语视域的教育者与受教育者是互为主体的身份，在彼此尊重的基础上，同时也要尊重思想政治教育话语的文本，"文本是一种语言，也就是说，它向一个'你'一样自身说话。它不是一个客观对象，而更像对话中的另一个人"③。

---

① 查尔斯·霍顿·库利.人类本性与社会秩序[M].包凡一，王湲，译.北京：华夏出版社，1999：171.

② 习近平.决胜全面建成小康社会 夺取新时代中国特色社会主义伟大胜利——在中国共产党第十九次全国代表大会上的报告[M].北京：人民出版社，2017：49.

③ D.C.霍埃.批判的循环——文史哲解释学[M].兰金仁，译.沈阳：辽宁人民出版社，1987：77.

思想政治教育话语理论或实践文本就像一扇窗，为教育者与受教育者开启了思想、观念、文化等精神交流、相遇和共生的通道。这里要突出强调教育者与受教育者之间尊重意识的重要性。教育者在话语交往过程中要尊重受教育者的思想、观念及知识的差异性，思想政治教育的话语交往必须是在教育者与受教育者平等基础上的交往，必须是双方在人格平等基础上的互动对话交流。教育者与受教育者在思想政治教育话语交往过程中的角色不同，彼此的知识、阅历、经验、经历等决定了教育者具有主导性，而受教育者具有主动性。在话语交往过程中他们互为主体，教育者要尊重受教育者的话语诉求、愿望及价值追求，并针对受教育者的具体问题、困惑给予一定的话语澄清、关照和引导，不能压抑受教育者的话语表达。教育者与受教育者"两者其中一个的思想点燃了另一个的思想，而借着这一种交互作用，它们两者乃得以于语言之介质中缔造出意义上的'共同世界'"①。

思想政治教育话语交往要求教育主体在相互尊重、认可、理解、沟通的基础上实现思想政治教育话语的生成、创新与传播。因此，在交往过程中要避免各种"话语霸权"现象，以自由、平等、开放的姿态进行思想、观念的交流和碰撞，激发教育者与受教育者的主体能动性，使他们之间的对话真正成为思想、观念、知识、文化等互相交流与共生的过程，在"授"与"受"的过程中使彼此得到提升和优化。

（四）话语主体的宽容品格

宽容是人的一种高贵的品格，更是人心理成熟的一种表现，在人类诸多复杂的社会关系中，宽容使人们对人的理解超越了人类初始阶段的狭隘性，使人们的生命变得更加通透与豁达，人与人之间的隔阂、矛盾、冲突等现象通过宽容得到了缓解。宽容使人们更加注重自我价值的实现，这种自我实现不是建立在相对的、外在的、狭隘视角下的自我，更不是在模仿、顺从交往模式下的"无我"状态，而是在注重内在、现实的基础上对真、善、美的追求，对自我价值实现的高度认可和拼搏追求。宽容是现代社会发展的基础，更是人们构建和谐公共生活的愿景，任何文化的发展都需要良好的社会心态和环境，宽容是现代教育及心理建构的主要基础。因此，思想政治教育主体要在宽容、豁达、畅通的心境中开展话语交往活动。在当前思想政治教育话语现实症候中，教育者与教育对象的话语冲突是最根本的，其他话语冲突都是围绕着这一主体话语

---

① 卡西尔.人文科学的逻辑 [M].关子君，译.台北：联经出版事业股份有限公司，1986：78-84.

冲突而发生的。教育者与教育对象的话语差异上升形成的话语矛盾、冲突导致思想政治教育话语的异化，根本原因是教育主体间缺乏宽容的对话氛围。任何话语的交往与沟通都必须以宽容为基础才能为其提供更广阔的发展空间，才能提升主体的话语交往能力。当代社会为思想政治教育话语创造了更广阔的物质条件、技术传播平台以及更和谐宽容的社会氛围。无论是教育者还是受教育者都属于思想政治教育话语圈层的主体，他们都是话语的生成者、消费者和传播者，无关乎其身份、地位、阶层、学识等，教育者要以宽容的态度面对受教育者的话语质疑、误区、偏颇、试错等倾向，要尊重受教育者的话语诉求，揭示他们话语异化背后所承载的思想、观念、价值及行为变化的本质。

同时，宽容的态度可以对不合理的思想、观念及行为进行纠偏和超越，现代宽容主张关照人的真实存在，通过对人性真正的理解来建构人际交往关系，宽容让教育主体克服了因"我们"与"他们"的不同而产生的情绪、思想及行为的排斥现象，真正地让受教育者放下对教育者身份、学识、经验等的戒备，继而把他们视为交往过程中的同类，即平等交往的主体，共同发展成一个健康的、自主沟通和发展的有机体，在理解、倾听、交流的基础上致力于思想政治教育话语内容、意义的创生与传播。宽容需要教育主体之间彼此的尊重，需要他们坚强的意志力和勇气，需要他们有豁达而坚定的理性之爱，这样才能化解交往过程中出现的思想、观念、话语、行为的矛盾与冲突，使他们互相支持、尊重、理解，防止出现话语的区隔、对立与崩解，进而在纷繁复杂的社会现实中使教育主体能坚守自己所追求的旨趣。宽容的情绪有利于教育者突破自我情感的狭隘性和固化思想，可以和受教育者或各类群体进行话语的互动。如果没有宽容，教育者和受教者的思想政治教育话语交往关系则不可能建构，都会封闭在自我话语世界而造成更多话语的曲解、障碍和误区等，教育者与受教育者的生成性、理解性、反思性交往关系的建构便也失去了基础和条件。可见，教育者与受教育者需要拥有宽容的心境以及在宽容和谐的社会氛围中才能进行有效的思想政治教育话语交往。思想政治教育话语交往不仅是为了消除教育者与受教者之间的话语区隔和差异，更不是为了简单地消除受教育者话语的个性化而进行的交往，而是在尊重彼此基础上的自我思想道德观念的提升及精神世界的发展。狭隘式的话语交往关系是不能孕育、共生话语内容及意涵的，教育主体只有在宽容而豁达的交往关系的建构中，才能容纳思想的碰撞、观念的交锋、精神的相遇，而思想政治教育话语的意义也正是在这种关系中才能得到真正的拓展与升华。

二、话语主体自主意识的培养

思想政治教育话语效果如何完全取决于教育者在思想政治教育交往过程中主导性作用的发挥程度。思想政治教育者在话语交往过程中主导性功能的充分发挥，首先来自于教育者的话语自觉意识的促使，即"坚持思想政治教育及学科建设的话语权和主导权，就是要把局部与全局、眼前与长远结合起来，形成自觉发展状态"①。而受教育者积极、主动参与思想政治教育话语交往的自主性、能动性的发挥程度，决定着受教育者对教育者所"授"话语的认同、接受、践行的程度。可以说，思想政治教育主体的话语自觉意识是构建新型话语主体交往关系的内在动力源。同时，健康、理性、和谐的思想政治教育话语主体交往关系有助于培养教育主体的自信、自主、自觉意识。

当前，社会发展过程中的思想政治教育话语之所以无法有效解读社会现实、现象及突发的社会问题，抑或是无法真正在思想政治教育交往过程中与受教育者进行对话交流实现思想政治教育目的，根本原因在于教育者"主体性缺席"所导致的教育者"主体性话语"的失落。要成功有效地改变思想政治教育话语现状实现其成功转型，首先必须树立思想政治教育者的话语自觉意识。"要加强教育者先受教育，让教师更好担当起学生健康成长指导者和引路人的责任。""要引导教师把教书育人和自我修养结合起来，做到以德立身、以德立学、以德施教。"②思想政治教育者要将学习当作终生的事业，在"教""学""研"的过程中不断提升自己教学话语的传授水平、学术话语研究的理论水平、实践话语践行的广度与效度等。思想政治教育者要树立对思想政治教育学科发展的坚守与信仰，要做到全身心投入到思想政治教育学科的发展与研究中，真正地参与、融入其中，以思想政治教育学科的发展作为思想政治教育学人共同的职业目标与理想。随着当代社会物质化、科技化、信息化等的迅速发展，人们在发展过程中过度追求可见性的物质化成果而导致理想被放逐，部分思想政治教育者仅将职业角色定位于"工具性""生存性"的存在，而不是发展意义上的存在，在从事思想政治教育活动中属于一种"被动式"的

---

① 教育部思想政治工作司，全国高校思想政治教育研究会.思想政治教育学科设立30周年：高校思想政治教育创新发展研究 [M].北京：中国书籍出版社，2015：24.
② 习近平.在北京大学师生座谈会上的讲话 [M].北京：人民出版社，2018：9.

职业状态。在这种"奴性化"被动式的职业状态中，教育者的主体意识必然很难充分得以发挥和展现，其职业话语会因其职业定位的局限而被矮化。同样，如果思想政治教育者在从事教学、科研活动中对未来职业发展没有任何期许和要求，那么其所言说的话语必然是缺少内涵、意义和生命力的。习近平总书记就如何做一名好老师提出了四点要求，即"要有理想信念、有道德情操、有扎实学识、有仁爱之心"①。同时指出"教师是人类灵魂的工程师，是人类文明的传承者，承载着传播知识、传播思想、传播真理、塑造灵魂、塑造生命、塑造新人的时代重任"②。思想政治教育者在向受教育者传授话语思想、理论、观点的过程中具有"导向性"功能，他们不仅要对理论知识的话语进行描述、分析和解读，还要对受教育者的思想、观念及价值观进行引导和塑造。思想政治教育话语是一项建构人和社会的实践活动，在思想政治教育过程中教育者要打破传统思维对教育者身份以及传授内容、方式与方法的"固化"理解。思想政治教育者不仅是思想政治教育知识的承载者和传播者，更担负着塑造生命、灵魂、新人的使命和责任，思想政治教育者的话语对于受教育者来说不仅是理论的言说，更重要的是精神世界的建构与塑造。教育者在思想政治教育话语交往过程中要把知识的传授与对受教育者精神世界的引领和建构结合起来，要注重提升受教育者的知识技能，也要注重批判性话语对于受教育者情感、理智、思想的召唤与启迪。思想政治教育对于教育者来说不是获取名利的手段，任何一种教育都是一项塑造生命、塑造灵魂的神圣的职业，它赋予了思想政治教育者特殊的责任与使命。"教育说到底是一种彻底人性化的事业，离开了作为教育活动主体的人，教育就什么都不是。而人之为人，从哲学上讲，就因为人有动物所缺乏的自我意识"③。对于思想政治教育者而言，这种责任和使命更为重大。因此，要充分激发教育者的积极性、主动性、创造性，使其投身于思想政治教育实践过程中。教育者不仅要塑造受教育者，同时要通过不断地研读经典、参与学术讨论、观摩优秀教师的现场教学等多种方式进行自我教育、自我塑造，以提升自己的思想政治教育话语言说的水平和能力。

思想政治教育话语转型就是要突破传统思想政治教育以政治、文件、权力

---

① 习近平.在北京大学师生座谈会上的讲话 [M].北京：人民出版社，2018：8.

② 习近平.坚持中国特色社会主义教育发展道路 培养德智体美劳全面发展的社会主义建设者和接班人 [N].人民日报，2018-9-11（01）.

③ 朱小蔓.教育的问题与挑战——思想的回应 [M].南京：南京师范大学出版社，2000：6.

话语为主体的话语形式，将控制式、劝导式话语转向对话互动式交往，真正实现思想政治教育主体间的话语交流与互动。这就要求思想政治教育者要解决当前教育者与教材、文本及实践话语的分离现象，教育者要树立思想政治教育课程的生成、批判、反思等主体意识，要实现从"理想的课程"向"我的课程"转化，再从"我的课程"向"我们的课程"转化，从思想政治教育话语的"复制"向"意义建构"转化，从思想政治教育的"科学化"向"生活化"转化等。教育者对于教材文本、理论文本话语的描述、解读、理解、分析、批判等能力决定着思想政治教育话语实践的具体效度。教育者对于各类文本话语的理解在本质上不是要做到更好的描述、理解和分析，而是要针对教育对象的不同而以不同的方式进行理解与传授。"文本的意义超越它的作者，这并不只是暂时的，而是永远如此的。因此，理解就不只是一种复制的行为，而始终是一种创造的行为"①。思想政治教育者对于文本话语的解读和分析不仅是思想政治教育话语思想、目标、内容等传递的过程，更重要的是在遵循思想政治教育话语本质内涵基础上话语意义创生与传播的过程。可见，如果思想政治教育者对于文本保持缄默，那么其对于文本的理解就不会产生，这时的文本只是重复的、无生命的、生涩的词语的存在，这就要求教育者"在具体处理一个文本时，只有当文本所说的东西在解释者自觉的语言中找到表达，才开始产生理解"②。思想政治教育者在对教材、理论文本话语进行转译、转换的过程中要注重思想政治教育基本理论价值诉求与教育者的经验、习惯，不能仅凭个人经验进行文本话语的生成与传播，要坚持思想政治教育理论的政治性、学科性及发展性。思想政治教育教材、理论文本话语与实践话语的区隔及实践话语的"形式化"问题，是思想政治教育话语转型过程中亟须解决的问题。思想政治教育者不仅要夯实自己的理论学识，同时要将理论话语与实践话语相结合，在呈现思想政治教育话语的学理性、学科性、学术性的同时，更应将这些话语运用于分析和解读新时代我国政治、经济、文化、社会及生态的发展，立足分析社会问题、解读社会现象，真正为教育对象解惑，使思想政治教育话语扎实"着陆"，扎根于社会现实的土壤和受教育者的心灵深处，而不是"空"而不"实"的理论与

---

① 汉斯·格奥尔格·加达默尔.真理与方法：哲学诠释学的基本特征 [M].洪汉鼎，译.上海：上海译文出版社，1999：380.
② 汉斯·格奥尔格·加达默尔.哲学解释学 [M].夏镇平，宋建平，译.上海：上海译文出版社，2004：58.

文件话语的灌输。

在思想政治教育话语交往过程中不仅要注重教育者与教育对象的话语关系的建构，还要注重加强思想政治教育者之间的话语交往，加强思想政治教育的共同体建设。戴锐教授从"场域"视角分析思想政治教育共同体，认为存在着"场域疏离"，他提出"这种疏离使得共同体意识趋弱，甚至会导致场域内的相互限制乃至彼此剥夺，造成一定程度的内耗"[1]。共同体的这种"场域疏离"其实质就是思想政治教育共同体的沟通与交流受阻，共同体凝聚力匮乏，导致思想政治教育者共同体话语理论与实践研究水平不足。思想政治教育共同体要加强自身的建设，不断夯实理论基础，扩大共识域，对于思想政治教育学科发展过程中基本的概念、理论、观点、思想等要凝聚共识，加强思想政治教育学科的元理论研究，不断发掘、拓展思想政治教育的实践教育资源，提升思想政治教育共同体对于基本理论和思想的阐释力。新时代境遇中的思想政治教育需要从观念、话语、内容、方法等各个方面进行全面、根本性的变革与创新，这对于思想政治教育者提出了更高的要求。

《新时代高等学校思想政治理论课教师队伍建设规定》从职责要求、备选与选聘、培养与培训、考核与评价、保障与管理方面为新时代思想政治理论课教师队伍建设提供了基本遵循。思想政治教育者要坚定马克思主义信仰，夯实思想政治教育理论研究水平，努力做到政治强、情怀深、思维新、视野广、自律严、人格正，自觉用习近平新时代中国特色社会主义思想武装头脑。思想政治教育者要将教学与科研相结合，做到"教""学""研"的统一，在思想政治理论课教学过程中掌握教材体系的基本理论、原理、精神等内涵，从思想政治理论课内容、方法、载体等方面切实推动教材话语体系向教学话语体系的转化；要警惕思想政治教育教学过程中教育者与研究者身份的分离、对抗及交往的表层化现象导致的教材话语、教学话语与学术话语的区隔与对抗；要坚持以思想政治理论课教学为核心的科研导向，紧紧围绕马克思主义理论学科内涵开展科研活动，深入研究思想政治理论课教学方法和教学重点难点问题，深入研究坚持和发展中国特色社会主义的重大理论和实践问题，坚持以"教"促"研"，以"研"促"教"，在教学与科研中实现教学话语与学术话语、理论话语与实践话语、教育者话语与教育对象话语的互通与融合。可以说，思想政治

---

[1] 戴锐. 思想政治教育共同体的可能、现实与前景——以场域为基本视角的研究 [J]. 思想理论教育，2012（9上）：40-45.

教育者对课程教材、理论、学术、实践等话语的掌握、运用能力及其人格魅力是思想政治教育话语转型的前提条件，思想政治教育者要成为"智慧型""反思型""批判型"和"发展型"的实践者。

思想政治教育话语主体意识不仅包括教育者"主导性"的发挥，同时包括受教育者"主体性"功能的实现，思想政治教育话语交往的"双主体失落"就是指教育者与受教育者的角色缺位。如果受教育者缺乏参与话语交往的积极性、能动性和自主性，虽然教育对象已经进入思想政治教育话语交往领域，但因其缺乏应有的自主意识而容易导致其出现游离于思想政治教育活动之外的"不在场"现象，进而导致受教育者以被动、消极的态度对待思想政治教育话语交往。话语产生于人们相互交流、沟通的实践过程中，在这个过程中能够实现人们思想、观念、文化等方面的建构，而受教育者主体性的发挥程度则决定着其参与思想政治教育话语交往的自觉意识。思想政治教育话语交往过程本身就是"授"与"受"的过程，但并非单向度的接受与被接受的状态，其话语交往的效果取决于教育者与受教育者主体性的发挥程度。在思想政治教育话语交往过程中由于教育者与受教育者身份不同，彼此知识结构、思想观念、成长经历、兴趣爱好等都具有差异性，尤其受传统思想政治教育话语"自上而下"的政治、文件、控制等话语单向度灌输的影响，受教育者的话语诉求、期待与思想政治教育话语的目标、要求存在着差距，容易导致沟通不畅。受教育者作为思想政治教育话语教育的主要参与者，如果其"不在场"，那么思想政治教育话语的目标及价值就无法实现。因此，在教育者充分发挥"主导性"激发受教育者积极性、主动性的同时，受教育者也要发挥自主性，明确自己在思想政治教育交往过程中是塑造和发展自我的学习者的身份。受教育者在"听"的过程中更要学会"说"，将思想政治教育话语交往与自己的知识、兴趣、生活等各方面相结合，在与教育者对话的过程中实现思想、观点的碰撞或精神、文化的相通以实现话语意义的生成、创造与共享。"自我的需要是意义的需要；自我的情感是意义的融会；自我的利益是意义的取向；自我的感觉是意义存在的边际"①。可见，受教育者只有积极主动地进入思想政治教育场域，认识到自我话语的意义、价值及地位，由被动式的参与转化为自觉的参与互动，才能达到在思想政治教育话语交往过程中精神世界丰盈的状态。"一切实在皆是活动，我参与它但非占有它。在'我—你'的本真关系中，'我'因参与实在而成为实

---

① 任平. 交往实践与主体际 [M]. 苏州：苏州大学出版社，1999：391.

在，'我'之参与越充实，'我'之实在越丰盈"①。思想政治教育话语交往过程就是教育主体精神世界塑造的过程，教育者和受教育者双主体的互动对话是知识的分享、理解、创造过程，更是个体视域与自我世界不断拓展与丰富的过程。

第二节　思想政治教育话语新型交往关系的建构

思想政治教育话语交往关系、模式是决定思想政治教育话语是否有效的关键所在，如果教育者与教育对象仅仅是理论知识层面的"授"与"受"的交往关系，教育对象对思想政治教育话语承载的目标、理念、内容、精神等仅停留于积累层面或仅作为知识的工具存在，那么思想政治教育话语就失去了它存在的意义和价值。教育者与教育对象的交往关系不仅是一种知识认知关系，更重要的是主体双向创生、建构的交往关系。"交往哲学对人生存方式的关注是通过对人的重新理解体现出来的，它注重主体之间的沟通与理解，这不仅凝聚着个体完整性的探求，也蕴涵着对整个人类的深切关怀与呵护"②。可见，思想政治教育话语不仅是教育者与教育对象之间、教育者之间及教育对象之间沟通的方式，更重要的是强调通过思想政治教育话语交往建立教育主体之间具有建设性的话语认知、描述、分析讨论、质疑、批判和思辨的稳定性的对话关系。有效的思想政治教育话语交往应该是具有建构性和意义性的，而这种生成性、理解性、创生性话语交往的建构才能使教育主体达到精神的相遇，这亦是主体自主体验思想政治教育话语对生命的价值、意义及精神世界关照的过程。思想政治教育话语转型必须立足当前新时代主体交往诉求、期待及社会物质、精神、政治、社会及生态文明的发展现状，建构新型的主体交往关系，超越传统思想政治教育话语交往过程中主体话语"闭塞""匮乏""失落"等弊端，建构新时代思想政治教育主体话语交往关系的新格局。

一、话语交往生成性关系的建构

思想政治教育话语交往关系从广义上说可以被理解为一种广泛的对话关

---

① 马丁·布伯. 我与你 [M]. 陈维纲，译. 北京：生活·读书·新知三联书店，1986：55.
② 闫艳. 交往视域中的思想政治教育 [M]. 北京：人民出版社，2011：13.

系，分为三种类型，即教育主体性对话、阐释性对话和反思性对话。教育主体性对话主要是指存在于主体间的对话，主要包括教育者与教育对象、教育者之间、教育对象之间、教育者与管理者、教育者与家长、同领域及不同领域思想政治教育研究者之间的对话等；阐释性对话主要是指教育主体与思想政治教育文本的对话，这里包括思想政治教育的原初文本，也包括在思想政治教育过程中在原初文本基础上创生的新文本；反思性对话指教育主体的自我对话，也是教育主体话语自觉养成的重要阶段。从上述论述中可以看出，在思想政治教育话语交往过程中是多主体构成了多极的、复杂的对话场。但无论是教育主体间的对话、阐释性对话、还是反思性对话，值得肯定的是它们都是生成性的对话，并不是对思想政治教育话语的照搬和模仿。因为思想政治教育话语交往过程是一个开放性、自主性的动态发展过程，其交往过程不仅限于思想政治教育目标、内容、理论、方法等知识的传递，更重要的是通过主体间的对话实现了他们思想、观念、信息的交流与沟通，并建构了主体精神世界及社会实践，这是思想政治教育话语生成性关系存在的价值及意义。可以说，无论是传统还是现代的思想政治教育过程，教育者和研究者都在不断地追问：为什么思想政治教育话语交往过程无法进行真正有效的对话与交流？提升思想政治教育话语有效性也一直是学术界不懈探索研究的重要前沿问题。教育主体话语交往关系的受阻或闭塞，受困于固化思维的限制以及"自上而下"的主体间对话模式的限制，是导致教育对象话语交往的兴趣、信心消弭的原因。因此，纠偏、重构思想政治教育话语新型交往关系是改变思想政治教育话语困局的重要举措。

思想政治教育话语主体交往关系的建构，首先就是要使话语真正走进主体并内化为主体的一种生活态度和方式，教育主体间的对话不再是抽象的概念、理论或晦涩难懂的学术话语，而是启迪思想和灵魂的精神性话语。生成性关系不是消除话语差异和话语阻隔的过程，而是在认可与教育主体思想、观念、知识结构、人生阅历等差异基础上丰富话语内涵、共享话语意义的特殊的实践活动。"社会生活不仅和沟通完全相同，而且一切沟通（因而语言就是一切真正的社会生活）都具有教育性"①。可以说，思想政治教育话语交往的生成性关系就是教育主体通过对话共享经验、意义的相互成就的过程。这也就意味着在思想政治教育话语交往过程中教育主体之间的关系打破了传统固化的"授"与"受"的关系，并且是在此关系基础上的多元对话关系发展中的知识建构和生

---

① 约翰·杜威.民主主义与教育 [M].王承绪，译.北京：人民教育出版社，1990：6.

成过程。思想政治教育话语不再是从教育者到教育对象间的知识授予的过程，而是在多极对话场中各类知识的内涵及意义不断生长、丰富和拓展的过程。教育主体对话关系中所蕴含的这种创生精神是思想政治教育话语交往的主旨、核心所在。思想政治教育话语交往是教育者基于思想政治教育的目标、内容、专题等而围绕着教育对象展开的实践活动，在这个过程中无论是教育者还是教育对象都在最大限度地追求彼此的成长。教育者运用思想政治教育话语理论对受教育者关心的话题进行的解读、描述、分析、引导、批判等，对于受教育来说是思想观念提升的过程；而教育对象在这个过程中对相应问题的询问、质疑或者争辩等，对于教育者来说是提升教学能力的过程。"在所有的教学中，都进行着最广义的对话，不管哪一种教学方式占支配地位，相互作用的对话都是优秀教学的一种本质性标志。教学原本就是形形色色的对话，具有对话的性质，这就是'教学对话原理'"①。思想政治教育话语交往的过程就是不断地打破主体话语"固化""偏狭"和"封闭"的过程，教育者与教育对象、教育者之间、教育对象之间、教育者与社会、家庭等话语的交往就是话语不断生成和拓展的过程，在这种生成性的交往关系中话语才有更多的生成空间、资源和动力。同时，主体生成性关系的建构也是消除企业、农村、社区、军队以及新兴阶层等领域思想政治教育阻隔的过程，不同思想政治教育研究者之间的话语交往是不断创生话语生长点、促进视域融合以最大限度地追求生成性话语的过程。

二、话语交往理解性关系的建构

话语区隔、矛盾和冲突等现象在思想政治教育话语交往过程中是不可避免的，对于这类现象并不能单向度地消除或屏蔽，导致这类话语现象出现的根本原因是思想政治教育主体间交往关系中理解性关系的断裂。"教育对话本质上也是一个理解的过程，是去除遮蔽，敞开意义的过程。教育通过理解进入师生的精神世界，在理解中实现教育的意义"②。思想政治教育主体的对话本身就是一种理解性的对话，其最终目的不是为了再现或重复原初文本的内涵及意义，而是通过理解者的视域与被理解文本所包含的视域的融合实现思想政治教育话

---

① 克林伯格.社会主义学校（学派）的教学指导性与主动性 [M].顾建新，译.柏林：德国科学出版社，1962：39.

② 金生鈜.理解与教育——走向哲学解释学的教育哲学导论 [M].北京：教育科学出版社，1997：133.

语的价值和意义。可以说，理解不是一种技艺，更不是一种方法，而是交往关系中存在的一种内生关系和必须的过程。思想政治教育话语的理解性关系就是教育主体间对话的过程，只有对话基础上的理解才是真正的理解。在哲学解释学中，伽达默尔继承了海德格尔的本体论解释学，他以"理解"为核心概念，认为人与人、人与物、人与世界之间的关系就是以理解为核心的对话关系，理解和对话的终极目标在于重新认识和建构意义。在现实的交往关系中，人们一般都保持理解的态度，并且总是以不同方式去理解他人、社会及世界。因此，理解不只是对原初文本话语的简单重复言说，而始终是一种创造性的存在。

理解性关系在思想政治教育主体交往关系中主要体现在教育者与文本、教育者与教育对象之间、教育者之间和受教育者之间等。这里的文本包括思想政治教育的课程、教材、政策、文件等文本资源，教育者与文本之间理解性关系的生成，就是要求教育者要充分发挥自己在课程中的主导性，要实现思想政治教育从教材文本话语到课堂话语转换，从教育者话语到受教育对象话语转换，从"理想的课堂"到建构"我的课堂"，从课程的目标、要求、内容、规范等符合性标准到生成性标准，从课程话语的"复述"到话语"意义"的建构和拓展等。思想政治理论课教师的首要职责是讲好思政课，讲好思政课要求教育者对课程的目标、内容、价值、要求等要有明确的认知和理解，理解的本质不是要求做到"更好地理解"，而是要"以不同的方式理解"。"文本的意义超越它的作者，这并不只是暂时的，而是永远如此的。因此，理解就不只是一种复制的行为，而始终是一种创造的行为"①。可见，教育者在对课程文本话语进行解读、分析、描述等转换的过程中切勿只求话语的"塑造"而忽视话语的内涵、本质及价值性的"生成"，切勿只求话语多样化的"发展"而忽视话语"当下"本意进而迷失文本的目标。思想政治教育者与课程文本的对话需要掌握课程文本话语的核心要义，对于教育者来说，课程文本资源不是抽象的概念、理论、原理和术语的堆砌，而是自己与文本展开的一场具有丰富的意蕴、有生命的"对话"，因为课程文本本身就是蕴藏着强大生命力的精神资源。

理解性关系是教育主体间开展思想政治教育话语交往的前提，如果理解性关系断裂或者消失，那么思想政治教育主体间的话语交往将无法正常进行。理解是思想政治教育主体间话语交往的基础，如果没有理解那么就不可能真正

---

① 汉斯·格奥尔格·加达默尔.真理与方法：哲学诠释学的基本特征 [M].洪汉鼎，译.上海：上海译文出版社，1999：380.

实现思想政治教育的目的，也就不可能有思想政治教育话语交往中的主体间对话。在思想政治教育交往理解性关系中，教育主体的视域和眼界是处于不断生成、融合、扩展和丰富的过程中的。但这种视域的融合并不是单向的统一或是均匀化的过程，而是思想、观念、知识等的交流与对话，包括差异性与同向性，也正是在这种差异性和同向性中碰撞出的思想的火花，产生了新的视界及意义。思想政治教育话语交往过程中生成的理解性关系，包括教育者之间、受教育者之间以及教育者与受教育者之间的关系。从思想政治教育话语的"授"与"受"的关系来考量，这里主要探讨、分析教育者与受教育者之间理解性关系的建构。伽达默尔从哲学解释学的视域解释了我们现实生活所存在的"成见"："成见乃是我们向世界敞开的先入之见。它们简直就是我们借以经验某些事物的条件——凭借它们，我们所遭遇的才向我们诉说某种东西"①。海德格尔在此基础上提出了理解的前结构，他认为人们是受理解的前结构制约的存在物，人们的理解总是附有一定前见的理解。伽达默尔认为前见有合法和非法前见之分，合法即"生成性的前见"，非法即"阻碍理解并导致误解的前见"。这就要求教育者与受教育者要在不同"前见"基础上进行思想政治教育话语交流。教育者不仅要面对受教育对象，还会涉及不同群体及领域思想政治教育对象，会触及不同受教育者或群体的前见。理解性关系不是为了消除"前见"，而是使受教育者或群体有思想、有价值和意义的话语得以充分的保留或发展。伽达默尔指出："理解者的前见、传统观念、历史境遇以及与理解对象的时间距离，并不构成理解的障碍，而是理解的必要条件。"②理解性关系要求尊重不同主体或群体的"前见"，强调要在理解性对话、互动交往中实现彼此思想、观念及文化的通约与理解，避免迷失于阻碍思想政治教育话语交往的"非法性前见"而导致的话语交往的异化。在对"非法性前见"的讨论、争鸣、澄清、研判中要把握思想政治教育话语交往的方向，同时聚合"生成性前见"以提升思想政治教育话语交往能力，进而在理解和共享的基础上拓展交往的内涵和意义。教育主体在话语交往中应着力构建更加丰富、自主、有意义的"对话场"，其最终不是为了再现或重建原初文本意义，而是教育主体的视域与被理解对象文本视域的融合，只有在对话基础上的理解才是真正的理解，才是深度的交流

① 汉斯·格奥尔格·加达默尔.美的现实性——作为游戏、象征、节日的艺术 [M].张志扬等，译.北京：生活·读书·新知三联书店，1991：170.
② 洪汉鼎.理解的真理——解读伽达默尔的《真理与方法》[M].济南：山东人民出版社，2001：6.

与沟通。因为"在具体处理一个文本时，只有当文本所说的东西在解释者自觉的语言中找到表达，才开始产生理解"①。在这个过程中教育主体间才能真正实现精神上的相互关照。也只有在理解性关系的话语交往中教育主体才能主动积极地参与到思想政治教育话语的创生与传播中，才能实现真正的对话及话语意义的重构。

三、话语交往反思性关系的建构

反思性关系就是要求教育主体在思想政治教育话语交往的过程中要运用反思的思维范式来建构思想政治教育话语实践。反思不仅包括教育者在思想政治教育话语交往中要具备的思维方式，同时包括受教育者及其各类群体在思想政治教育话语交往的过程中应该具备的思维方式。反思不仅包括教育者与教育对象在话语交往过程中的对话与交流，还包括在此基础上的自我对话的实践。对于教育者来说，反思性关系的建构就是要求教育者将这种反思性的思维方式贯穿于教育教学过程的始终，"成功的有效率的教师倾向于主动地创造性地反思他们事业中的重要事情，包括他们的教育目的、课堂环境，以及他们自己的职业能力"②。可以说，反思本身就是一种思维方式理解和自我的对话，教育者对自己的专业知识掌握运用的程度、教学技术、学术水平等都应始终保持一种批判、自省、反思的态度。教育者是思想政治教育话语的主导者，是通过自己的话语描述、解读、分析等向受教育者传递话语的引导者，在这个过程中教育者要不断审视自我的话语言说能力，夯实自己的专业知识，提升自己的话语转化能力。反思对于思想政治教育者来说是最重要的品质，教育者要将反思思维贯穿于思想政治教育话语交往的全过程，通过系统化、常态化的反思与对话审视话语交往过程，并及时对存在的现象及问题进行话语诊断、分析和治疗，提高话语实践的理性自觉。可见，反思对于思想政治教育者来说是自我话语更新、完善、提升和塑造的过程。在思想政治话语交往中教育者要成为反思性关系的建构者和践行者，需要将思想政治教育话语的目标、内容、要素、评价等进行系统、全面的设置，要反思当前思想政治教育话语交往中存在的诸多话语困境

① 汉斯·格奥尔格·加达默尔.哲学解释学[M].夏镇平，宋建平，译.北京：商务印书馆，1988：58.
② 冯茁.教育场域中的对话——基于教师视角的哲学解释学研究[M].北京：教育科学出版社，2011：127.

所导致的话语"意义失落"背后的本质性原因。尤其要反思现代科学技术发展过程中技术的过度植入导致思想政治教育话语被"技术化""娱乐化""庸俗化""浅薄化"，导致思想政治教育话语失去了知识的广度、价值的深度及生命的温度。"科学世界是我们进修理性的'营地'，我们建在异乡的家园；生活世界是我们故乡的家园，我们最根本意义上的'家'，我们生命的根。"①在思想政治教育话语交往过程中，教育者要反思技术现代化过程对于思想政治教育话语本身目的、价值及意义的遮蔽，切勿因教育者过度技术化而导致思想政治教育话语的虚无，致使思想政治教育话语的完整性、系统性、价值性被肢解，继而使固有的价值和意义生成受阻。

可见，思想政治教育话语反思性关系的建构是指教育主体自我更新、发展的过程，因为反思是指向教育主体自身的，所以反思使教育主体对于思想政治教育话语交往始终保持一种批判、自省的态度，这种反省是一种反馈性的实践活动。教育对象对教育者传授话语的认可、接受或践行的程度决定着话语实施过程的实效性，教育者与受教育者之间的言说、倾听、互动、讨论等过程就是不同思想、观念及文化的交流和碰撞过程。教育者所描述的思想政治教育话语的目标、内容及价值取向与受教育者思想实际存在一定的距离，这种话语间隔、张力的存在正是思想政治教育话语发展的原动力。反思是思想政治教育话语主体最重要的品格，只有通过常规化、系统化的反思与对话，才能对思想政治教育话语的现状及存在的问题有更清晰的诊断，才能科学把握受教育者的思想状态，根据社会发展及受教育者的思想变化实际不断完善思想政治教育话语体系。思想政治教育话语交往过程中反思性关系的建构，要求教育主体要具有前瞻性反思、即时性反思及追溯性反思的能力。前瞻性反思是思想政治教育话语交往前的反思，包括对思想政治教育话语实施的主体对象、内容、结构、方法等具体话语实施过程的设置等应做好统筹规划，教育者对此都应有比较清晰的了解和掌握。即时性反思是思想政治教育主体在话语交往过程中所展开的反思活动，话语交往本身就是一种建构性的实践过程，在这个过程中需要将反思性实践贯彻始终，只有即时性反思"在场"，教育者才能及时掌握思想政治教育话语交往的现状，才能及时发现问题、分析问题并解决问题，更科学、合理地了解受教育者的思想、观念及行为的变化轨迹，进而针对具体思想和行为给予有效的支持、引导和教育。追溯性反思主要指思想政治教育话语交往关系结

---

① 项贤明. 泛教育论——广义教育学的初步探索 [M]. 太原：山西教育出版社，2002：231.

束后的反思性实践，即需要对思想政治教育话语交往整个过程进行反馈的实践活动，在这个过程中生成了反馈性话语。任何一种话语交往的结束都不是话语的终点，还需要对整个交往过程进行追溯性反思，审视思想政治教育话语交往过程的成功与不足之处，总结成功的经验，对于存在的不足之处进行深刻反思，这个过程对于提升思想政治教育话语的实效性极其重要。在现实思想政治教育话语交往过程中，往往因缺乏追溯性反思导致思想政治教育话语研究过程戛然而止，过程的不完整必然会使其呈现的效果不足。因此，反思性关系的建构对于思想政治教育话语交往来说，是教育主体自我不断反思、批判、生成与建构的过程。综上所述，思想政治教育话语主体交往生成性、理解性及反思性关系的建构其实质就是生成性话语、理解性话语及反思性话语生成的过程，只有在教育主体和谐交往的关系中才能孕育更有价值、有意义、有力量的话语。

第三节　思想政治教育话语转型的基本内容

思想政治教育话语转型是一个系统的范畴，不是某一方面或某一个要素的转型，而是立足思想政治教育话语内部结构的整体转型。教育者和受教育者作为思想政治教育话语交往的主体参与者决定着思想政治教育转型的效果，思想政治教育话语主体新型关系的建构过程亦是生成性、理解性、反思性话语生成的过程。思想政治教育话语内部系统的冲突与矛盾的实质是思想政治教育话语内部结构要素缺乏系统性的整合。思想政治教育话语转型必须立足内在结构要素的系统性建构，从思想政治教育话语内容、方法、语境、传播等方面深入探察转型的措施，构建思想政治教育话语内部和谐、有序的话语生态圈，构建思想政治教育话语转型稳定的内部结构。

一、思想政治教育话语内容的转型

思想政治教育话语内容是围绕思想政治教育的性质、目的、任务及本质展开的教育内容，是教育者根据社会发展要求及受教育者思想发展实际而有目的、有计划、有步骤地传授给受教育者思想知识、道德规范、价值观念等方面的内容。思想政治教育话语转型要求在思想政治话语交往过程中提升话语的描述、解读、理解、分析、批判等能力。在思想政治教育话语转型过程中教育主体在充分发挥"主导性"与"主体性"功能的同时，更要注重思想政治教育话语内容的转型、创新与发展，构建思想政治教育话语各要素和谐发展的话语生态圈，突破传统思想政治教育工具、控制、政治、独享等单向度话语的模式，实现思想政治教育价值、生活、精神、意义等内源性话语的创新与发展。

　　思想政治教育话语转型要立足社会发展及教育者思想、观念变化发展的实际，要以受教育者的认知、接受、践行程度为出发点。思想政治教育话语转型要摒弃传统思想政治教育话语交往过程中单向度的理论知识移植与搬运，理论知识的价值不仅包括对基本概念、原理及基本术语的传授，还包括这些理论知识话语在生成、传播的过程中不断产生的新的生长点，这是思想政治交往过程的灵魂所在。思想政治教育话语转型是知识话语向精神建构话语转化的过程，在教育过程中教育者不再是独立的言说者，而是与受教育者处于在相关思想观念、理论知识、基本理论等方面相互探讨、交流基础上的精神世界共生、共享的过程，这个过程亦是教育者与受教育者以主体身份角色共处于思想政治教育话语交往场域中时，教育者从知识话语传授的角色走进、了解受教育者话语诉求、疑惑、期待的过程。教育者要在具体的概念、术语、理论等知识性话语的解读、分析基础上更进一步地揭示知识话语背后所蕴含的价值及意义，不应该只做到相关具体知识话语的传授就戛然而止，还要用这些话语的内涵及意义引导受教育者学会运用和践行。教育者不仅要注重对相关知识点的总结、概括和传授，更要注重这些知识话语对于社会发展及受教育者生命的价值性和意义性的力量，不应单纯以知识话语的传授人为阻断思想政治教育过程的系统性或遮蔽思想政治教育话语的价值及意义。思想政治教育知识话语向精神话语的转换，不应只限于教育者与受教育者之间，同时应包括教育者之间、教育对象之间以及群体间的话语交往。无论任何教育主体，在话语交往的过程都应注重理论、教材、课堂、学术、实践等话语指向精神建构的意义及价值，教育主体更应主动去揭示、发掘、探秘思想政治教育话语蕴含的强大精神能量及价值。当前，我国社会结构的调整与转型为人们物质和精神世界的发展提供了更好的条件和契机，以经济为基础的物质生活的迅速发展、网络技术的普及为人们创造了丰富多彩的现实和虚拟生活，但人们的精神世界却充斥着空虚感、孤独感和无助感，喧嚣的背后是人们过度追求物欲生活而导致精神生活的失落。可以说，当前人们面对的世界日渐变得高效、快捷。然而，这并不意味着在这些资源可以为人恣意享用的今天，人类个体的成长变得更加容易，也不代表人类个体更容易保持抗拒平庸、保持简单、开放的姿态。在纷繁、喧哗的时代，在忙着追逐各种利益的时代，人类亟须思想政治教育话语来应对人们精神世界的空虚与迷茫，纯粹的知识话语输出只是单纯的符号堆集，不能治愈人们在社会发展中承受的阵痛，更无法引导人们在纷繁复杂的现实世界及虚幻的虚拟世界坚守最初的理想与信念。思想政治教育话语必须以受教育者的精神世界的构建为着力点，要塑造他们积极、健康、向上的世界观、人生观和价值观，引领他们以自身的力量去应对日常生活中的不足与缺憾，从而真正为受教育者解决思想上的困惑，这也是解除思想政治教育话语"意义危机"的必要路径。因此，思想政治教育知识话语向精神建构话语转型，要求教育主体要注重知识话语在彼此话语交往过程中内涵、价值及意义的生成，要明白知识话语并不是堆砌在教育者主体间的话语符号，而是在这些相关概念、原理、理论等知识话语的基础上揭示其所承载的意义及价值指向，找到开启教育主体精神世界的钥匙。思想政治教育话语本身就是建构主体精神世界的实践活动，就是让受教育者体悟生命的价值及意义的过程。

思想政治教育话语的目的并不是要将理论话语束之高阁，亦不是使受教育者在课堂上只能接受、认同教育者的话语，而当其真正到具体生活实践领域时却被规避。随着我国现代化事业的不断发展，公共领域成为人们社会生活的重要组成部分，公共心理问题、公共道德问题、公平正义问题、环境污染问题等社会公共性问题凸显。对于受教育者尤其是青年受众来说，社会的迅速发展、社会竞争激烈、人们生存压力骤增，使得"我们今日的整体社会生态，由于公共生活空间不够成熟，个体更多地选择在个人生活世界中精致地打拼，无暇去关注社会公共生活中的正义与秩序"①。这必然导致人们无暇参与社会公共生活，公共性意识的淡漠、缺乏成为现代人在公共性养成过程中亟须解决的问题。当代社会发展拓展了公共生活的空间，为人们提供了更丰富、更现代化的公共生活资源，但公共生活的规范化、人们公共道德与素养的提升依然需要进一步的加强。人们希望建构一套观念或理论体系在公共生活中引导大家去践行，但事实证明"我们的社会过于伦理化了，太过于喜欢构筑'观念'和'观念'系统，太过于热衷在'理念'、'意识'这些'形而上'方面做工夫"②，进而导致这些理论体系在公共生活领域的实践效果甚微。

---

① 刘铁芳.公共生活与公民教育: 学校公民教育的哲学探究 [M].北京: 教育科学出版社,2013: 9.
② 秦德君.公共生活的地平线 [M].北京: 中国社会科学出版社，2007: 21.

　　思想政治教育话语转型要针对当前公共生活领域话语被降格或销声的现象，拓展思想政治教育话语在公共生活领域的范畴及其实效性，提升思想政治教育话语在公共生活领域对于人们公共道德、素养、规范的塑造力，使思想政治教育话语能够掷地有声真正实现"落地"，而不是被悬置或边缘化导致公共生活陷入困境。可以说，人们的话语言说与其行动的分化、异化现象是导致公共生活中主体迷失的主要原因，因为"没有言语的行动不再是行动，因为这里不再有行动者；而行动者（行动的实践者）只有当他同时是说话者时，他才能成为行动者"①。思想政治教育话语转型要关注公共生活领域，其话语要根植于现实生活实践中去寻找生动、鲜活的话语资源，以具体理论话语扎根于现实生活，在具体的社会实践中提升思想政治话语的实效性；思想政治教育话语转型要善于从伟大社会实践中的重大理论及现实问题中寻找话语契机，发掘新的话语资源和经验，丰富和拓展思想政治教育话语内容的实践域。同时，要增强思想政治教育话语对于社会转型期具体实践的话语描述、解读和分析的能力，引导受教育者积极参与公共事件和社会实践的讨论度，增强受教育者与社会的融合度，深入受教育者的日常生活开展个体与集体、个体生活与公共生活的对话。思想政治教育话语内容的转型不仅要根植现实生活，更需要在网络虚拟世界中根据受教育者思想观念、生活方式、行为方式的变化以及现实公共生活中具体事件在网络中呈现的话语符号及规律，将这些网络话语的新表述、新特点和新传播方式纳入思想政治教育话语范畴，将这种虚拟化、多元化、个性化的话语表达和发展取向融入思想政治教育话语体系，以丰富思想政治教育话语理论及实践资源。在当前社会转型发展的过程中，领域的分化和新兴阶层的出现，要求思想政治教育话语要从理论话语拓展到公共生活中去，从课堂理论话语的传授深入到公共事件中话语的言说、解读、分析现象和澄清事实，引导人们从私人领域自我狭隘的经验中走向宽阔的公共空间，关注经济、政治、文化、社会及生态的发展。思想政治教育话语应通过具体话语主题的设置将教育性、公益性、公共性和娱乐性相结合，不仅应把受教育者视为单纯的个体，而且应该把他们纳入公共生活视域，使他们真正地成为社会生活实践的主体，达成公共生活的共识，关注他人、社会以及国家的发展，引导他们走进公共生活、关注公共事务、参与公共生活，在公共性的养成过程中增强其公共意识，共建和谐有序的公共生活。

---

① 汉娜·阿伦特.人的条件 [M].竺乾威等，译.上海：上海人民出版社，1999：181.

　　思想政治教育话语内容的转型必须处理好继承与弘扬、借鉴与创新的关系。思想政治教育话语转型必须继承我国优秀传统文化和现代文化底蕴，这些优秀的文化资源是新时代中国特色社会主义文化的重要组成部分，是思想政治教育话语的基本内容，思想政治教育话语要发掘我国传统与现代文化中蕴含的优秀的话语资源。并在此基础上结合中国的伟大实践进程赋予其新的时代内涵和意义。同时，思想政治教育话语转型是对中国共产党思想政治教育的历史与现实经验的总结与回应，这些理论与实践经验是思想政治教育话语的核心内容。思想政治教育话语内容必须立足马克思主义的立场、观点和方法，必须坚持新时代中国特色社会主义道路、理论、制度、文化自信，深刻反映新时代我国政治、经济、文化、社会、生态方面的发展，构建新时代中国特色社会主义语境下的思想政治教育话语体系，满足其对现代转型期教育主体生命、价值和意义的诉求，创造具有中国特色、中国风格、中国气派的思想政治教育话语。思想政治教育话语的继承并不限于对传统优秀话语文本资源的重复性生成，而是要在坚持优秀文化精髓和精神的基础上融入新的时代元素后进一步创新与发展的过程，这个过程可以赋予传统优秀话语资源新的时代气息和生命力。思想政治教育话语转型过程中亟须以话语的创新与发展来提升思想政治教育话语对于社会发展及受教育者思想、观念及行为的描述力、阐释力、理解力及批判力，但优秀的民族文化基因也是思想政治教育的核心话语，思想政治教育话语要在继承这些经典的话语资源的基础上进一步对其进行弘扬与发展。思想政治教育话语转型过程并不能闭门造车，而是要借鉴国外优秀的话语资源以及其他学科理论为思想政治教育话语提供更广阔的视域和研究空间。确切地说，思想政治教育话语转型就是要秉持"立足中国、借鉴国外，挖掘历史、把握当代，关怀人类、面向未来"①的发展逻辑，在借鉴当今世界其他国家、民族思想政治教育话语发展的特点和规律的基础上，进一步与新时代中国特色社会主义语境中的思想政治教育话语相结合，从国际视域审视思想政治教育话语现状，聚焦具有标识性的概念、理论及话语体系，为思想政治教育话语的民族化、国际化发展提供新的视角。思想政治教育学术话语不仅要扎根新时代中国特色社会主义的伟大实践中，还要与国际学界接轨，在借鉴、分析、批判、凝练、超越的基础上实现思想政治教育话语的民族化、国际化发展。总之，思想政治教育话语转型就是要着力构建具有中华民族特色的思想政治教育话语，对网络暴力

---

① 习近平.在哲学社会科学工作座谈会上的讲话 [M].北京：人民出版社，2016：19.

话语及网络话语的随意性、低俗性进行澄清和治疗，总结思想政治教育话语发展的内在逻辑、趋势和特点，实现思想政治教育话语向承载传统中国文化、表达中国精神、展示中国魅力和力量的话语转型。

二、思想政治教育话语方式的转型

方式指言行所采用的方法和样式，思想政治教育话语方式是指教育者采用何种方法和样式将思想政治教育话语目标、内容、价值等传授给受教育者。思想政治教育话语方式决定着思想政治教育话语的实效性，是衡量思想政治教育话语发展水平的重要标尺。思想政治教育话语方式是教育者和受教育者思想的表现形式，对于教育者来说，必须通过具体的话语言说方式将思想政治教育的话语内容、目标及价值传授给受教育者，这种话语方式的科学性、合理性、灵活性、多样性等特质决定着受教育者对于思想政治教育话语的认同和接受度。因此，思想政治教育话语方式转型研究属于方法论范畴，思想政治教育话语方式的呈现取决于教育者对思想政治教育话语结构及其过程的把握程度。当代物质生活水平及现代化技术的发展，为思想政治教育话语提供了更先进、科学、现代化的手段和方式。

思想政治话语方式转型要求教育者要充分发挥其"主导性"功能，为受教育者积极、主动参与思想政治教育话语交往活动并达到教育目的而实施各种方式、手段。思想政治教育话语采取怎样的方式开展思想政治教育话语交往活动决定着思想政治教育话语交往的实践效果。思想政治理论课是思想政治教育话语重要的活动场域，思想政治教育课堂话语的传授方式决定着教育者与受教育者话语交往关系的建构及其在此过程中生成、理解、反思性话语的生成效果。2019 年 3 月 18 日，习近平总书记主持召开的学校思想政治理论课教师座谈会对推动思政课改革和创新发展具有划时代意义，习近平总书记强调要"把思政课办得越来越好""办好思想政治理论课关键在教师""着力推动思政课改革创新""党的领导是思政课建设根本保证"，其中，思政课的改革创新就体现在"八个统一"上。① "八个统一"是思想政治理论课改革创新的方式，贯穿于思想政治教育话语交往的全过程，是思想政治教育话语必须遵循的方式和原则。思想政治理论课要坚持政治性和学理性相统一，政治性是思想政治理论

---

① 习近平.用新时代中国特色社会主义思想铸魂育人 贯彻党的教育方针落实立德树人根本任务 [N].人民日报，2019-3-19（01）.

课的核心话语，是意识形态主阵地中的"关键领域"。教育者要以透彻的学理分析来向受教育者解读相关的概念、术语、原理及理论，要以理论的彻底性说服受教育者掌握思想政治理论课话语，以真理的强大力量引导受教育者认同、接受和践行思想政治理论课话语，坚持价值性和知识性相统一。思想政治理论课话语最重要的功能不是理论话语的传授，而是在理论话语传授基础上对其话语价值及意义的揭示与引领，思想政治理论课话语的价值辨识、价值澄清、价值引领等功能有利于引导受教育者有效抵御各种社会思潮的冲击与侵蚀。知识性话语是价值性话语实现的基础和有力支撑，思想政治理论课首先要求教育者必须加强自身理论知识的武装及在课堂教学、学术研究过程中的运用与创新；要坚持建设性和批判性相统一，思想政治教育话语本身就是建构性的实践活动，不仅建构教育主体，同时建构社会实践。思想政治理论课也要坚持宣传主流意识形态话语，加强思想政治教育话语权建设，勇于直面各种错误的话语观念、思潮及话语霸权。思想政治理论课话语一方面要坚持弘扬社会主旋律、宣扬真善美、传播正能量的意识形态主阵地；另一方面要将社会主义核心价值观内化于心、外化于行，增强政治认同，引导受教育者做到"知""行"统一；要坚持理论和实践相统一，思想政治理论课所传授的话语具有很强的政治性、理论性、价值性及学科性，思想政治理论课要坚持理论话语、学术话语与实践话语、课堂话语与生活话语的统一。脱离具体社会实践力量的话语的说教必然是空洞、僵化、悬置的教条性的话语文本，然而没有理论话语指导的实践活动又是盲目的、形式化的、无意义的话语实践。思想政治理论课要坚持理论话语与实践的统一，坚持与时俱进的理论创新、发展品格，理论话语的内在驱动是根植于社会实践并经过其检验的真理性的话语。思想政治理论课教学、科研中凝练的学术话语是根植新时代中国伟大实践的话语、根植具体课堂教学中教育主体话语交往实践的话语、根植丰富多彩的社会生活实践的话语；要坚持统一性和多样性相统一，思想政治理论课要在教材编制、教学大纲、教学目标、教学计划与课程设置、内容选择等方面坚持统一要求，在具体案例选择、媒介使用、讲授方式、考核形式等方面坚持因地制宜、因时制宜、因材施教。在坚持思想政治理论课程具体要求的基础上以灵活多样的方式进行课程话语的传授，在统一性基础上以多样性的方式丰富思想政治理论课话语的内容、方法及手段，在多样性的基础上始终坚持思想政治理论课话语核心要义的主体地位；要坚持主导性和主体性相统一。教育者作为思想政治理论课的主导者，具有规划、组织教学活动的"主导性"职能，教育者要掌握思想政治理论课教材话语与课堂话语、教育者话语与受教育者话语的关系，对于思想政治理论课程的基本概念、术语、原理、理论及课程体系要有系统的掌握，要理解思想政治教育理论话语的精神。教育者同时要了解和掌握受教育者思想、观念的变化特点和规律，要针对受教育者的知识结构、认知能力和话语接受特点充分激发他们参与话语交往的积极性和主动性；要坚持灌输性和启发性相统一，教育者在课堂教学过程中要注重思想政治理论课理论话语的灌输和传授的方法，注重启发性教学方式的选择和运用，聚焦社会发展中的热点问题、现象，立足受教育者现实生活中的各种思想、道德、价值及社会问题的困惑，以受教育者普遍关注的特点、焦点问题为切入点设置思想政治理论课讨论主题，引导受教育者在思想政治理论课话语交往过程中根据所思、所想、所学去主动发现问题、分析问题和解决问题；要坚持显性教育与隐性教育相统一，思想政治理论课是高校思想政治教育中的显性课程，是做好大学生思想政治教育的主渠道，是捍卫大学生意识形态主导权和话语权的"前沿阵地"。因此，要挖掘高校其他课程体系和教学方式所蕴含的思想政治理论课话语资源以及充分发挥高校校园文化中所蕴含的思政课话语的实践资源，增强思想政治理论课话语的思想性、理论性和亲和力、针对性，构建"大思政"课程体系，实现全员全程全方位育人，全面提高思想政治理论课的质量和水平。

思想政治教育话语方式转型要注重结合当代科技发展过程中新技术手段的运用，改变传统思想政治教育话语方式的单一性，实现思想政治理论课话语交往的智慧化授课方式，但也一定要注重在当代思想政治教育话语交往过程中不能过度依赖现代科技实现思想政治教育话语的网络化交往，一定要坚持"内容为王"的原则，注重思想政治教育话语内容的继承、创新与发展。思想政治教育话语转型要注重与时俱进的发展思想，创新多样化的话语方式，就要求思想政治教育话语方式在运用的过程中要具有系统性发展思维，不仅要注重教育者对话语方式的开发与创新，更要注重受教育者的差异性及其话语接受的特点和规律，把思想政治教育话语方式的运用看作一个动态的、发展的过程，不应以一种话语方式以偏概全，更不能以静态的视角看待思想政治教育话语方式的转型，要注重思想政治教育话语方式的全面性和综合性。对于传统思想政治教育话语方式要以扬弃的态度结合现代教学手段进行优化组合，以开放包容的态度借鉴其他学科先进的教育方式以丰富和发展思想政治教育话语方式。思想政治教育话语方式转型同时要根据思想政治教育话语内容的不同及受教育者的差异性进行灵活运用，要在尊重话语方式普遍性原则的基础上注重个性化方式的开发和运用。例如，对于高校、军队、社区、企业、农民等领域思想政治教育话语的不同内容其话语方式也应进行多角度、多层次、多样化的运用以体现领域思想政治教育话语内容的特殊性；同时，思想政治教育话语方式的转型要注重方式的优化与整合，有序推进思想政治教育话语方式的多样化、系统化发展。

三、思想政治教育话语语境的转型

思想政治教育话语转型必须考虑教育主体的语境，因为在话语实践中，语境是承载话语内容的综合体，具有辅助教育话语表述、理解的功能，从话语分析的角度来看，语境对于思想政治教育话语交往活动的开展具有辅助和补充作用，话语只有在具体语境中才能进行完整的表述和意义的生成。思想政治教育话语转型必须正视语境的重要性及其在思想政治教育话语转型过程中的价值及意义。在迅速发展的当代社会，思想政治教育话语语境"具有即时性、多变性、场域性、灵活性等特征"[①]。当代社会结构的调整及转型促使思想政治教育的语境从宏观、中观到微观个体都呈现多元化、个性化，这就要求思想政治教育话语转型研究必须重视语境的变化及具体语境的特殊性，不能脱离语境进行思想政治教育话语的交往，那样容易导致话语断层、话语意义不能被充分实现的问题。这就要求教育者在进行思想政治教育话语交往的过程中其理论话语、学术话语、实践话语等都必须立足我国社会主义革命、建设和改革的语境，要深刻认识到我国特定社会发展时期思想政治教育话语的特殊性，不能脱离特定的历史境遇、时代特质、发展阶段的特殊性进行思想政治教育话语的交往。教育者只有身处具体的语境才能把握思想政治教育话语在特定历史时代、发展阶段所体现的话语的特殊性，不能断章取义进行语境的割裂，不能单向度地进行思想政治教育话语的描述、解读、理解、分析和批判，导致思想政治教育话语语义不能充分反映时代发展的特征、规律及本质，特定时期思想政治教育话语的意义没有得到充分的揭示和体现。同时，在思想政治教育话语转型研究过程中要注重在语境基础上思想政治教育话语的继承、弘扬与发展。面对新时代、新阶段、新征程，思想政治教育话语要根植新时代社会话语语境，理性面对当

---

① 洪波 . 思想政治教育话语范式转换研究 [M]. 杭州：浙江大学出版社，2012：64.

前全球化、网络化、智能化、生活化等现代语境对于思想政治教育话语提出的挑战和机遇，深入分析现代社会发展语境，拓展思想政治教育话语的外延、深化思想政治教育话语的价值意蕴。可见，思想政治教育话语转型研究就是要在全球化、民族化、信息化、现代化、网络化等新时代语境中开展思想政治教育话语的研究。

当前学界关于思想政治教育话语的研究成果颇丰，但具体审视思想政治教育话语的发展过程，不难发现大部分成果主要集中于高校思想政治教育话语和网络、新媒介等思想政治教育话语研究，而关于农村、社区、军队、企业以及新兴阶层话语研究的成果甚少。从上述思想政治教育话语研究态势可以看出，其研究呈现不平衡状态，对于高校、网络之外其他领域思想政治教育话语研究比较薄弱。其中最根本的原因在于学界关于农村、社区、军队、企业等领域思想政治话语的研究者相关专业性知识比较薄弱，主要都集中在高校，对于农村、社区、军队、企业等领域缺乏相应的语境和相应的专业支撑，导致目前诸多研究过程中存在着以思想政治教育话语的"普遍性"概括领域思想政治教育话语的"特殊性"的现象，导致关于农村、社区、军队、企业等的思想政治教育话语研究只是在外围打转，没有进入特定领域进行思想政治教育话语的特点、内容、规律及发展取向的特殊性研究。思想政治教育话语转型研究必须立足农村、社区、军队、企业等领域，拓展思想政治教育话语研究视域，打破目前"以偏概全"的话语统筹局面，充分体现领域思想政治教育话语的类别化、专业化研究。同时，当代社会的迅速发展催生诸多新兴领域和新兴阶层，思想政治教育话语在社会转型过程中要善于立足前沿，聚焦新兴阶层话语的特点、规律及发展取向，从思想政治教育话语视域对特定阶层、特定语境进行研究，即从话语主体到话语结构都要以特定语境为研究范畴，积极探究特定教育对象的话语诉求及特定语境中思想政治教育话语的发展取向及规律，要在注重思想政治教育话语系统性研究的同时，从新时代社会发展的多元语境开展思想政治教育话语的分化及融合性研究。

思想政治教育话语交往过程中出现教育主体话语的断层、区隔及话语意义难以在主体间生成等现象的根本原因之一就是教育者和受教育者在话语交往过程中未能充分重视教育主体话语语境的个性化、差异化特征。思想政治教育话语主体不能脱离具体社会语境及教育主体的个体语境进行思想政治教育话语的创生与传播，即完全剥离教育主体的知识结构、成长经历、兴趣爱好、专业素养等原生态语境而进行单纯的思想政治教育话语文本的研究，或者忽视受教育者的具体语境，在这些境况下都很难完整、有效地阐释思想政治教育话语文本的内涵及语义，思想政治教育话语的文本再生产也会受阻。思想政治教育话语语境可以完善、丰富和拓展思想政治教育话语的内涵及意义，进而使思想政治教育话语的内容、结构、价值及意义能得到更深层次的体现。教育主体在话语传授的过程中要注重受教育者的差异性，尤其是受教育者成长经历、兴趣爱好、专业知识、道德素质等各方面的差异性，必须摒弃单向度的思想政治教育话语语境研究方式，在针对受教育者个体语境及特定群体语境分析的基础上研究思想政治教育话语转型。教育者只有在理解受教育者所处的语境特性，在深入分析受教育者语境的基础上形成的思想政治教育话语才是有生命、有张力、有价值和意义的话语，这样的话语才能触及教育主体的精神世界。也就是说在思想政治教育话语交往的过程中，教育者与受教育者都要在理解的基础上构建理想的对话语境，教育主体都要从共在的现实生活语境、思想政治教育的学科语境出发，在与彼此相关涉的思想、观念、文化等交流的过程中寻找彼此共存的场域，促进教育者与受教育者思想、观念及行为的碰撞与交融，实现彼此精神世界的发展。教育者与受教育者语境的融合并不是教育者对于教育对象的一种话语的妥协或让步，更不是迎合受教育者普遍的同意或好感，其核心是要激发教育者了解和掌握受教育者思想、观念的变化特点和规律，进而调动受教育者参与话语交往的热情和讨论度，让他们感受到这些话语与"我"有关，让他们产生深刻的存在感和共鸣感。反思思想政治教育话语的交往过程可以发现，部分受教育者之所以会对思想政治教育话语产生抗拒、拒斥、漠视感，是因为他们觉得这些话语与"我"无关，无法调动他们进行话语言说的动力。教育者不能忽视受教育者在话语交往过程中的体悟而剥离其语境，导致教育主体话语交往关系的僵化或断裂。对于现实生活尤其是虚拟世界中的各种组织、群体，思想政治教育话语针对这些群体语境的特殊性要进行适当、及时的话语澄清与引导，避免因为话语暴力而引发群体极化现象。同时，当代社会发展中充满各种看法、观点和话语，这些声音在现实生活与虚拟世界中不断回响，充斥着人们的内心。思想政治教育话语要善于拥抱新话语，更要勇于直面多种声音，引导人们坚守真、善、美的话语并在现实生活中践行。

四、思想政治教育话语传播的转型

思想政治教育话语的创生与发展包括其话语的传播与应用，尤其在网络技术普及的今天，思想政治教育话语传播不仅在教育者与受教育者之间传播，同时包括群际、组织间的传播。新媒体是融合了人际、组织、国际传播等多种层面的媒体形式，强调人性化的传播，更加注重个性及主体的自主传播，新媒体在传播的过程中为思想政治教育话语的传播提供了空间及可能。可见，必须从思想政治教育话语的主体、受众、环境、内容、方法、路径等方面整体考量其传播的逻辑和机制，提升思想政治教育话语传播的信度与效度。

思想政治教育话语的传播力、辐射力、影响力是加强思想政治教育主体间交流、互动及话语效能的重要维度，传统思想政治教育话语由于时代发展的局限，以纸质媒介和电视、广播传播为主，当代网络技术的兴起与迅猛发展推动了思想政治教育话语传播的发展。思想政治教育话语传播的转型需要从非线性传播、链式传播、融合式传播等方面厘清思想政治教育话语的传播理念，尤其是当前思想政治教育话语传播的网络化，不仅大幅度提升了思想政治教育话语传播的速度，还极大地丰富了传播的内容体系。思想政治教育话语文本在网络空间中的浏览、互动、上传、下载提升了广大受众参与思想政治教育话语交往的积极性和主动性，为思想政治教育话语的传播提供了更多的机会和可能。思想政治教育话语的传播理念必须始终坚持以马克思主义为主导，立足新时代中国特色社会主义建设的伟大实践，以思想政治教育学科的现代化发展为取向，将思想政治教育话语的主体、结构、内容、语境、方式等多种元素进行有机融合和统筹。思想政治教育话语的传播必须坚持以人为本的理念，要将社会所要求的思想观念、道德规范、主流价值通过思想政治教育话语来进行传播，必须从受众的个体差异、社会类型、群际关系等方面深入考察思想政治教育话语传播的内在逻辑。尤其对于青年受教育者来说，他们的兴趣、爱好、性格、价值观的差异决定了他们具有不同思想倾向和行为，他们在接受思想政治教育话语的过程中遵循着内在的选择机制，即他们选择性地注意、理解、记忆和接受与自我需求相关的思想政治教育话语文本。这决定了青年受教育者在进行思想政治教育话语传播的过程中，首先会以自我的话语诉求为基本内在逻辑，驱动他们自主、自觉地参与思想政治教育话语的创生与传播。因此，教育者要注重受教育者的身心发展的特点及规律，充分考虑受教育者的话语诉求及情感体验。

思想政治教育话语传播不仅包括教育者与受教育者之间，也包括受教育者之间、群际间的话语传播，思想政治教育话语的创生与传播是诸多个体、群体间的思想、观念及文化交流互动的过程。思想政治教育话语传播转型要求教育者必须深入了解不同群体及其受众的兴趣、爱好、需求、价值观及其对思想政治教育话语的态度，从而有针对性地设置思想政治教育话语主题，提升思想政治教育话语传播的效能。思想政治教育话语传播转型必须注重教育主体关系和各类群体关系在思想政治教育话语传播中的作用，各类群体对思想政治教育话语文本关注度的差异性是由他们特定的话语范畴所决定的。各类群体在网络平台中都有他们自己特定的机构、管理及互动方式，各群体会根据自己文化资本的积累程度设置具体的层级制度及话语权，对于在群体范围内所进行的具有群体特质、标识的话语在创生与传播过程中产生的话语异化现象，思想政治教育话语必须进行及时的话语规约、纠偏、引导及治疗。网络平台中各类群体、个体话语的传播速度和范围超越了现实生活，而各类网络群体对于个体来说其群体范围内专属的话语文本不同于其他群体。因此，思想政治教育话语传播转型需要深入了解各类特定群体的思想、观念、行为及其内部话语传播逻辑，只有在此基础上思想政治教育话语才有可能与各类群体及其成员展开有效的话语交往，进而提升思想政治教育话语在群际间的传播效果。

话语传播必须借助媒介平台，随着现代传播技术的发展及普及化，传播平台进入门槛逐渐降低，传播平台也从现实世界向虚拟世界进一步延伸和拓展，传统媒介与现代媒介的融合式发展已成为趋势。思想政治教育话语传播也借助网络技术平台的发展实现了思想政治教育话语的现实传播与虚拟平台相融合的发展模式。思想政治教育话语的传播权力从传统的"自上而下"集中发布转向多源发点、分散化的生成发布，"去中心化"态势也逐渐凸显，受教育者个体差异化的思想、观念和喜好偏向等成为思想政治教育话语交往活动的内在逻辑考量的重点，因为其包含着受教育者的话语诉求、期待与憧憬。新旧媒介的联动发展与融合，尤其是新媒介作为一种社会化媒介，"它突破传统媒体单向传播的方式，凸显其交互反馈的功能；其次，它是去中心、去组织化的媒介平台；话语权由少数人转向多数人；由统一集权，转向多头分权；话语权威由媒体的掌控者，更多地偏向知识话语的传播者"①。对于受教育者来说，相比于"宏大叙事"的思想政治教育话语文本风格，他们更易接受"微小叙事"、碎片化、轻松愉悦的文本风格，这也恰恰成为思想政治教育话语生成与传播的源泉。在新媒介平台关于思想政治教育话语的主题设置应更加多元，受教育者所关注的热点议题在多元媒体场域突破原有的发展轨迹，人性中的虚伪与脆弱、傲慢与迷狂、真诚与挚爱、倾听与盲从、批判与建构、理性与非理性的思维及情感交织于受众的网络交往中，思想政治教育话语在传播的过程中要针对受众话语的取向引导他们直面各类思想、情感的迷茫与困惑，勇于追求真、善、美。

当前媒介环境已从区域传播转向全球的信息流动与共享，思想政治教育话语的传播也打破了传统区域的限制实现了跨界传播，超越了种族、地域、时空及语言等差异所形成的障碍。在当前"互联网＋"的网络思维指引下，"互联网＋教育"开启了教育网络化、智慧化的发展模式，思想政治教育话语传播与新媒介融合发展成为其发展的新态势。在这种背景下，思想政治教育者也要进一步推进思想政治教育话语与科技的深度融合，消除思想政治教育话语传播的壁垒，挖掘新媒介场域中思想政治教育话语传播的新特征，满足受教育者多样的话语诉求，提高受教育者话语创生及传播的水平，促进思想政治教育话语在新媒介场域中的转型与深度发展。思想政治教育话语要想借助网络媒介的发展强化其在网络平台传播的效能及影响力，必须立足新媒介的基础优势和发展态势，大力加强在全媒体语境下思想政治教育话语传播的引导能力建设，强调电子报刊、网络广播、IPTV、三网融合、移动互联网等新媒介产业在传媒体系中的创新引领地位。注重打造思想政治理论课网络精品课程，加强各类高端学术会议、学术期刊网络平台建设，构建思想政治教育共同体虚拟学术交流空间。注重建构全景式的网络思想政治教育实践虚拟平台，全方位加强思想政治教育智库建设，促进思想政治教育理论话语、学术话语、实践话语等在网际空间中的传播，同时加强思想政治教育话语在网络空间对受众个体话语、各类群体话语及网络舆论的规范引导作用。应发挥北京、上海、深圳、广州等具有高度聚合性和强大传播力的大城市的功能，把思想政治教育话语真正纳入公共生活范畴，实施文化云计划，提高思想政治教育话语的传播、引导和服务效能，

---

① 师曾志，胡泳. 新媒介赋权及意义互联网的兴起 [M]. 北京：社会科学文献出版社，2014：133.

建立思想政治教育话语大数据，实现思想政治教育话语生成、消费、传播、创新的供需精准匹配，有效整合各种媒介资源和生产要素，推动传统媒体和新兴媒体的融合发展，完善思想政治教育话语传播机制，构建现代思想政治教育话语传播体系。

面对当前思想政治教育话语所遭遇的逻辑性失序、主流话语缺场、主体性迷失等发展困境，必须从思想政治教育话语主体、内容、传播载体、方法、路径等方面确立社会主义核心价值观的主导地位，遵循我国文化发展战略，把以网络平台为主要载体的思想政治教育话语的吸引力、影响力，作为"塑造民族精神家园、加强文化价值的传承发扬、提升文化认同度的重要构成，在网络文化中实现从文化经济、文化工业维度向文化品质、文化价值维度的转变和提升，打造具有中国特色和世界影响力的网络内容中心"[①]。思想政治教育话语传播无处不在、无时不在，思想政治教育话语传播的效能只有当其价值及意义得到体现时才能得以提升。网络媒介作为思想政治教育话语传播的渠道，建构了多渠道、多载体、多方式的思想政治教育话语传播的多元格局，促进了思想政治教育话语创生力及传播力的提升。思想政治教育话语的网际传播提升了教育主体的自主性和创新性，但同时需要注意在传播过程中出现的话语文本的模仿、复制和创造性乏力现象，这种现象会导致思想政治教育话语在传播过程中缺乏生命力和时代感。尤其是在网际空间中话语的商品性、消费性、娱乐性等遮蔽了思想政治教育话语的思想性、学科性及价值性。因此，教育主体要注重思想政治教育话语在传播过程中的话语内涵性建设。同时，在思想政治教育话语传播过程中应规范其传播秩序，引导教育主体无论是在现实生活还是在虚拟空间中进行话语传播时，都应尊重秩序、规则，树立思想政治教育话语传播的秩序感。尤其是对于青年受教育者来说，他们的话语注重自我个性、旨趣的彰显，在思想政治教育话语传播的过程中应警惕过度地实施、传播"自上而下"的话语，从而导致他们个性、旨趣的消逝。此外，还应防止个性、旨趣的无边界、无规则导致思想政治教育话语传播失去应有的自律性、规范性、批判性，进而走向庸俗与迷狂。在思想政治教育话语传播过程中对秩序、道德、规则及法律敬畏感的树立是教育主体应有的自省态度，更是思想政治教育话语传播的底线及原则。应整合法律、行政、经济等力量规范青年受众的传播秩序及行为，坚决遏制违法、有害话

---

① 孙东哲.新媒体与国际传播[M].北京：外文出版社，2014：359.

语信息的传播，加大对话语谩骂、诋毁、蔑视、嘲笑等侮辱、歧视性的话语暴力现象的管理、惩戒力度，规范思想政治教育话语的传播方向，巩固、壮大积极、健康、向上的主流舆论。

在思想政治教育话语传播过程中，教育主体必须认清自己的历史使命及责任，要始终坚持社会主义先进文化的前进方向，积极关注我国优秀的民族文化，弘扬时代精神，坚持正确的舆论导向，遵循网络传播规范，加强思想政治教育话语传播系统的建设与发展。

第七章 思想政治教育话语转型案例研究

——以习近平新时代中国特色社会主义思想宣传教育为文本

    理论思维深植于时代之基，是对时代的理性思考和主动应答，它是动态的，而非静止的，它既受时代客观性的限制，又超越时代而具有一定的超前性和牵引力。不同时代的理论思维在形态、内容、意义、价值等方面都发生了质的变迁和飞跃。相应地，用以阐释和说明理论的话语体系也必然是变动不居的，在历史变迁和社会嬗变中将理论的神秘面纱层层揭开，以时代化、社会化、大众化的言说方式和心理惯习将理论之"魂"、理论之"根"、理论之"髓"传递给社会大众。

    思想政治教育话语转型是一个动态化、持续化的过程，思想政治教育话语体系要与时俱进。思想政治教育的理论来源和主要内容是作为党的指导思想体系的理论文本，当其发生变化时，具有阐释功能的思想政治教育话语也必然随之而变，这种变化可以是递进式、变革式或根本性的。一般而言，思想政治教育话语是滞后于理论文本生产的，文本话语是对理论的自我言说，思想政治教育话语是对文本话语的再生产和加工，是对理论的阐释和转译，是主客体间关于理论本源、价值的"认同共享"和意义、风格的"景观呈现"。同时，思想政治教育话语的"无力""失语"甚至"缺场"，会导致理论的意义"遮蔽"、价值"流失"和风格"庸俗化"。思想政治教育话语转型既是主动性适应，又是被动性倒逼；既是对学科传统的继承和发展，又是对时代变迁的回应和创新；既经历了结构性变革的"阵痛"，又获得了破茧成蝶般的"新生"。

本章将理论文本演进中的话语语境变迁界定为递进、跃迁和升华三个层级，体察理论文本间的生命延续、生命聚合和生命激荡等生命力价值意蕴，探微思想政治教育话语的承继、整合和自觉转向的表征及意义。基于习近平新时代中国特色社会主义思想宣传教育文本分析，以求在具体案例中探察思想政治教育话语转型的迫切性和必然性，并梳理和解析思想政治教育话语在理论宣传教育的具体应用过程中的多元化主体间的力量博弈、理念碰撞、话语争锋和价值考量，进而全面呈现出转型中的思想政治教育话语的魅力、气质、风格和意义指向。

第一节　基于理论文本话语语境变迁视域下的
思想政治教育话语转型

在思想政治教育话语体系中，习近平新时代中国特色社会主义思想是当前最具活力、说服力和凝聚力的核心话语文本，对于理论文本的阐释、转译和宣传是思想政治教育话语的时代重任。"中国共产党是用马克思主义武装起来的政党，马克思主义是中国共产党人理想信念的灵魂"[①]。如何用习近平新时代中国特色社会主义思想有效地武装全党、教育人民、铸魂育人、指导实践，是马克思主义中国化时代化的必然要求，也是思想政治教育话语的根本任务。话语语境根植于时代，并随时代更迭而发生变迁。新语境中的理论文本话语言说方式、风格、路径、意义等皆因时代而变，推动思想政治教育话语转型，进而将其所承接的理论文本宣传教育使命以科学化、体系化、现代化的方式进行全景式呈现。

一、理论文本宣传教育话语创生的时代根基

客观而言，源自于西方学术界的话语分析理论研究进入中国学界的时间不长，但西方话语体系的综合影响却分布广泛且根深蒂固。话语分析研究在语言学、历史学、传播学、思想政治教育学等相关学科中应用普遍，迅速成长为学术研究的"热点"。进入 21 世纪后，话语相关范畴的科学研究逐渐发展为思想政治教育学科建设的核心领域之一，并形成具有中国本土化气派、风格、精神和意义的话语体系。目前，相关议题主要是基于话语要义对思想政治教育进行历史溯源、轨迹分析、理论建构、情境解析及实践应用等。同时，思想政治教育话语根植于中国社会转型期，内生于思想政治教育现代转型期，具有自我演进和变迁路径。"思想政治教育现代转型是对思想政治教育传统的承接与超越基础上实现的历史转向，既是对思想政治教育传统的'去伪存真'式的继承和阐扬，又是对传统思想政治教育的超越基础上的新的转型与发展，对于思想政治教育的现代化、时代化、科学化具有重要意义"[②]。因此，思想政治教育话

---

① 习近平 . 在纪念马克思主义诞辰 200 周年大会上的讲话 [N]. 人民日报，2018-5-5（02）.
② 孙其昂 . 思想政治教育现代转型研究 [M]. 北京：学习出版社，2015：9.

语转型是思想政治教育学科发展过程中的阶段性提升和更高层次的升华，是主动迎合历史发展变革期的内在调整和自我更新，是学科现代化、时代化和科学化的必然要求。

语境变迁是思想政治话语转型的外部动因。"社会转型是思想政治教育话语转型的推动力量，思想政治教育现代转型构成思想政治教育话语转型的整体语境"①。中国的社会转型是从传统社会向现代社会的结构性、整体性、根本性转变，必然会引发和推动思想政治教育的内在转型，这种转型具有时代性、社会性和持续性，可以为思想政治教育话语的转型建构新颖而独特的整体化、立体化的社会语境。本书对思想政治教育话语转型进行了历史溯源、考察和分期，将其划分为徘徊反复期（从革命话语到建设话语）、艰难变革期（从建设话语到改革话语）和探索塑造期（从改革话语到多样话语）等三个阶段。本章在此基础上，基于马克思主义中国化时代化的演化轨迹、内在规律和时代特质，结合习近平新时代中国特色社会主义思想的理论意义和时代价值及其与马克思主义之间的承继和创新关系，进一步将探索塑造期细化为递进、整合和自觉创新三个"微"阶段。

现阶段，对于马克思主义中国化时代化最新成果的阐释、转译和宣传是时代之义、理论之要和大众之需，思想政治教育话语应将习近平新时代中国特色社会主义思想的基本内容和意义价值及时、生动地传达给社会大众。同时，需要注意的是其理论阐释和文本宣传教育不同于一般性的科学理论，它既有理论文本个性化的内容结构、意义价值和言说逻辑，又有理论文本间的一脉相承、话语承继的共识性和创新升华的独特性。因此，要基于话语语境变迁视域，考察党的指导思想理论文本的演进路径、发生逻辑和时代价值，从中窥视文本话语、阐释话语和宣介话语的生成及变化规律。

当前，国内外形势纷繁复杂，冷战后的世界格局与世界秩序处于变化调整期，中国社会转型日益深化，新问题、新矛盾、新挑战层出不穷，孕育和推动着新理念新思想新战略的出现。"这是一个需要理论而且一定能够产生理论的时代，这是一个需要思想而且一定能够产生思想的时代"②。作为党的指导思想的理论体系在时代变迁和社会转型中不断得以丰富和完善，理论文本间的演进、逻辑、结构及格局等关系进一步得以明确和规范，理论文本话语的表述

① 孙其昂.思想政治教育现代转型研究 [M]. 北京：学习出版社，2015：283.
② 习近平.在哲学社会科学工作座谈会上的讲话 [M]. 北京：人民出版社，2016：8.

逻辑、言说格局、功能指向等发生了明显变化，话语语境出现递进、跃迁和升华，促使思想政治教育话语体系发生解构及重组，从承继、聚合向自觉创新转化。

二、理论文本的生命延续与话语承继

语境是话语分析研究的基础。思想政治教育话语语境具有广义和狭义两个不同范畴的定义和理解。从狭义上看，"思想政治教育话语语境是思想政治教育活动过程中形成的，使思想政治教育话语能够得以有效灌输、传播、说服，教育者与受教育者得以有效交往、互动的言语场域"①。它是一种内生的，具有学科界域属性的"微观"语境，是思想政治教育话语生产、言说、传播、交锋的空间场域。从广义上看，思想政治教育话语语境根植于社会发展与时代变迁，是基于国家宏大视野布设议题、组织开展思想政治教育活动塑造而成的，是一种外在的"宏观"语境，由多种要素整合建构而成，具有自己的演进轨迹和内在规律。思想政治教育话语语境随着作为话语阐释和宣介的主要内容的理论文本的核心要义、议题布设、逻辑关系、内容结构、意义价值等变化而发生变迁，或者说是呈现出一种语境递进样态，即理论文本间围绕中心议题进行阶段性推进和深化，本质上属于同一层次的生命延续，是一种历史使命的转接，而其话语体系间是一种承继而非根本性革新的关系。

时代是思想之母，实践是理论之源。马克思主义诞生于波谲云诡、风云变幻的国际大舞台，其理论思辨升华与践行自证共生、融合。中国共产党将马克思列宁主义基本原理融入中国传统与现实，深植于具体国情，在摇摆与坎坷之中坚定自我、建构自我并选择了一条中国"特色"之路，在马克思主义中国化时代化的进程中坚持不懈地开辟了马克思主义的新境界，产生了新的理论成果，凝练、建构起党的指导思想体系。不同于一般理论的自限性和排他性，作为党的指导思想的理论体系具有科学、开放、承继和创新等属性。马克思列宁主义是其理论文本谱系生成的基点，不同理论文本间的基本立场、观点和方法一致，理论精髓、本源逻辑和未来愿景是一脉相承的，它们是中华优秀传统文化与西方进步文化中的合理要素融合于中国伟大实践进程之中形成的马克思主义中国化时代化理论形态。毛泽东思想是在承继和吸收理论精髓和科学方法的基础上创新而成的"本土化"理论成果，它指导中国革命最终走向胜利，建构

① 邱仁富.思想政治教育话语论 [M].上海：上海交通大学出版社，2013：56-57.

起以革命话语为内核的话语体系，在建设期主动或被动地向建设话语转向，形成了徘徊反复式的思想政治教育话语体系。其主要表现和特征是，革命话语主导性虽有所退却但未离场，建设话语主导性未确立并受到革命话语的有力冲击，话语主导权边界未定，呈现出一种徘徊反复、拉锯式的演进样态。

邓小平理论是在科学认知和研判时代主题的基础上，对时代变革期中国建设和发展问题的深入思考和理性回答，它对建设中国特色社会主义这一时代课题进行了科学阐发和实践指导，是马克思主义中国化时代化的又一重要理论成果。"改革是中国的第二次革命"①，邓小平理论书写了中国特色社会主义的历史新篇章，开启了建设 2.0 时代，建构了新的话语主题和阐发基准，基于"什么是社会主义、怎样建设社会主义"的本源性思考，将中国发展推向"深化期"，推动思想政治教育话语从建设话语向改革话语进行转化。其主要特征和表现是：革命话语的退场及隐匿，建设话语向改革话语的探索及积极转向，但受革命思维、西方思维、世界格局根本性变革等阻滞性因素制约，改革话语主导权建构和确立进程复杂多变、历经艰辛，但总体上呈现出一种积极创新、活力十足的正向演进样态。

"三个代表"重要思想深植于中国伟大实践之中，其理论精髓、逻辑结构、核心观念、科学方法等关键要素和马克思列宁主义、毛泽东思想、邓小平理论一脉相承，并在回答和解决时代课题的过程中与时俱进地进行了创新和升华。它对党的建设进行了深入思考和科学阐释，将党的先进性、客观性、必要性及其时代价值、实践意义予以生动描绘和形象展示，并对社会转型期的中国进行了全面性、深层次的分析，这也是对传统社会向现代社会转型问题的理性反思。"三个代表"重要思想在进一步阐述社会主义建设的基础上创造性地解答了"建设什么样的党、怎样建设党"的问题，基于中国发展实际将建设中国特色社会主义向深层次、高水平推动，并围绕"党的建设"进行广泛而深入的研究，拓展和深化了话语本源和指涉范畴。全面贯彻落实"三个代表"重要思想，揭示了党的先进性所依赖的是国家实力的显著提升、文化竞争力和感染力的增强以及人民群众幸福感的获得。其中，发展是关键所在，而蕴含其中的现代发展观成为题中要义。

社会转型中的经济社会发展导向在一定程度上导致了人的全面发展失衡。传统发展观向现代发展观转化的核心是"如何发展"与"为何发展"之争。传

---

① 邓小平文选（第三卷）[M]. 北京：人民出版社，1993：113.

统发展观的本质是一种"物本主义"，它追求经济发展的速度和体量的绝对增长，"物化"倾向凸显，容易忽视对"人本主义"的关照，这是西方社会工业化进程中难以治理的社会危机。正如威利斯·哈曼所言："我们在解决'如何'一类的问题方面相当成功""但与此同时，我们对'为什么'这种具有价值含义的问题，越来越变得糊涂起来，越来越多的人意识到谁也不明白什么是值得做的。我们的发展速度越来越快，但我们却迷失了方向"[①]。传统的发展观中价值理性缺失，人的根本性难以得到全面体现。相反，社会阶级分层、两极分化极端倾向严重，致使贫富差距拉大、人民根本利益受损。人民立场、人民利益、人民幸福是马克思主义的基本立场，是与资本主义制度的本质区分，是中国共产党的价值遵循、根本目标和实践参照。

2003 年 7 月，胡锦涛在全国防治非典工作会议讲话中首次提出科学发展观，对可持续性发展问题进行了深入探讨。经过理论推演与实践探索，胡锦涛在党的十七大上的报告中对科学发展观的内涵和意义进行了系统、科学的阐释。"科学发展观，第一要义是发展，核心是以人为本，基本要求是全面协调可持续，根本方法是统筹兼顾"[②]。这不仅是在承继时代课题的基础上进一步深化推进社会主义建设，还是对建设过程中的"发展观"问题进行理性思考和科学分析的理论创新。科学发展观是对传统发展观的理性借鉴、合理摒弃和自我创新，在追求经济社会发展的基础上突出了人文向度，维持价值理性和工具理性的基本平衡以抑制工具理性的单向过度膨胀，从本质上规定了发展的价值偏好，有效避免了发展中的价值"缺场""错位"和"迷失"。科学发展观是马克思主义关于发展的世界观和方法论的集中体现和科学阐发，其本源内核是"价值观"。"发展观"和"价值观"及其相关性概念纳入思想政治教育话语体系，既是对"三个代表"重要思想话语思维和方法理念的承继和阐发，又是构建社会主义和谐社会的科学指引，将探索塑造期的多样话语的魅力及风格初步呈现出来，并逐渐成为建构中国话语体系的有机组成部分。科学发展观的融入和引领是构建社会主义和谐社会的内在要求和价值遵循，两者有机统一于中国特色社会主义伟大实践进程之中。构建社会主义和谐社会的基本原则和价值导向是建构社会主义核心价值体系，这是社会主义制度的精神本源和生命之核，

① 威利斯·哈曼. 未来启示录 [M]. 徐元，译. 上海：上海译文出版社，1988：192.
② 胡锦涛. 高举中国特色社会主义伟大旗帜 为夺取全面社会小康社会新胜利而奋斗——在中国共产党第十七次全国代表大会上的报告 [M]. 北京：人民出版社，2007：15.

是区隔资本主义制度的价值尺度，是社会主义制度在价值层面的本质规定，是科学发展观在伟大实践进程中的价值体现和能动反映。它的核心就是社会主义核心价值观，共有十二组词二十四个字，从国家、社会、个人等三个层面来界定和阐释了价值观的基本内涵、核心要旨、价值倾向和规约尺度，以通俗、简单、直白的话语词汇精准地描绘出了整个国家和民族宏大的价值愿景。

三、理论文本的生命聚合与话语转向

语境递进是基于同一层级内部的延伸和深化，是围绕特定核心话语议题从不同的领域、视角、阶段开展的探索，从其逻辑进路看呈现出线性、散发式递进特性，不是根本性、颠覆性的整体创生和体系建构。语境跃迁是基于某个时空节点在原有语境递进基础上发生的层级跳跃，它不再局限于理论文本间的生命延续和话语承继，而是一种体系化、现代化的聚合和风格转向，亦即理论文本间的生命聚合创生和话语体系的风格转向重塑。语境跃迁深植于世界格局大变革及中国特色社会主义理论体系创生进程之中。

此时的中国所处的国内外环境形势严峻、复杂多变、挑战与机遇共存，这对中国共产党的执政理念、思路、能力及治理方案提出了更高的要求。首先，发生于 20 世纪 80 年代末、90 年代初的东欧剧变和苏联解体引发了世界格局的颠覆性变化，两极格局崩塌，美国成为唯一超级大国，国际社会主义整体力量发生断崖式衰减，共产主义运动陷入低迷期。从形式上看冷战结束了，但冷战的产物及冷战思维并未彻底消失，霸权主义、强权政治在国际社会中依然客观存在，并时而突发。以美国为首的西方资本主义国家从未放弃对社会主义国家的"围剿""遏制"及"和平演变"，它们从政治体制、经济制度、社会服务、文化影响、军事力量等多方面炫耀资本主义制度的强大生命力、竞争力和优越性，全方位、多领域、分层级地抑制社会主义国家的发展，利用强权不断压缩其话语空间，削弱社会主义国家的话语权。从话语主导权看，西方资本主义国家在经济、政治、军事、文化、社会等皆占据绝对优势，社会主义国家话语势弱，唱衰社会主义、唱衰中国、宣扬"中国崩溃论"等话语舆论在国际社会中不绝于耳，"历史终结论"甚嚣尘上，西方价值和制度的优越感被放大、渲染到极致，社会主义是被迫走向消亡还是破釜沉舟、另辟蹊径开辟、攀登发展新境界，成为摆在社会主义国家面前的生存之问。其次，不同国家间的发展理念、方案存在差异化、多元化，国际政治经济发展呈现出不均衡、局部对冲、冲突与合作并存等多种样态，国家间相互依赖的程度进一步加深。世界格局并未形成美国一超称霸、主宰独大局面，一超多强格局向多极化转化是世界历史发展的必然趋势。世界战争大规模爆发的可能性微小，竞争和合作成为国家间交往的常态化方式，反对霸权主义、强权政治的声音和主张占据主流，原有话语权随两极格局的崩溃发生分散、转移或重置。新的话语主导权的争夺及话语权重新界定成为国家间博弈的基本目标和利益诉求，其博弈砝码从主权国家治理体系、治理能力和治理方案中择取和展示，开启了一场全新的没有硝烟的"战争"。最后，中国基于对时代主题的精准、科学研判，将全党工作重心向经济建设转移，坚守独立自主、改革开放政策，摆脱了东欧剧变、苏联解体及社会主义阵营瓦解带来的社会主义势弱的阻滞，战胜了资产阶级自由化思潮的侵蚀和干扰，集中力量推进内涵式发展，妥善处理了亚洲金融危机的猛烈冲击和致命威胁，香港、澳门的相继回归及其成功治理方案，极大地彰显了中国维护国家根本利益的决心和治理国家的智慧与勇气。以邓小平同志为核心的党中央开创了中国特色社会主义理论体系，科学界定了社会主义的本质内涵，提出了建设中国特色社会主义的新道路、新理念和新方案，初步构建了具有中国特色的话语体系；以江泽民同志为核心的党中央以"三个代表"重要思想继承、深化推进中国特色社会主义建设并将其成果推向21世纪，谱写了世纪新篇章，极大地丰富和发展了中国话语体系；以胡锦涛同志为总书记的党中央以科学发展观引领和推进社会主义和谐社会建设，既丰富和优化了党的指导思想理论体系，又从宏大的世界观和方法论视野健全和完善了中国话语体系。中国基于世情、国情、党情选择与资本主义发达国家不同的发展道路，全面、深化推进中国特色社会主义建设，酝酿、擘画具有中国智慧、中国气派、中国风格的中国方案，构建和充实中国话语体系，对外提升国际话语权重，对内提升话语吸引力、针对性和有效性。

随着国内社会转型的日益深化，原本隐藏至深的矛盾一一呈现，中、西方社会思潮、观念、话语的侵蚀相交锋或杂糅。国内外的严峻形势逼迫、推进思想政治教育话语体系的适应性变革与构建。科学化、体系化、现代化是思想政治教育学科建设的根本遵循和内在规范，是思想政治教育话语体系的基本原则、风格意义、内容结构、价值属性等关键要素的建构尺度，是思想政治教育话语转型的基本目标和价值诉求。中国特色社会主义理论体系的提出，是思想政治教育科学化、体系化、现代化的理性追问和现实关照，它改变了原有的线性、发散式的语境递进样态，语境发生跃迁，理论文本间从单一、并列式向体系化、整体性整合，继而大力推动了话语体系的整体转向。

进入 21 世纪，国内外形势变化多端，思想政治教育学科建设进入质变期，人们的思想观念日益多元，思想政治教育学科的依附化、寄生化"存在形态"导致思想政治教育边界模糊、方法冗杂、话语无力、功能低下，严重滞后于时代发展，难以满足学科内在发展要求及社会大众需要。因此，2005 年的《关于调整增设马克思主义理论一级学科及所属二级学科的通知》将思想政治教育学科调整至新增的一级学科马克思主义理论之下，此次学科调整是对国内外环境变迁、学科建设与发展的积极、主动回应，基本目标是基于马克思主义中国化时代化成果的不断丰富进一步推进和加强党的思想理论建设，全面深化对马克思主义理论体系的科学化、时代化研究，积极探索思想政治教育内在规律并开展针对性、有效性的研究。同时，进一步明确了各二级学科的属性和地位，标志着思想政治教育学科从分散式、隐性向体系化、显性转向，初步界定了学科的边界、内容、方法、话语及功能、意义。同时，从思想政治教育概念的科学界定中可以看出，对党的指导思想的学习、阐释、宣传是其核心功能和主要任务，以科学思想理论铸魂育人、改造主客观世界为其基本目标。

在语境跃迁背景下如何界定理论文本间的生命聚合，进行系统化、体系化、整体性学习，科学阐释和宣传教育成为一个崭新、迫切的课题。2007 年，胡锦涛在党的十七大报告中正式提出了中国特色社会主义理论体系这一新的时代命题和科学概念，它是"包括邓小平理论、'三个代表'重要思想以及科学发展观等重大战略思想在内的科学理论体系"[①]。这一新概念的核心要旨指涉建设和发展中国特色社会主义主题，是对马克思主义中国化时代化理论成果的整合和统称。它改变了传统观念中的单个化、并列式的思想理论文本的创新和话语精髓的承继，是深植于中国特色社会主义伟大实践并以之为中心轴，通过对理论文本原有生命的超越和整合，建构起一个不断发展的、开放的、充满生命活力的科学理论体系。同时，中国共产党将"开展中国特色社会主义理论体系宣传普及活动，推动当代中国马克思主义大众化"[②]作为新时期的思想理论宣

---

① 胡锦涛.高举中国特色社会主义伟大旗帜 为夺取全面社会小康社会新胜利而奋斗——在中国共产党第十七次全国代表大会上的报告 [M].北京人民出版社，2007：17.
② 胡锦涛.高举中国特色社会主义伟大旗帜 为夺取全面社会小康社会新胜利而奋斗——在中国共产党第十七次全国代表大会上的报告 [M].北京人民出版社，2007：34.

传的重大任务，并基于科学理论体系的整体性视域重塑了思想政治教育话语体系的符号意义和内容构成，赋予其新的功能价值并推进话语言说路径和基本目标的转向。

2008 年，高校思想政治理论课程体系根据党的十七大精神进行了内容修订，其中在"05"方案的基础上将《毛泽东思想、邓小平理论和"三个代表"重要思想概论》课程名称修订为《毛泽东思想和中国特色社会主义理论体系概论》。2009 年再次对高校思想政治理论课程体系四门课程的主要内容进行修订，融入了新的理论观点、战略思想和重要讲话精神，并推动新教材在高校进行全面、正式使用，初步建构起边界意识清晰、内容丰富新颖、逻辑结构合理、言说方式直白、联动互通交融的教材话语体系。同年，党的十七届四中全会明确提出了"要推进马克思主义中国化、时代化、大众化""推动中国特色社会主义理论体系进教材、进课堂、进头脑，增强科学理论教育引导群众作用"[①] 等系列任务和要求。马克思主义中国化是思想理论实现自我创新的时代契机和现实根基，时代化是思想理论维持旺盛生命力和强大阐释力的力量源泉和现实参照，大众化是思想理论进行实践转化和铸魂育人的基本手段和有效路径，中国化、时代化、大众化是马克思主义发展的逻辑必然和本质要求。这一新命题和新要求关照马克思主义最新理论成果的承继与延续、培育与生产、创新与宣传，"三进"成为中国特色社会主义理论阐释宣传、铸魂育人的主渠道，教材话语的内容、功能、意义进一步得以延伸和优化，科学理论实践转向和育人目标得以初步实现。2011 年，党的十七届六中全会进一步强调"实施中国特色社会主义理论体系普及计划，加强重点学科体系和教材体系建设，推动中国特色社会主义理论体系进教材、进课堂、进头脑，加强和改进学校思想政治教育"[②] 等要求，大力推动用中国特色社会主义理论武装全党、教育人民、指导实践。同时，中国特色社会主义理论体系的普及化、大众化、分众化是一个系统化、科学化的理论宣传教育过程，这一日渐独立、成熟的马克思主义一级学科自觉地成为实现这一战略性任务的核心力量，其中思想政治教育学科承担着学理研究、理论阐释、宣传教育、铸魂育人及实践转化等主要功能。文本话

---

① 中共中央关于加强和改进新形势下党的建设若干重大问题的决定 [M]. 北京：人民出版社，2009：11.

② 中共中央关于深化文化体制改革推动社会主义文化大发展大繁荣若干重大问题的决定 [M]. 北京：人民出版社，2011：13.

语、学术话语、学科话语、教材话语、生活话语、网络话语等逐渐融合构建起新语境背景下的思想政治教育话语体系。

四、理论文本的生命激荡与话语自觉

思想政治教育话语转型是一种内生的、客观的、自觉的过程。它是理论创新与时代进步相融合的本质彰显，是思想政治教育学科现代化、时代化和科学化建构进程中的必经阶段，是历史长河中人类知识更新和智慧增长的必然结果。思想政治教育学科在内容体系、方法体系、话语体系和实践体系等方面还处于吸纳、筛选和沉淀、创生的过程，其结构和要素还处于局部变动、自我更新之中。基于学科历史渊源、发展脉络和现实情景可以发现，思想政治教育在学科建设、运用推广、社会地位、效果评定和受众认可等方面成效显著，已成为显性学科，拥有学科研究对象、任务、内容、话语和符号特性。同时，思想政治教育面临着学科边界模糊化、视野窄化、内容泛化、主体多元化和话语阐释无效化等困境，而困境存在的根源仍源自于思想政治教育本源。

张耀灿教授等学者关于思想政治教育概念的相关界定在国内学界具有较高的认可度和辨识度，大致描绘出了思想政治教育的主客体关系、关键要素、核心内容、内在规律及学科功能特性等。但其中隐藏了理论生产、阐释、铸魂育人等内容，且并未将这些内容外化于改造世界的过程中，进而导致理论与实践的融合度不高、理论转化效率不高、理论化人功效不明显等问题。究其原因，思想政治教育话语是滞后于理论文本生产，是一种被动的、滞后的、加工式的阐释和宣介，与客体对象原有的前见观念、话语间易发生对冲或排斥，话语前置与自觉还未完全实现。综上所述，思想政治教育话语转型正是基于特定阶段的历史发展与现实需求相交融的必然结果，是国际格局变革、国内社会演进、思想理论革新、学科自我发展等多种元素间奇妙耦合的必然结果，是思想政治教育话语生产由寄生或借用、初创及自发向具有边界意识和属性风格的自觉式转化的必然结果，其基本目标是实现话语自觉。这种话语自觉融入并体现在对理论文本的生产加工、科学阐释、宣传教育、铸魂育人、指导实践进程之中，其中处于中间环节的宣传教育的意义显得尤为重要。

中国特色社会主义理论体系溯源肇始于邓小平建设中国特色社会主义的伟大实践。作为一个新命题和新概念，它具有多维属性和价值意义：首先，中国特色社会主义理论体系是一种概括式、凝练式、总结式的理论整合和规范统称，它改变了传统观念中理论文本的数字化递增认知窠臼，不再是简单的量的变化，而是一种几何级的质的飞跃，它改变了原有理论文本的个体化、独立存在形态而转向系统化、整体性的理论融合和视界扩散。其次，中国特色社会主义理论体系的提出澄清了传统观念中对理论文本的"并列式"认识窠臼，进一步清晰界定了马克思主义中国化时代化的理论成果及其关系建构，即毛泽东思想和中国特色社会主义理论体系。理论文本从一脉相承式的生命延续进化为整体化、体系化的生命聚合，话语语境从递进向跃迁转化，话语体系从延续承继向多维创新转向，其中，话语的符号名称、内容结构、承载平台、言说路径等皆发生了根本性变化。最后，中国特色社会主义理论体系对其本源问题进行了深入探索和共识凝练，是科学理论发展史上的一次重大创新。中国特色社会主义理论体系是开放的、发展的。2012 年 11 月，党的十八大会议上将科学发展观作为马克思主义中国化的最新成果列入党的指导思想体系并写入党章，成为中国特色社会主义理论体系的重要组成部分，是马克思主义关于发展的世界观和方法论的集中体现。同时，胡锦涛在十八大报告中基于中国特色社会主义建设的具体实践、伟大成就和历史使命正式提出了"三个自信"和全面建成小康社会等新命题。"三个自信"指道路自信、理论自信和制度自信，它从精神层面对全党全国各族人民提出了新而高的要求，是一次精神本源性的高度凝练和境界深化。其中，理论自信具体是指建设和发展中国特色社会主义要坚信科学理论体系的科学性、真理性、价值性和实践性。小康社会是由邓小平提出的中国现代化所要达到的基本状态，并构想和制定了实现此目标的"三步走"发展战略，2020 年全面建成小康社会是目标实现的时间表。这个过程充满曲折、挑战和艰辛，也不断涌现出新理念新思想新战略，为马克思主义中国化时代化最新理论成果的产生奠定了坚实基础。

十八大以后，习近平总书记对"中国梦"的基本内涵和时代意义进行了界定和科学阐发，即实现中华民族伟大复兴，实现国家富强、民族振兴、人民幸福。"中国梦就是依据世情国情党情变化、把握我国发展阶段性特征、针对我国发展实践新要求提出的。""它用通俗易懂、简单质朴、喜闻乐见的大众化语言，表达中国特色社会主义伟大事业的总目标，让群众容易理解和接受，以此感召群众、动员群众"①。"中国梦"的提出是对发展什么样的中国特色社会主义的理性追求和深入思考，开启了中国共产党在新时期探索如何坚持和发展

---

① 韩庆祥，王海滨. 实现中国梦必须走中国特色社会主义道路 [N]. 人民日报，2013-10-31（07）.

中国特色社会主义的历史新篇章。马克思主义是党的指导思想之源，创新、发展、宣传马克思主义是党的重点工作和任务的应有之义，思想政治教育话语在这一时期的主要任务就是根据中国特色社会主义理论体系的不断充实、丰富，与时俱进地进行话语体系更新和推进理论文本宣传教育的扎实、深入开展。

这一时期，涌现出许多新的话语词组、概念和命题，主要体现为"习近平治国理政""新理念新思想新战略"，丰富了思想政治教育话语内容，优化了话语言说风格，提高了话语符号的区隔度和辨识度，增强了话语的渲染力、吸引力和说服力，既彰显了理论文本话语承继，又宣扬了其话语深化拓展及创新，呈现出理论文本话语生命的激荡之情、磅礴之势和生长之力。主要体现在以下三个方面：

首先，承继完善型。例如，1979 年 12 月，邓小平提出建立"小康社会"命题，描绘了"小康社会"发展蓝图并构想了需要落实的"三步走"发展战略，经过三十多年摸索、推进，2012 年 11 月党的十八大报告首次提出全面建成小康社会，之后两年间陆续提出了全面深化改革、全面依法治国、全面从严治党等命题，最终形成了"四个全面"战略布局。2016 年 7 月，习近平总书记在中国共产党成立 95 周年大会上明确提出了"四个自信"，即在道路自信、理论自信和制度自信的基础上新增加了文化自信命题，"文化自信是对中国特色社会主义文化先进性的自信。坚持文化自信就是要激发党和人民对中华优秀传统文化的历史自豪感，在全社会形成对社会主义核心价值观的普遍共识和价值认同"①。从命题话语体系看这是一种增量变化，但本质上仍属于在原命题基础上的承继、延伸及完善。

其次，承继推进型。例如，关于发展理念的新论述和新命题。发展是建设中国特色社会主义的首要和关键问题，在世界上没有任何成功建设经验可以让中国借鉴，属于典型的"摸着石头过河"，经过几十年的艰辛探索和实践检验，最终形成了中国特有的发展理念和思想。2015 年 10 月，中国共产党第十八届中央委员会第五次全体会议通过了《中共中央关于制定国民经济和社会发展第十三个五年规划的建议》，其中强调要实现发展目标、破解发展难题、厚植发展优势，必须牢固树立并切实贯彻创新、协调、绿色、开放、共享的发展理念，这是一种在承继基础上的新突破和新发展。

最后，开拓创新型。例如，人类命运共同体命题的提出、开拓与创新。

---

① 覃正爱．谈谈中国共产党人的"四个自信"[N]．光明日报，2018-1-24（11）．

2012 年 11 月，党的十八大报告在阐释新型国家间关系时，首次提出"倡导人类命运共同体意识"①概念。当今世界正处于世界格局和国际秩序的变革调整期，一方面，世界多极化格局日渐成型，国家间交往合作、相互依赖程度逐渐加深，和平与发展的时代主题不可逆转。另一方面，世界面临的挑战愈加复杂、严峻，霸权主义、强权政治、冷战思维仍未退场，国家利益"零和博弈"的现实主义立场和观点还有较大市场，传统与非传统安全因素相互交织共同威胁着国际秩序的良性运行和主权国家的全面发展，全球治理体系变革加速推进。人类命运共同体是《习近平谈治国理政》的重要战略思想，它是一种新型的国际权力观、国家利益观和全球治理观，从概念提出、理念阐释、宣传推动到合力构建，步步为营，扎实推进。习近平总书记基于当前国内外形势变化趋势和内在规律，郑重地指出："当今世界，各国相互依存、休戚与共。我们要继承和弘扬联合国宪章的宗旨和原则，构建以合作共赢为核心的新型国际关系，打造人类命运共同体"②。"'人类命运共同体'是习近平对外战略思想体系中的'顶层设计'，也是其不断完善的世界秩序观"③，这是全球治理理念和体系中的中国话语、智慧和方案。其他诸如"一带一路""新常态""四个意识"等，皆是在新时期背景下进行的开拓和创新，为新语境的全面、整体升华夯实了基础。

不忘初心，方得始终；牢记使命，砥砺前行。2017 年 10 月，基于党的十八大以来国内外形势变化、社会主义初级阶段主要矛盾变化和中国特色社会主义伟大实践中的成就、经验及教训，习近平总书记在十九大报告中庄重宣告，"经过长期努力，中国特色社会主义进入了新时代，这是我国发展新的历史方位"④，是一种具有现实创新意义的政治判断和界定，继而在深入探索、建设和发展中国特色社会主义的伟大实践中形成了马克思主义中国化时代化的最新理论成果，即习近平新时代中国特色社会主义思想。其核心要义是坚持和发展中国特色社会主义，基本内容是"八个明确"和"十四个坚持"，"八个明确"是在思想层面的科学界定和精准论述，"十四个坚持"的基本方略是在实

---

① 胡锦涛 . 坚定不移沿着中国特色社会主义道路前进 为全面建成小康社会而奋斗——在中国共产党第十八次全国代表大会上的报告 [M]. 北京：人民出版社，2012：47.

② 习近平 . 论坚持推动构建人类命运共同体 [M]. 北京：中央文献出版社，2018：254.

③ 陈向阳 . 以"人类命运共同体"引领世界秩序重塑 [J]. 当代世界，2016（5）：4.

④ 习近平 . 决胜全面建成小康社会 夺取新时代中国特色社会主义伟大胜利——在中国共产党第十九次全国代表大会上的报告 [M]. 北京：人民出版社，2017：10.

践层面的基本遵循和原则，它"系统回答了中国特色社会主义的一系列重大问题，提出了一系列重大思想、重大战略、重大举措，形成了一个主题明确、主线突出、观点创新、逻辑严谨、系统完整的理论体系"①。因此，自党的十八大以来中国特色社会主义进入新时代后，思想理论文本的语境也随之升华了。

语境升华是指基于时代变迁基础上的整体语境的提升，它不是同一层级内部的延伸和深化，也不是同一界面内部的跳跃，而是整个时代大语境发生根本性变革基础上的飞跃。这一时期的理论文本既保持了原有生命的延续和聚合，又体现出了磅礴激荡的生命之舞，思想政治教育话语从承继、整合转向自觉创新。习近平总书记强调："完成新形势下宣传思想工作的使命任务，必须以新时代中国特色社会主义思想和党的十九大精神为指导，增强'四个意识'、坚定'四个自信'，自觉承担起举旗帜、聚民心、育新人、兴文化、展形象的使命任务"②。这是新时代理论文本宣传教育的基本要求和原则，也是思想政治教育话语转型的时代之基、时代之问、时代之答。

第二节　理论文本宣传教育视域下的思想政治教育话语转型

思想政治教育话语转型是一个根植式、依附性、复合性的过程，"在社会转型的动力助推以及思想政治教育现代转型的整体过程中，思想政治教育话语的内容旨趣、表达方式、承载形式以及传递效果发生着整体的改变"③。基于理论文本宣传教育的历史与现实、整体与局部、单一与多样等多维度、多视域、多层级审视，探求思想政治教育话语转型的必然性与紧迫性、科学性与学科性、社会性与现代性的复合统一属性。追寻话语流变轨迹，基于话语有效性创设以规避话语的单向生硬、规则束缚、浅层浅表化阻隔，勾勒描绘出思想理论文本宣传教育的历史性与现实性、统一性与个性化、共识性与差异性的宏大叙事图景。基于话语言说转向视角，摒弃"泛政治化"与"去政治化"话语间隔性屏障，从话语的生产、议题布设、内容赋予、价值诱发、传播路径、意义

---

① 王伟光.当代中国马克思主义的最新理论成果——习近平新时代中国特色社会主义思想学习体会 [J].中国社会科学，2017：4-30.

② 习近平.举旗帜聚民心育新人兴文化展形象 更好完成新形势下宣传思想工作使命任务 [N].人民日报，2018-8-23（01）.

③ 孙其昂.思想政治教育现代转型研究 [M].北京：学习出版社，2015：283.

呈现等多维度更新和健全话语体系，建构起思想理论文本宣传教育单一性与多元性、漫灌式与浸润式、工具性与价值性相统一的复合路径。以话语意义沟通为基本遵循，培育话语创新意识和逻辑思维，从纵横联动、简繁相兼、内形相融、内外兼具等方面创新、优化话语体系，基于大众化、分众化、差异化、精准化目标导向呈现习近平新时代中国特色社会主义思想宣传教育的价值意蕴和实践内涵。

一、话语风格流变：习近平新时代中国特色社会主义思想宣传教育图景描绘

思想政治教育话语转型指的是一种体例或形式的根本性、系统化变革，其所承载的是作为结构内核的思想政治教育内容。思想政治教育内容是教育者基于特定的思想政治教育目标，将能体现统治阶级意志、社会要求以及符合受教育者要求的思想政治教育精神观念和理论思维，按照一定的规律有计划地传输给受教育者，以求达到知识传授、理念传输、铸魂育人的目的。形式承载内容，内容决定形式，两者有机地统一于思想政治教育话语的言说场域，思想政治教育话语的内容决定着话语言说方式、传播路径以及价值意义。同时，思想政治教育内容必须借助话语形式来进行阐释、表述和展现。"思想政治教育话语是传导、输送、转译思想政治教育内容的载体，是思想政治教育过程中不可或缺的中介"[1]，"从本质上说就是表达执政党政治统治意志的符号系统，反映出执政党自身的执政理念与心态"[2]。作为思想政治教育内容核心主体的思想理论文本的阐释、转译和宣介就成为探察思想政治教育话语风格及价值的重要参照，通过对思想政治教育话语阐释和宣介思想理论文本的风格流变可以描绘出其宏大叙事图景。

（一）形塑与游离：思想政治教育话语风格的政治表征化及其消解

党的指导思想作为权威的思想理论文本是思想政治教育话语生产加工和阐释宣介的重要内容。一般而言，党的指导思想作为一种特殊的符号系统和概念体系已成为公开化、共知性的常识，对于它的原点界定和宣传发源于新民主主义革命时期，并形成了思想政治教育话语风格的雏形，即政治表征化话语态势的建构。马克思列宁主义是引入性、借鉴性的原初理论，其符号意义产生于当

---

① 洪波. 思想政治教育话语范式转换研究 [M]. 杭州：浙江大学出版社，2012：26.
② 孙其昂. 思想政治教育现代转型研究 [M]. 北京：学习出版社，2015：296.

时的共产主义国际话语权势体系。"最早把'马克思列宁主义'明文规定作为党的指导思想,起源于 1939 年 3 月苏共第十八次代表大会通过的新党章""毛泽东在 1938 年 10 月党的六届六中全会上第一次响亮地提出'马克思主义中国化'的命题。1945 年党的七大通过的新党章第一次明文规定:'中国共产党,以马克思列宁主义的理论与中国革命的实践之统一的思想——毛泽东思想,作为自己一切工作的指针。'"① 通过学术研究,可以清晰地梳理和界定党的指导思想的历史源起、现实演进及场域转换、理论创生、角色赋予的基本过程。

思想政治工作的核心作用及其重大意义在具体革命实践中得到了检验和充分发挥,成为党的"生命线"和执政能力建设的重要政治资源,经过二十多年的曲折探索与尝试,初步形塑建构起思想政治教育话语风格的"政治"意蕴。新民主主义革命时期的思想政治教育话语体系中充盈着诸如无产阶级、革命、政权、人民民主、总路线、纲领、三大法宝、反帝反封、党的建设等政治话语和概念,话语侧重于政治斗争、政治宣传和政治动员,向人民群众阐释清楚了马克思主义基本原理的内涵、原则和特征以及克服本本主义、教条主义、主观主义等思想桎梏的束缚,初步建构起由革命话语、政治话语、理论话语和生活话语构成的系统化、一体化的话语体系。新民主主义革命的胜利意味着目标、任务、方式和实现路径发生了质的变化,从打破一个"旧世界"向建立一个"新世界"转变,从革命、斗争向建设、发展转变,积极地进行道路探索、理论创新和制度建构。从新民主主义社会向社会主义社会的过渡中,思想政治教育话语的风格、内容、载体和言说路径均发生了变化。毛泽东思想关于过渡时期总路线及其理论核心"一化三改"的科学论述意味着中国共产党历史使命的根本性转化,建立社会主义基本制度、廓清社会主义社会矛盾思想、走工业化道路思想等是基于社会主义建设宏大背景下关于社会制度、社会矛盾、社会道路等的理性分析和科学论述,表征着革命性话语体系向建设性话语体系的积极转化。

在社会主义革命和建设时期,思想政治教育话语风格显示出话语间的纠缠、对冲特征。一方面,思想政治工作是中国共产党在具体革命实践中总结出来的进行思想政治建设的重要手段和方法,它是毛泽东思想内容体系的核心组成部分,具有特殊的含义和地位。"思想和政治又是统帅,是灵魂"②,两者不

---

① 高放."马克思列宁主义"何时写入党章 [J]. 新湘评论,2013(13):52.
② 中共中央文献研究室. 毛泽东文集(第七卷)[M]. 北京:人民出版社,1999:351.

可分离、相互依赖，思想政治教育话语是执政党进行政治动员、舆论宣传和发动群众的主要手段，要"善于运用广播、标语、口号、传单、布告、壁报、简报、戏剧、歌谣等群众喜闻乐见的多种宣传形式，宣传党的方针政策"[①]，群众路线是毛泽东思想活的灵魂。这种全民政治动员和舆论宣传、政治生活化与生活政治化相融合的思想政治工作范式在当时的社会主义建设时期较好地实现了思想统一、行为统一、集中力量、合力共建的目标，领袖个人魅力及其榜样示范作用在思想理论文本的阐释和宣介中不可忽视，革命性话语和理念最大程度地保留并融入建设性话语体系之中；另一方面，革命性话语与建设性话语发生对冲，政治话语出现异化和价值偏移。其一，话语灌输的单向性、政治性。虽然处于建设期，但思想理论文本的阐释和宣传具有鲜明的政治目的和政治印记，话语言说方式采用的是刚性、"灌输"模式，话语言说路径建构的是一种自上而下的单向直线型，政治话语渗透到不同层级、不同领域、不同人群，尤其是人民群众日常生活的政治化转向，"政治挂帅"思想的生硬嫁接和绝对化进一步虚化了思想政治工作开展的规律性，遮蔽了思想政治建设的价值意义，扭曲了受众的政治认知和政治认同。其二，建设话语的弱化出场与革命斗争话语的强势返场。基于国际形势及冷战格局研判，战争阴霾、备战思维、好战言论仍未散去，国内还处于建设探索期，缺乏成熟范本及经验的参照借鉴，客观存在思想、声音的多元和对冲，建设话语未占据主导处于隐匿退场态势，阶级斗争为纲取代内部矛盾论述成为话语主流，革命、斗争话语强势返场，成为群体间交往实践、相互攻讦的工具化载体和手段。其三，崇拜话语及规则虚化。伟大历史人物的魅力及示范性对于思想理论文本的生产、阐释和宣介的效用和价值意义具有独特性，话语言说主体的权威性、象征性与效果之间呈正相关性。但一旦出现盲目的、过度的崇拜则会致使个人崇拜话语盛行及社会规则的虚化和无序化，个人话语及思想亦会遮蔽思想理论文本本身的科学性、权威性和学理性，寻章摘句式、片面割裂式、浮夸式的言说方式割裂了话语体系的整体性、系统性，导致内容表述失真、意义传达失效等，会导致思想政治教育话语深陷政治角色化而难以自拔，政治化表征掩盖了话语风格的多样性。

关于"实践是检验真理的唯一标准"的思想大解放、大讨论是对毛泽东思想活的灵魂"实事求是"的根本遵循和灵活运用，极大地破解了片面和僵硬阐释毛泽东思想的"两个凡是"思想禁锢式的话语，建构起科学认识和阐释马克

① 李斌.毛泽东倡导的党的思想宣传工作的原则和方法 [J].党的文献，2013（4）：54-61.

思主义理论中的实践标准的社会语境，社会主义建设稳健步入改革开放和社会主义现代化建设新时期。进入新时期后，以阶级斗争为纲的革命理念和话语体系逐渐向以经济建设为中心的建设理念和话语体系进行转变，"思想政治教育逐渐从话语政治化角色中游离出来、从载体的角色中游离出来，思想政治教育话语从完全依附政治话语逐渐形成自己的话语体系和理论体系；逐渐从属于工具性的载体走向价值理性的建构者"①。思想政治教育话语从政治话语体系中游离出来，原有的政治化表征的风格随之得以消解，革命性话语从人民群众的日常生活中悄然退场，政治话语表述方式和路径发生转向，建设性思想和话语逐渐占据社会语境主导地位。

（二）赋权与回归：思想政治教育话语风格的专业化转向及多样化呈现

进入改革开放和社会现代化建设新时期，党基于历史经验进行总结和科学分析后，认识到了思想政治工作的必要性和重要性，它是"经济工作和其他一切工作的生命线"②，并进一步深化认知与明确思想政治工作的重要地位和开展实现思想政治教育科学化的紧迫性。思想政治教育虽然从政治化角色中游离出来，但其政治性主导、散落式分布、话语低层化、理论宣传平庸化的现状还未改变，其思想理论文本宣传教育中的缺陷诸如话语权倒置、主动性弱化、科学性不足、方法单一、话语阐释的非系统化等问题亟须解决。"面对社会的转型和语境的转换，思想政治教育话语转型的逻辑混乱无序、话语场域的窄化、话语整合的乏力，使得思想政治教育话语应对现实无所适从"③。迫于时代发展、自我革命和任务使命变更等需求，思想政治工作从依附走向独立、从日常化转向科学化成为须首要解决的核心命题，思想政治教育专业化和学科化成为破解这一命题的赋权对象。思想政治教育概念的界定和阐述是对中国革命史、社会主义发展史中的政治工作、思想工作、思想政治工作等相关概念有机整合的结果，为专业设置和学科建设厘定相关范畴和边界，并将思想政治工作承担的使命任务、主要内容和基本功能等赋权于科学化、专业化和学科化的思想政治

① 邱仁富.当代中国思想政治教育话语发展面临的机遇与挑战 [J].长春理工大学学报：社会科学版，2009，（6）：932-934.

② 中国共产党中央委员会.关于建国以来党的若干历史问题的决议 [M].北京人民出版社，1981：45.

③ 洪波.思想政治教育话语范式转换研究 [M].杭州：浙江大学出版社，2012：161.

教育。

　　思想政治教育科学化、专业化是思想政治工作话语权流散和转移的赋权过程，是其使命职责和功能意义的承载主体。从思想政治教育专业设立到本、硕、博一体化学科培养体系的确立，思想政治教育实现了从无到有、从零到整、从非专业到专业的多维转变。一方面，思想政治工作发生分化、分工，涉及范畴包括军队、政府机构、企业、学校、农村、社区等，工作对象在一定程度上涵盖整个社会人群，也可特指某一领域专属人群，逐渐深化发展形成各领域自主的风格和特性；另一方面，思想政治教育专业、学科发展和思想政治理论课体系的建立健全，从专业建设、学科发展、人才培养、教材建设、科学研究等方面展开深化、细致工作。两者共同建构起思想政治教育协同化大格局。同时，这一时期，思想政治教育也面临着诸多问题，如"马克思主义政治理论课的课程设置与社会发展的要求不相适应；教师的自身政治素养不高且政治理论课教学方法僵化；大学生对思想理论课不感兴趣"[①]。客观而言，作为新兴的专业和学科，思想政治教育带有明显的中国革命、建设时期的符号印记，学科边界、研究范畴还未完全界定，多学科交叉及思想政治教育功效化等问题常会遭遇学界同仁、社会大众的质疑甚至否定，"无用论""附庸论""庸俗论"等言论和观点甚嚣尘上，思想政治教育陷入认同危机。

　　面对认同危机，思想政治教育不仅要承继思想政治工作的使命任务，主动培育人们的国家认同、政治认同和社会认同，还要"用自身独特话语或理论对中国社会进行观察，提炼出有价值的问题意识，叙述、解读以及分析中国社会的历史与现实"[②]。思想政治教育对思想理论文本的生产加工、理论阐释、科学研究、宣传教育及指导实践的功能和意义则成为破解认同危机的主渠道。对于思想理论文本的宣传教育是思想政治工作的核心，赋权思想政治教育意味着其宣传教育使命在很大程度上集中回归到了科学化、专业化领域。思想政治教育话语不仅要阐释和说明现实世界中的思想理论文本的科学内涵和价值意义，还要在人们的主观世界中构建起一个全面、理性、科学认知思想理论文本并将之消化、内化于己的宏大叙事图景，主动指导客体对象将这种综合性的认知积极地应用于社会实践以改造客观现实世界。

---

① 宋琳，李丹. 改革开放以来思想政治教育学科发展的历程与逻辑 [J]. 人文杂志，2020（2）：63-69.

② 叶方兴. 认同危机与思想政治教育自觉 [J]. 学术论坛，2013（1）：205-210.

基于思想政治教育科学化、专业化的思想理论文本宣传教育有三方面特征。其一，思想理论文本宣传教育的基本路径和依托平台基本确立，思想政治教育话语体系初步构建。思想政治教育的科学化、专业化为思想理论文本的宣传教育提供了有效路径，成为其意义价值的承载主体，思想政治教育话语走向科学化、专业化和学理化，摆脱了单一的"灌输"说教式的政治话语体系，将政治话语、宣传话语、专业话语、学理话语、生活话语等纳入思想政治教育话语体系，丰富和优化了思想政治教育话语体系，使思想政治教育话语风格呈现出科学化、专业化和学理化的特点。其二，思想政治教育话语的科学性、针对性和有效性提高了思想理论文本宣传教育的效果。思想政治教育话语摆脱了原有话语的政治中心论调、话语表述方式平庸化、话语价值意义内向化等窠臼，注重系统化、整体化地从历史溯源、理论传播、演进路径、科学内涵、逻辑结构、价值意义等多维视角对思想理论文本进行科学阐释，注重以人为本，基于社会人群的特征分类并有针对性地将中国特色社会主义建设和发展的基本思路、核心命题、重点内容、方式路径、意义价值等进行宣介，话语日益多元开放，满足了人们多样化的需求。其三，思想政治教育话语融入思想政治理论课体系，思想理论宣传教育的主渠道作用凸显。思想政治教育教材体系健全完善，基本涵盖了党的指导思想体系的核心内容，依托课堂教学，通过教材话语、教学话语、学术话语等协同化话语针对思想理论文本进行生产加工、科学阐释和宣传教育。

（三）下沉与提质：思想政治教育话语风格的"接地气"及"增底气"

与时俱进是马克思主义最显著的理论品质，中国历经艰辛的革命期、摸索的建设期和深化改革期进入了新时代，初步构建起党的权威思想理论体系。其中，中国特色社会主义理论体系是以建设中国特色社会主义为核心建构起来的马克思主义中国化时代化的理论创新成果的集合体。中国特色社会主义建设和发展进入深化期，加速了传统社会向现代社会的深化转型进程。习近平新时代中国特色社会主义思想是马克思主义中国化时代化的最新成果，是21世纪的马克思主义，是中国特色社会主义理论体系的重要组成部分，蕴含着党的最新理论内容和主张，面对新世纪、新机遇、新挑战，习近平总书记提出要"让党的主张成为时代最强音"①，"撸起袖子加油干"②，以中国智慧、中国话语和中国方案来有效化解时代难题。

习近平新时代中国特色社会主义思想的宣传教育既承继了优良传统，又显现出新的时代特性。思想政治教育话语的风格养成是基于思想理论文本的内容结构、价值意义及自身特色化话语的基础上深化、整合和升华的结果。习近平新时代中国特色社会主义思想理论文本不是扁平化、领域化的科学理论，而是一个具有鲜明主题、突出主线、内容翔实、观点新颖、逻辑严谨、意义重大的系统化、整体化的科学理论体系。习近平新时代中国特色社会主义思想理论文本"语言真情流露，通俗易懂，形成喜闻乐见的'百姓话语'；语言典雅规整、开放包容，凝铸新颖独特的'中国话语'；语言形象生动，练达自如，形成脍炙人口的'习式流行语'"③。思想政治教育话语在习近平新时代中国特色社会主义思想宣传教育进程中展现出下沉"接地气"、中端"聚人气"和提质"增底气"等风格特性。

习近平新时代中国特色社会主义思想是对以习近平同志为核心的党中央的治国理政新理念新思想新战略的理论凝练和境界升华，他"对新时代坚持和发展中国特色社会主义的总目标、总任务、总体布局、战略布局和发展方向、发展方式、发展动力、战略步骤、外部条件、政治保证等一系列基本问题进行系统阐述，构成了习近平新时代中国特色社会主义思想的核心内涵"④，其话语核心是政治话语。思想政治教育话语不仅要将思想理论文本的核心要旨、创新观点、意义价值宣介给受众，科学分析其中蕴含着的马克思主义立场、观点和方法，还要做好话语转化工作，"将政治话语转化为学术语言和大众话语，努力推出系统性与学理性并重、理论透彻与文风活泼兼备的精品力作"⑤，实现马克思主义大众化、本土化，依托大众化、普及化、乡土化的话语来推进思想理论下沉至基层"接地气"继而入脑入心、指导实践。

———————————

① 习近平. 坚持军报姓党坚持强军为本坚持创新为要 为实现中国梦强军梦提供思想舆论支持 [N]. 人民日报，2015-12-27（01）.

② 习近平. 国家主席习近平发表二〇一七年新年贺词 [N]. 人民日报，2017-1-1（01）.

③ 胡银银. 习近平新时代中国特色社会主义思想话语特色探析 [J]. 思想理论教育导刊，2019（1）：16-19.

④ 王伟光. 当代中国马克思主义的最新理论成果——习近平新时代中国特色社会主义思想学习体会 [J]. 中国社会科学，2017（12）：4-30.

⑤ 谢伏瞻. 举旗帜推动习近平新时代中国特色社会主义思想落地生根 [J]. 党建，2019（2）：13.

习近平新时代中国特色社会主义思想既有体系化、系统化的理论话语论述，又有形象生动、通俗易懂，容易让人产生共鸣的"习言习语"，如"我将无我，不负人民""马克思主义就是我们共产党人的'真经'，'真经'没念好，总想着'西天取经'，就要贻误大事""时代是出卷人，我们是答卷人，人民是阅卷人""群众路线是我们党的生命线和根本工作路线，是我们党永葆青春活力和战斗力的重要传家宝""社会治理是一门科学，管得太死，一潭死水不行；管得太松，波涛汹涌也不行"①等等。在思想理论文本宣传教育过程中，思想政治教育话语既要保留思想理论文本话语的原汁原味，彰显其鲜明的政治性、理论科学性和逻辑自洽性，又要将其话语中蕴含的丰富哲理进行梳理并完整地呈现给受众，防止出现"话语失真""话语失范"及"话语失理"等问题。同时，思想政治教育话语要充分发掘"习言习语"中的精神要义，围绕理论本质和话语真谛进行专业话语的加工和转译，基于大众化、分众化、精准化原则生产出既能够吸睛又充满故事性、哲理性、传播性强的经典作品，见微知著，使受众从话语中充分体悟到习近平新时代中国特色社会主义思想蕴含着的国家治理理念和思路、人民立场和群众路线、科学理论承继和创新等特性，继而引发人们的情感共鸣，增强人们的政治认同。思想政治教育话语应显现出"讲故事""展原理""提人气"和"聚人心"的风格魅力。

习近平新时代中国特色社会主义思想对于世界共性发展问题的有效解决提出了中国方案，它包含了中国智慧、中国话语和中国气派。其中，在现代性发展道路选择的话语争锋中，习近平新时代中国特色社会主义思想"揭示了西方工业文明及其资本现代性'原教旨主义'的根本缺陷""彰显了'多元现代性'困境，宣告了'历史终结论'及其'单一现代化'思维的彻底破产""建构了一种以建成富强民主文明和谐美丽的社会主义现代化强国为目标的'全面现代性'""为人类求解'现代性问题'提供了这个方案，为走出'现代性困境'贡献了中国智慧"②。思想政治教育话语在思想理论文本宣传教育过程中，既要深植于中国历史与现实，寻求和汲取中国传统经典文化中蕴含的思想精华，积极培育和建构具有中国风范、中国风格和中国气派的思想理论。同时，依托中国智慧及话语体系来科学阐释中国的道路选择和伟大实践进程，不断增强自身的

---

① 中共中央宣传部.习近平新时代中国特色社会主义思想学习纲要[M].北京：学习出版社，2019：7、35、43、46、166.

② 胡旭明.习近平新时代中国特色社会主义思想与现代性的中国方案[J].东北师大学报（哲学社会科学版），2019（2）：17-21.

文化自信、理论自信和话语自信。要有国际视野和国际思维，敢于发声、主动发声宣介国家治国理政理念和方案，勇于提出自己关于世界性难题的认知看法和解决方案，阐释中国关于规避"中等收入陷阱""塔西佗陷阱""修昔底德陷阱"的方案，积极扭转民众关于"中国威胁论""中国崩溃论"等误解或歪曲的心理认知定势，有效破解西方话语霸权主导地位。在这一过程，思想政治教育话语呈现出提质"增底气"的风格魅力。

二、话语言说转向：习近平新时代中国特色社会主义思想宣传教育路径架构

习近平新时代中国特色社会主义思想宣传教育是一项系统化、体系化的工程，是进入新时代境遇后进行的一次全员、全要素、全方位的社会"大思政"，是党和国家基于新时代国内外形势的精准研判进行经验总结、未来擘画的科学筹划和战略布局，蕴含着以习近平同志为核心的党中央的治国理政理念、思想和方案，是新时代党和人民的最新指导思想和行动指南。思想政治教育是被赋权的主要对象，思想政治教育话语更是承担着释义、宣介、交往、沟通、指导等重要职责，在建构新时代思想理论文本的宣传教育路径时，需要廓清三个基本问题。其一，思想理论文本宣传教育的动机和目的是政治价值认同还是铸魂育人？其二，思想理论文本宣传教育采用的是自上而下、由外入内的灌输式"独白"，还是纵横盘结、协同发力的自主式"复调"？其三，思想理论文本宣传教育是宏大语境的渲染式"漫灌"还是微观语境的浸润式"滴灌"？思想政治教育话语转型亦要树牢"问题导向"，从亟须廓清的原则性问题入手，克服原有的话语缺场、失语、虚化、浅表化等不足，更新和健全话语体系，积极建构思想理论文本宣传教育单一性与复合性、漫灌式与浸润式、工具性和价值性相统一的集成化路径。

（一）政治价值与铸魂育人：思想政治教育话语言说路径的问题意识和效果导向

关于思想政治教育本质的概念界定与范畴是专业设置及学科建设以来在学界及社会中思辨与话语争锋的焦点之一，常见的有学科边界虚化与厘定、本质的唯一性与多元性、话语的政治性与思想性等。从思想政治教育的本质看，"政治性"[①]的表述和界定占据一定话语权，它涉及思想政治教育的动机、目的

---

① 孙其昂.政治性：思想政治教育的内容本质 [J].南京社会科学，2006（3）：56-61.

和功能。一方面，这种观点界定了思想政治教育内容本质的唯一性，有效地避免了多元本质的虚化与混乱；另一方面，这种观点常常被误解、歪曲、分割或重塑，其中具有代表性的就是"泛政治化"和"去政治化"。

当前，思想政治教育早已从依附政治角色和政治话语中游离出来，建构起了具有自己专业和学科属性的话语体系。在思想理论文本宣传教育中既要防止话语功能的泛化，又要提防话语功能的虚化。因此，思想政治教育话语要廓清"泛政治化""去政治化"和"政治正确"等社会思潮和理念的价值冲击，要抽丝剥茧，去伪存真，在廓清中抱朴归真，坚守专业性、学科性和科学性。

习近平新时代中国特色社会主义思想宣传教育不同于西方传统意义上的"宣传"，它不是国家间意识形态的"零和博弈"。在思想理论文本宣传教育过程中，"泛政治化"是指话语政治化的绝对性与唯一性，话语中带有强烈的政治动机、意图和利益，政治原则是衡量一切、判断一切的终极标准，完全忽视了思想政治教育的功能和意义，其本质是一种政治绝对化。"去政治化"是指借口以寻求文化真谛或教育价值理念为目的而摒弃政治价值立场的一种中立性论点，它"并非一种蕴含着真理性智慧的科学理论，它自身存在着难以克服的逻辑悖论""核心旨趣乃是'遮蔽'思想政治教育的政治性本质"，[①] 其本质是虚无思想政治教育内容本质，彻底否定思想政治教育专业和学科存在的合理性。"政治正确"是一种被西方社会广泛接受和使用的理念和观念，以美国为例，它被视为"衡量美国意识形态的一个重要维度""本质上反映了美国意识形态的极化""在观念向度的基础上，'政治正确'生成了语言向度，是显示度最高的向度"[②]。

概述之，"政治正确"是西方"民主化"进程中的一种理念，被具有"西方话语主导定势"心理的社会人群视为能够确保政治清明、社会公平、民主平等的基本法则，并将之作为编排政府政策性话语"价值中立"以规避观念、价值偏见的"有效手段"。少数人照搬借用"政治正确"以攻讦思想理论文本宣传教育中的政治价值认同意图。其实质是利用所谓"正确"的幌子掩盖和遮蔽其真实的政治利益诉求和政治原则的"自定义"，隐匿了社会阴暗角落中存在

---

① 孙其昂，韩兴雨."去政治化"，抑或"再政治化"？——关于思想政治教育内容现代转型的理性思考 [J].理论导刊，2013（12）：37-40.
② 佟德志，樊浩.美国"政治正确"的语义流变及其三重向度 [J].探索与争鸣，2020（3）：116-123.

的极权思想、贫富差距、社会不公等问题，继而基于政治需求对"正确"的原则和标准进行随意包装，并区隔和对抗所谓的"异己者"，加剧了国家间意识形态对抗，为国家社会共同解决"世界性难题"人为设置了障碍，其本质是国家利益至上观念的绝对性，是一种封闭式的政治独舞和狂欢秀。

"泛政治化""去政治化"和"政治正确"等是基于政治价值之维建构起来的异质化理念和话语，其争辩焦点在于是宣扬还是压制思想理论文本宣传教育过程中的话语言说的政治属性和目标原则，其实质是以"政治性"问题为借口来实现其政治诉求和目的，或谋求政治思维和政治话语的"主导式"复归，或遮蔽政治价值认同诉求、虚化政治权威性以实现"无政府主义"，或以西方话语思维来主导和阐释思想理论文本的宣传教育及攻讦、歪曲思想政治教育话语言说的本土化、合理性和有效性。思想政治教育话语在思想理论文本宣传教育过程中要主动抵御错误思想话语的侵蚀干扰，揭示其虚假面具后的本质意图，防止其假借宣传教育之名大行渗透、捆绑式输出混淆视听、荼毒心灵。同时，思想政治教育话语要基于思想理论文本宣传教育的目标路径和效果导向遵守宣传教育基本规律，将思想理论文本中蕴含的理论观点、内容方略、战略部署等核心要素通过多样化的话语形态、载体平台和有效路径传达给受众。在这个过程中亟须解答和澄清的一个基本问题是，思想政治教育话语在思想理论文本宣传教育中的动机和目的。其一，保持思想理论文本的原汁原味，通过转译、阐释、宣介将其传达给受众，以达到马克思主义最新成果大众化、普及化的宣传目的。其二，要正视思想政治教育的"政治性"本质特征，思想政治教育话语已摆脱了对政治话语的依附，形成多种话语样态，通过宣传教育要达到的基本目标就是受众对思想理论的政治价值认同，这是思想理论文本宣传教育的题中之义和内在诉求，也是国家、社会良性运转和发展的基本底线。其三，政治价值认同并不是思想理论文本宣传教育的唯一目的和意图，也不是它的终点，其更深层次的目的是能体现思想教育特性和实践特性的"铸魂育人"。它是一种"以政治思想为核心的宣传教育实践""要在理念上实现理论认知向信仰实践转化，在方式上实现从社会空间向网络空间延伸，从整体性教育向点滴性渗透转化，从政治话语向生活话语转换""最终目的是社会大众的信仰实践"①。铸魂育人与政治价值认同之间不是对冲而是融合，其涉及范畴更广，更能体现出思

---

① 顾佳媚，周静.习近平新时代中国特色社会主义思想铸魂育人的逻辑分析[J].思想教育研究，2019（11）：3-7.

想政治教育话语的专业化、科学化，其目标导向和效果导向的升华进一步拓展和规约了路径的多样化建构。

（二）独白与复调：思想政治教育话语言说路径的整体性、系统化建构

思想政治教育话语在习近平新时代中国特色社会主义思想宣传教育中需要廓清的一个基本问题，即采用自上而下、由外入内的灌输式"独白"还是纵横交错、协同发力的自主式"复调"。列宁在《怎么办》中提出的灌输理论是一个系统化、科学的理论体系，它是马克思主义在具体革命实践中的理论创新成果。灌输理论在中国革命、建设和发展时期的思想政治工作中被广泛地推广、使用，它"以政治动员和群体运动的方式，把政治学习、阶级斗争、斗私批修等观念都灌输进群众的日常生活，把人与人之间的日常关系政治化"①，建构起思想政治理论、政策方针融入人民大众的有效通道，在特殊时期里发挥了重要作用，是思想政治教育理论与方法形成的重要理论源泉和依据。同时，这种自上而下、由外入内的灌输式"独白"自身存在着强制性、单向性、单一性、僵硬化等不足，难以适应新时代发展需求，其单向强势输入并弱化受众主动性、排斥受众接收习惯导致交流互动阻塞的现象严重压制着其在思想理论宣传教育文本中作用的发挥。因此，我们要"大胆从本本主义、教条主义倾向的传统灌输式文本话语形式中跳出来，转向时代化、大众化的话语理论宣传思维方式"②。思想政治教育话语要破解碎片化、片面化、被动式知识传播的阻隔，对思想理论文本进行解码，按照思想政治教育话语的言说规律、方式和媒介属性重新进行编码，形成新的宣传教育方案，既保留思想理论文本的原有风格、魅力和科学内涵，又能按照话语言说方式和受众话语理解程度、心理习惯来进行宣传教育，通过整体性、系统化的言说路径实现思想理论文本的阐释、转译和宣介，推进宣传教育由精英化向大众化、由理论化向生活化、由统一性向分众化、由普及性向精准化等进行多维度的转变，从而实现同频共振、协同并进的自主式"复调"言说路径的建构。

习近平新时代中国特色社会主义思想的宣传教育的言说路径有四个基本维度。其一，推进思想理论文本的海外宣介和推广，重点阐释其核心内容及世界意义，诠释和呈现出习近平治国理政的新理念、新思想、新战略及科学理论体

---

① 吴宁.日常生活批判——列斐伏尔哲学思想研究 [M].北京：人民出版社，2017：35.
② 黄晓峰，仲彬.三网融合：马克思主义理论宣传模式初探 [J].学海，2015（4）：11-15.

系中提出的关于国际社会现代化治理的"中国方案"。一方面，组建海外理论宣介团，相继前往美国、德国、欧盟总部等国家或国际机构与各国政要、友好团体、媒体、智库人士等各类人员进行会晤、交流并宣介党的十九大会议召开的基本情况、基本内容和相关意义价值。例如，《决胜全面建成小康社会 夺取新时代中国特色社会主义伟大胜利》被译介成英文、法文等 10 个语种的单行本面向海外进行公开发行，其话语转译时既要保留思想理论文本的原貌和精髓，又要适当考虑受众的文化背景、思维习惯和话语言说规律，重点在于宣介。另一方面，充分发挥习近平总书记作为党和国家领导人的人格魅力和理论涵养的以身说教的示范作用。利用在海内外参加国际高端会议时的发言及与其他国家元首、核心政要晤谈之机，对习近平新时代中国特色社会主义思想进行全面介绍，并围绕核心内容及其意义价值进行深入的交流和沟通。基于国家间交往实践，通过对外理论宣介和阐释最新的治国理政理念、思路、内容及具体方案，有助于破解其他国家领导人及公民对中国一贯的认知片面、歪曲和误解，为中国的发展营造一个公开、合作、和平的国际大环境，规避因信息闭塞、交流不畅、话语对冲等原因造成的对抗加剧现象。

其二，建构"五位一体"纵向的思想理论文本宣传教育体系。自上而下地建构起中央、省、市、县、乡"五位一体"的理论宣讲团，实现层层推进、层层压实、层层覆盖的思想理论宣传态势。"'大众'从来都是多质的，有史以来，便不存在完全同质化的大众"[①]，大众的多质化必然决定了思想政治教育话语的时代化和多样化，主要体现为文本话语的转译和阐释、政治话语向生活话语的转换、扁平话语和立体话语的建构、静态话语向情景话语的转换、现实话语向网络话语的转换等。

其三，横向重点领域、行业的"阵地战"思想理论文本宣传教育。其中，以高校思想政治理论课为例，一方面，文本话语向教材话语转换。通过教材修订，将习近平新时代中国特色社会主义思想纳入思想政治理论课教材体系，建立全面介绍、重点阐释、理论实践相互支撑的知识结构，既保留了文本话语的精华，又增强了教材话语的连贯性、可读性；另一方面，思想政治教育话语要

---

① 沈壮海. 多质的大众与共享的价值——关于当代中国马克思主义大众化的思考 [J]. 思想政治教育研究，2009（5）：9-12.

"坚持灌输性和启发性相统一"①，由被动式向自主式转化。思想政治教育话语要将教材话语中科学理论的思想观念、逻辑结构、真理规律、价值意义阐释清晰、透彻，增强话语的可信性和说服力；要丰富话语的表述形态，充分运用启发式、体验式、互动式的话语来活跃课堂氛围，增强话语的吸引力、亲和力、感染力，引导学生利用话语来分析和阐释社会热点现象，使其从中感受理论的科学性，增强其理论认同度。

其四，现实话语向网络话语的转化。中国已经进入互联网高速发展和深化期，衍生出大量伴生事物，涌现出很多新兴行业，在技术革新、理念革新上取得系列成果，建构起独特的网络空间话语环境，"任何一种话语都逃脱不了它所处时代普遍弥散的话语，即受制于特定的话语"②。网络时代的人们进入了一个与传统社会不同的虚拟化、碎片化、扁平化的"无中心"世界，在这个虚拟的世界中，"传统的社会关系、市场结构和社会观念已经逐渐瓦解，社会陷入了以小众人群为特征的文化部落式的社会传播结构"③。因此，思想政治教育话语要基于网络空间中受众的思维方式、话语习惯、话语载体等将思想理论文本进行解构和重构，按照网络话语言说规律和表述形式来编排文本，从而生产出细微化、精致化、形象化的网络产品，吸引和提高受众的关注度，继而实现宣传教育目的。通过四个维度的系统化、整体化宣传教育路径建构，可以布设纵横交错、协同发力的自主性"复调"话语言说大格局。

（三）"宏"传播与"微"传播：习近平新时代中国特色社会主义思想理论宣传教育中思想政治教育话语"空间"路径的建构

前文基于广义和狭义两种视域对语境递进、变迁及升华进行了基本界定和动态考察，可以从中体悟思想理论文本生命的延续、聚合和磅礴之势以及思想政治话语的承继、创新和自觉转向态势。习近平新时代中国特色社会主义思想产生并根植社会宏大语境之中，依托全国性的高端会议、传统媒介中的广播、书籍、报刊、电视及现代化媒介虚拟网络及"两微一端"、政治仪式等，统筹各种要素、整合各种资源、拓展多样途径共同构筑起一个宏大叙事性的宣传教

---

① 习近平. 用新时代中国特色社会主义思想铸魂育人 贯彻党的教育方针落实立德树人根本任务 [N]. 人民日报，2019-3-19（01）.

② 洪波. 思想政治教育话语范式转换研究 [M]. 杭州：浙江大学出版社，2012：214.

③ 李建柱. 论中国特色社会主义理论体系有效传播的困境与路径选择 [J]. 兰州学刊，2013（10）：126-130.

育景观。思想理论文本宣传教育的宏大叙事优点主要体现在政治站位高、格局宏大、视野广阔、话语磅礴，善于从历史长河中挖掘鲜活的事例来佐证其目的的合理性和必要性，并对国家未来发展进行擘画和展望。处于这种宏大语境中的思想理论文本宣传教育是一种渲染式的"漫灌"。其中，以政治仪式为例，"仪式的力量在很大程度上建基于其象征和社会环境的影响力"①，大到国家主席的宪法宣誓、国家公祭日、国庆阅兵仪式，小到习惯于定时观看《新闻联播》、参加升旗仪式等。政治仪式是人们日常生活中的常态化现象，它不仅具有政治符号和象征意义，对大众心理具有记忆唤醒和情感共鸣作用，还承载着渲染式"漫灌"思想理论宣传教育的功能。具体而言，动态化、图像化、形象化的政治仪式承载着彰显主流意识形态、宣扬政治价值认同、凝结话语共识等功能。例如，中华人民共和国成立 70 周年的国庆阅兵仪式通过场景布设、氛围渲染、情景分享、情感共鸣等，为社会大众上了一堂爱国主义教育大思政课，思想政治教育话语以显性和隐性两种方式将习近平新时代中国特色社会主义思想"化整为零"地全面融入，将抽象化的理论文本转设为中国精神、中国气派、中国风范的情境化呈现，使参与其中的社会大众享受了一次普及化、渲染式的思想"漫灌"和精神洗礼。

在思想理论文本宣传教育的宏大叙事传播空间场域中，思想政治教育话语具有隐匿性，其话语价值及意义被现象表征所遮蔽，亦会出现整体性"在场"而局部化"出场"、大众化遮蔽分众化与精准化的不良态势，处于其中的思想政治教育话语出现"缺场""失语""虚化"和"浅表化"等迹象。因此，思想政治教育话语在思想理论文本宣传教育中不仅要进行渲染式的"漫灌"，还要基于微观语境进行"微传播"以实现浸润式的"滴灌"。本文的微传播特指狭义视域层面的界定，它指的是在当前的自媒体、全媒体和融媒体的媒介话语语境中依托微博、微信等"微媒介"或采用微电影、微小说、微课程等形式来对习近平新时代中国特色社会主义思想文本进行"微加工"，以"微受众"的话语和心理习惯为基本参照，创设"微议题"、编辑"微内容"、生产"微作品"，并通过"微媒介"或"微载体"来实现"微话语"的言说和意义表达。微传播改变了思想政治教育话语的言说方式和空间路径，"理论化向大众化转变，应在话语表达上实现传统单向式灌输向嵌入式表达的转变，在话语方式上实现抽

---

① 大卫·科泽.仪式、政治与权力 [M].王海洲，译.南京：江苏人民出版社，2015：209.

象理论化向通俗大众化的转变"①。面对新兴的微传播方式，思想政治教育"要适应碎片化、即时化、形象化的阅读习惯，生产出接地气、形式潮、不枯燥的理论产品，把受众的眼球吸引过来，让他们自动自愿自觉地感受真理和思想的力量"②。同时，思想政治教育话语在微观语境中进行思想理论文本微传播时要规避两类陷阱：其一，坚持以内容为王的原则，但要科学、合理地制作"微精品"，防止出现断章取义、歪曲事实、误读本义等问题，更要提防历史虚无主义的侵蚀和污蔑；其二，以"微受众"的心理和话语习惯为基本参照，但要防止为了所谓的"吸睛""博眼球""增流量"而过度阐释、随意加工甚至大行"去政治化""去权威性"之道而走向娱乐化、庸俗化、低俗化之迷途。

三、话语意义沟通：习近平新时代中国特色社会主义思想宣传教育价值呈现

话语的核心要义是词语建构及其言说，基本过程是在一定场域中将承载的话语主客体的思想、观念和价值取向基于话语言说的规律进行互动沟通，基本目的是表意、理解和共享。在这一过程中，话语主客体间基于话语的交流、沟通和取义实现共识，共识的取得基于平等沟通或话语争锋，内在的是权势的博弈，外显的是话语权的争夺。"20世纪末的权力与地位之争是对话语权力的争夺，语言控制权实际上是一切权力的核心基础"③。基于思想政治教育话语维度可以将习近平新时代中国特色社会主义思想的宣传教育的目的界定为三个层面：其一，灌输和规约。即思想政治教育话语基于新时代的社会语境和人们思想品德形成发展规律，依托各种媒介载体，通过各种途径，将习近平新时代中国特色社会主义思想科学理论体系的思想理念、基本内容、价值意义等全面地、及时地"灌输"给社会大众，以提高其思想认识和政治认同，规约其行为和价值取向，凝聚民心凝结共识。其二，启发和铸魂。思想政治教育话语基于专业化、科学化、大众化等原则将习近平新时代中国特色社会主义思想中蕴含的科学原理、方法体系和人生哲理等向社会大众进行阐释和宣介，以深化其对马克思主义中国化时代化理论成果体系的科学认识和深入思考，使其在一定程

---

① 余九林.习近平新时代中国特色社会主义思想微传播的现实路径[J].广西民族大学学报（哲学社会科学版），2019（1）：177-180.

② 钟君.创新马克思主义大众化宣传[J].红旗文稿，2018（23）：23-25.

③ 罗宾·洛克夫.语言的战争[M].刘丰海，郑保国，周亭，译.北京：新华出版社，2001：2.

度上能够掌握马克思主义的立场、观点和方法并将对思想理论的科学认知注入头脑之中，进而塑造自身政治认知、政治认同和政治信仰以提升精神境界和价值观念，达到"铸魂育人"目的。其三，交往和实践。思想政治教育话语将科学思想理论向海外以及国内社会大众进行阐释和宣介是一个交往和实践的过程。一方面，面对海外进行宣介的目的不是话语文本和价值理念的单向输出和表达，更多的是在话语交往中通过公开宣介和阐释使其他国家及其国民清晰地、准确地对中国的治国理政体系有一个整体性的认知，既能有效抑制"中国威胁论""中国崩溃论"等思想话语定势，又能建构新的国家形象。同时，通过话语间的交往和沟通，将关于世界形势的科学判断、现代化道路实现途径的差异性以及为解决世界性难题而提出的中国治理和解决方案展示出来，在具体实践中推进国家间的交往和实践、交流和合作。另一方面，思想政治教育话语向社会大众进行习近平新时代中国特色社会主义思想阐释和宣介是一个话语主客体间交流互动的过程，思想政治教育话语不仅要在主客体交往过程中宣传思想理论文本的思想、观点和意义价值，还要对差异化的话语和理念进行"话语澄清"以及对异质化的话语和理念进行"话语治疗"，积极地改造受众的主观世界。同时，改造主观世界的根本目的在于改造客观世界，通过思想政治教育话语将思想理论文本的理论精髓、科学方法和意义价值灌输给受众，以提高受众的理论认知水平并将之科学运用于客观世界的改造之中。

思想政治教育话语在习近平新时代中国特色社会主义思想宣传教育进行的过程中不仅要将思想理论文本原原本本地向受众宣介，还需要依据马克思主义大众化、普及化的原则进行科学阐释。思想政治教育话语阐释思想理论文本的原则是在准确理解原义的基础上彰显出学理性和科学性，面对具有争议性的话语和观念要进行"话语澄清"。近年来，学界关于习近平新时代中国特色社会主义思想的学术研究硕果累累，但关于同一问题的研究会出现不同话语间的争锋。以习近平新时代中国特色社会主义思想的逻辑起点研究为例，现有研究中有三种论说："中国社会主要矛盾"①"新时代"②"坚持和发展中国特色社会主义，实现社会主义现代化和中华民族伟大复兴"③。面对同一问题话语阐释的

① 曹立，公丕宏，公丕明. 习近平新时代中国特色社会主义思想的逻辑起点 [J]. 理论视野，2017（11）：22-24.

② 王钰鑫. 习近平新时代中国特色社会主义思想的逻辑理路与理论贡献 [J]. 江西师范大学学报（哲学社会科学版），2018（2）：20-26.

③ 韩庆祥. 习近平新时代中国特色社会主义思想 [J]. 科学社会主义，2017（6）：4-10.

差异性，思想政治教育话语不能放任其都进入宣传主渠道以混淆受众视听、消解思想理论的权威性和理论性，而是要基于科学化、专业化的原则对争议性问题进行深入分析、比对，探寻不同论述的逻辑自证轨迹，拨开话语争锋迷雾，科学、辩证地认识新时代的"变"与"不变"，理顺逻辑起点、逻辑中项与逻辑终点的关系，清晰、准确地界定科学思想理论体系最基本、最一般的本质规定。思想政治教育话语通过学理分析对思想理论文本研究中具有争议性的话语和观念进行辨析和澄清，以实现原理性和学术性、争辩性和共识性的多维统一。在话语澄清过程中，思想政治教育话语实现了从被动应对向主动出击转化、从工具意义向价值意义转化、从文本"复读"样式向科学阐释样式的宣传教育转化，使思想理论文本系统化、精准化地传达到受众思想深处以实现价值意义的最大化。

在当前的社会语境中，思想政治教育话语是社会主流话语，但新自由主义、历史虚无主义、民粹主义、普世价值论、泛娱乐主义等社会思潮话语也掺杂其中，并在一定程度上侵蚀、消解了主流话语的主导性和权威性。因此，思想政治教育话语在习近平新时代中国特色社会主义思想宣传教育过程中，不仅要完成自身所肩负的任务和使命，还要保卫和坚守主阵地，夺取话语主导权，并主动地、有效地提防和化解各种社会思潮及话语观念的干扰和误导。以历史虚无主义为例，其话语具有隐匿性和迷惑性，它有自成一体的思想观念、逻辑思维和论证体系，常借学术探讨和科学研究之名对历史史料按照其目的进行剪裁和编排，以达到扭曲、否定真实的历史和抹黑、污蔑历史人物的政治目的，"历史虚无主义的要害，是从根本上否定马克思主义指导地位和中国走向社会主义的历史必然性，否定中国共产党的领导"①。历史虚无主义的根本目的是否定党的历史、否定党的指导思想、否定党的合法领导地位，用意极其险恶。客观地讲，历史虚无主义的话语和表征迷惑性极强，容易使受众混淆认知，继而消解其政治价值认同。因此，思想政治教育话语不仅要显现出深厚的专业学理性，还要体现出敏锐的政治性，对当前社会语境中的各种社会思潮及话语观念进行抽丝剥茧般地深入剖析，解蔽其现象表征以认清其理论本源和价值本质，并在习近平新时代中国特色社会主义思想宣传教育中有效地化解其侵蚀和干扰，将科学思想理论注入受众头脑之中，以实现铸魂育人目的，引导受众清晰

---

① 中共中央党史研究室. 历史是最好的教科书——学习习近平同志关于党的历史的重要论述[N]. 人民日报，2013-7-22（08）.

认知各种社会思潮及其话语观念的表征和本质，并使其能够自觉地运用铸魂之理论武装来抵抗和排斥侵蚀。

思想政治教育话语要科学化、大众化、精准化地向受众宣传习近平新时代中国特色社会主义思想的世界意义和价值。它"既是一种世界观，也是一种方法论，更是一种行动方案，它既坚持'以我为主'的主体性，又秉持'以全人类为念'的包容性，将'以人民为中心'的发展理念、'以中华民族为中心'的复兴梦想"、'以人民为中心'的天下情怀有机结合起来"①。当前，国内外形势日益严峻，面对众多世界性难题，各国治理理念和能力虽然不同但皆提出了本国的治理方案，思想政治教育话语要主动承担起习近平新时代中国特色社会主义思想世界意义和价值的宣介任务和使命。中国正走向国际舞台的中央，中国提出的"一带一路""人类命运共同体"等倡议赢得不少国家的认同和积极参与，世界性难题治理理念和方案的竞争是综合国力的博弈和话语主导权的争夺，思想政治教育话语要在话语争锋中赢得共识，在话语交融中实现共享，在话语澄清中实现升华，其关键环节是习近平新时代中国特色社会主义思想话语意义的沟通和呈现。通过思想政治教育话语将思想理论文本中蕴含的治国理政理念思想战略完美地呈现出来，将中国现代化进程中的道路、理论、制度、文化等方面的优势展示出来，将蕴含世界性难题解决思路的"中国方案"展示出来，既表征与西方现代化、民主化道路不同的"中国道路"及其依据，又让受众能够清晰地体悟和认知"中国方案"的科学性、合理性及可实施性。同时，精准掌控思想政治教育话语的"度"，既要开展理性"自信式"的话语宣传，又要提防出现"自负式"和"自卑式"的话语宣传。话语宣传是基于话语主导权和阐释权的争夺和话语观念、意义价值的博弈，这个过程充满艰辛、布满荆棘和陷阱。基于当前社会语境现实，"有人把意识形态辩护和正能量宣传曲解为一味地唱赞歌，不仅回避所有社会问题，还对那些善意揭示社会问题、中肯提出批评意见的人无限上纲上线，将学术问题、思想认识问题泛政治化，粗暴封堵和打压善意批评之声"②。在对外宣传中要规避盲目的、非理性的两种极化宣传。自负式话语宣传是指以一种"天朝"式的思维定式自居并审视他国，话语间以中国式的原则和标准来衡量、规约他国思想和行为。这类话语宣传中隐

---

① 季思.对习近平新时代中国特色社会主义思想世界意义的几点思考 [J].当代世界，2019：4-9.
② 黄明理，李嘉谊.习近平新时代中国特色社会主义思想的理性自信及其意义 [J].江苏社会科学，2019（2）：21-29.

藏着强烈的民族主义情感和价值偏好，在交往话语中常怀疑、攻讦和诋毁他国及社会大众的能力，极易为中国树敌并引起连锁反应，会严重损害中国的国家形象，并推动"中国威胁论""中国价值输出论"话语受众市场规模的进一步扩大，成为他国反制、打压、围堵中国的借口，其本质上是一种盲目的、自大的非理性话语自信，跨越了"度"的边界。自卑式话语宣传是基于"矮化"自我的视域来审视思想理论文本的对外宣传，习惯于以西方的思想、观念和话语来阐释中国的自我发展，将自己的发展视为西方现代化、民主化模式的复制或衍生，否定自我的独立性、创新性，以"西方中心话语"为思维定式，以西方国家的制度和原则来衡量、规约自我思想和行为，为西方国家及社会大众中的"中国崩溃论""中国附庸论"等话语论调提供了佐证，其本质上是一种奴化思维，是对道路、理论、制度和文化的极度不自信。话语思维和观念停留在对习近平新时代中国特色社会主义思想的浅表化、形式化的认知和理解，是对话语意义的遮蔽、摒弃和污蔑，是一种去中国化、去政治化的符号游戏。

第三节　思想政治教育话语转型视域下的理论文本宣传教育景观呈现

　　基于受众角色身份的变迁和话语功能的迁移，在开展马克思主义中国化、时代化、大众化的进程中又衍生出本土化、差异化、分众化、精准化等具体原则和实践参照。何谓受众？一种看法认为受众是指失去思维能力和自我属性的可被操控和摆布的社会群体。"受众干脆就是'乌合之众'，没有鉴别能力，任由政治人物和媒体摆布。"[①]这种观点否定了受众的人本化属性，将受众视为只能被动接受而毫无抵抗之力的"提线木偶"。另一种观点认为受众"从来就不是绝对被动的，而是具有一定的主动性和选择能力，能够按照自己的意愿解读媒介的语义"[②]。这种观点驳斥了受众附属化的绝对性，意识到受众潜在的主动性及其心理习惯、思维生活方式等在信息传输和话语互动中的功能的作用。客观而言，这两种观点是对媒体主导信息生产、传播时期的受众基于不同视角的认知和界定，在新媒介语境中的受众角色和功能皆发生了根本性转变。思想

① 勒庞．乌合之众：大众心理研究 [M]．冯克利，译．北京：中央编译出版社，1990：1-10.
② 杨谷．网络文化建设与管理概论 [M]．北京：国家行政学院出版社，2008：170.

政治教育话语在由政治生活话语向日常生活话语转化的过程中，推进习近平新时代中国特色社会主义思想宣传教育由"顶层"向"基层"推进、由官方向民间推进、由政治化向生活化推进，由以"文本话语阐释"为中心向以"受众话语接受"为中心进行多维转换。基于受众的差异化，"要综合运用图文、图标、动漫、音视频等丰富形式，实现习近平新时代中国特色社会主义思想从可读到可视、从静态到动态、从一维到多维的综合呈现，不断满足多终端传播以及多种体验的现实需求"①，以满足受众差异化、分众化、精准化的需求。新时代话语语境中的思想政治教育话语转型进入深化变革期，开始从分化推进向整体协同转化，从理论视域向实践视域转化，从"教育主体中心论"向"受众客体中心论"转化，从"文本话语阐释"向"受众话语接受"转化，从"单向度灌输"向"互动式启发"转化，从宏大叙事的理论逻辑演绎向日常生活的身边故事书写转化，从传统媒介的"平面式"言说向现代媒介的"立体式"建构转化。

一、基于思想政治教育话语实践视域下的习近平新时代中国特色社会主义思想宣传教育

思想政治教育的本质是一种社会实践。思想政治教育话语转型的根本目的是在推进理论向实践转化进程中提高其作为中介功能的科学性及有效性。思想政治教育话语在习近平新时代中国特色社会主义思想宣传教育中应规避三个常见误区。其一，浮表化。中国特色社会主义思想是一个开放的、科学的、系统的理论体系，习近平新时代中国特色社会主义思想是其重要组成部分，是当代的马克思主义，它既是对党的权威思想理论的承继和延续，又是基于新时代背景关于"坚持和发展什么样的中国特色社会主义""怎样坚持和发展中国特色社会主义"的科学的、系统的、创造性的回答，其历史根基、理论来源、内容结构、逻辑理路、方法范式、意义价值及实践路径等核心要素共同建构起中国发展的宏大图景。因此，思想政治教育话语在思想理论文本宣传教育时要规避"浮表化"表征，主要体现为文本的"复读式"话语转述、文本阐释与意义呈现的"剥离"、文本"碎片化"话语加工与意义的"撕裂"及"虚无"、文本理论话语与实践话语的"断裂"造成的话语"视界间隔"等等，不一而足。

其二，污名化。思想政治教育学科的成长和发展历程是其自我价值和意义

---

① 刘勇.习近平新时代中国特色社会主义思想国家传播研究 [J].教学与研究，2019（4）：5-15.

的自证过程，同时也是容易受到污名化的过程。社会大众对于思想政治教育有几种常见的偏见式的认知和定位。首先，专业性虚化。这种观点否定了思想政治教育的专业性，将其界定为思想政治工作的组织和实施，认为人人皆可参与其中，虚化了专业性，窄化了视域，抹杀了理论性。其次，科学性缺场。这种观点认为思想政治教育缺少学科范式和科学方法，无法检验和实证，归根结底是一种话语的自我言说，其观点实质上指向"无用论"。再次，学科边界模糊。这种观点认为思想政治教育学科的边界界定不清，学术研究中过多地参照、借鉴甚至是照搬其他学科的理论知识和技能方法并随心所欲地、不加批判地为己所用，陷入交叉学科定位而不能自拔。最后，话语功能弱化和实践意义缺失。这种观点认为思想政治教育话语是"口头式"的说教，言论空洞无物缺乏学理性，其话语功能是一种政治化角色的附庸和衍生品，否定了思想政治教育话语作为主客体间交流互动、意义共享的中间媒介的独立性、自主性和可塑性，否定了思想政治教育的本质属性，遮蔽了其在社会实践中的价值和意义。总而言之，对思想政治教育污名化的认知定式会削弱思想政治教育话语的科学性、有效性输出，降低思想政治教育话语的吸引力、说服力和引导力，相反却增强了社会大众对思想政治教育话语的逆反心理及抵抗之心，进而又弱化了思想理论文本理论武装、指导实践的意义阐发和价值所指。

其三，工具化。思想政治教育话语常被界定为一种"纯粹的工具"，这是指话语言说者基于一定的语境将思想理论文本有效地传达给受众的工具载体，发挥着交流、沟通的中间桥梁作用，它在文本的生产、加工、阐释和宣传过程中被视为一种被动的、依附性的工具。习近平新时代中国特色社会主义思想宣传教育要求受众不仅要接受理论知识的洗礼并强化政治价值认同，还要在实践中合理运用，将对主观世界的建构转化为对客观世界的改造，其本质上是一项复杂的社会实践活动，"口头上承认这个思想是一回事，实际上把这个思想分别运用于每一个研究领域，又是一回事"[①]，思想政治教育话语就是使这两者融合的黏合剂。思想政治教育话语不仅具有明显的工具属性，还有着深厚的价值属性。一方面，思想政治教育话语在思想理论文本阐释和宣传教育过程中具有主观能动性，它不是简单地照搬、复读和转译，而是融入了话语言说者的思想观念和价值附加，并基于受众的差异化、分众化而对思想理论文本进行加工和

---

① 中共中央马克思恩格斯列宁斯大林著作编译局.马克思恩格斯文集（第4卷）[M].北京：人民出版社，2009：299.

再生产，以增强话语的有效性并提高受众对话语的接受度；另一方面，思想政治教育话语是一项实践活动，它是将"说话者、受话者、文本、沟通和语境关联在一起的'实践'活动①"。在具体实践活动中，思想政治教育话语成为思想理论文本价值、言说者价值观念认知、受众价值观念等三种价值观念的承载中介和不同价值观念交流、融合的"推进器"。因此，思想政治教育话语的实践价值体现在将思想理论融入实践指导、引导受众理解和领悟其理论精髓和价值真谛。

习近平新时代中国特色社会主义思想是一个开放的、科学的、与时俱进的理论体系，随着时代的发展而进行自我更新，其理论宣传教育不是形式化或阶段性的短期目标，而是一个需要长期坚持并在中国的伟大实践中不断进行检验和广泛应用的长久目标。只有经过实践的检验，才能证明理论的科学性和有效性，才能体现出思想政治教育话语的意义、价值所在。2020年1月，时逢春节，一场突如其来的重大疫情新型冠状肺炎（简称"新冠肺炎"）席卷中国，以武汉为中心辐射全国，在极短时间内迅速形成蔓延之势。面对新冠肺炎重大疫情，党和政府沉着应对，在听取专家意见的基础上对疫情形势进行科学研判，果断对武汉实行封城集中管理进入战时状态。全国各地根据具体情况调整应急响应级别，在以习近平同志为核心的党中央的全局统筹和科学调度下，形成了全国集中优势力量共同援助武汉、各省市各守其地、协同布局共下"一盘棋"的抗疫大格局。最终，经过三个月的共同努力，疫情总体上得到基本控制，从整体管控向联防布控转换，随后疫情的零星式发生及防控成为常态化。但此时的国外，疫情呈现井喷式裂变，感染人数、死亡人数与日俱增，数字令人触目惊心。随着疫情加剧，各国出台各自的抗疫方案，其中蕴含着不同国家多样化、差异化的治理理念和治理水平，如英国的"群体免疫"、巴西的"自由抗疫"、美国的"口头抗疫"，挪威的"佛系抗疫"等，伴随疫情蔓延的还有各种各样的"奇思妙想"和"荒诞言论"。

疫情的发生，是一场没有预期的灾难，但是在面对全球共同灾难时不同国家和人民交出的答卷却并不相同。在抗击疫情这个鲜活生动的场域内，思想政治教育话语要防止"无力""失语"和"缺场"，要实现"政治话语"向"日常话语"转化、"官方话语"向"生活话语"转化、"文本话语"向"实践话语"转化，基于实践视域来阐发思想理论文本的宣传教育。疫情防控期间，

---

① 洪波.思想政治教育话语范式转换研究[M].杭州：浙江大学出版社，2012：51.

"封城""战时状态""人民立场""居家隔离""口罩""疫苗""安康码""最美逆行者""党员干部下沉基层""社区网格化"等是社会中出现的热频词,其中蕴含和闪烁着思想理论文本的精髓和真理,"重大疫情对新时代的重大检验,最根本的是对国家制度和国家治理体系的检验,是对中国社会主义制度优势的检验"①。思想政治教育话语基于疫情话语语境,面对受众的疑惑和思想迷雾要直面问题的本质,将疫情发生和传播的原理、路径、中国抗击疫情的信心和魄力之源、中国治理方案的依据和核心参照等从正面为社会大众阐发清晰。在此过程中,思想政治教育话语要规避"浮表化""污名化"和"工具化",就"不应是夸大其词的'涵盖乾坤',也不应是割裂意义的'截断众流',病态呻吟之语带来的是消极沉闷,放诞佯狂带来的是轻薄浮浪,'言在此而意在彼'是态度迷离,'泯端倪而离形象'是消解本质"②。思想政治教育话语要阐释清楚"封城""战时状态""人民立场""居家隔离"等背后是"四个自信"的强大支撑,是中国社会主义制度优越性的体现。中国特色社会主义与西方资本主义的差异不仅体现在道路选择和制度建构,还体现在其最根本的核心利益是什么,是人民利益还是阶级利益。中国基于人民利益立场和疫情蔓延形势做出科学判断和重大举措,并提出治疗费用纳入医保以全力保障人民的生命权,是以人民价值和利益作为执政理念核心的真实体现。社会大众对于国家的判断和居家倡议言听计从,既是对国家实力强大的信心体现,又是对党和政府人民利益立场的信服、赞扬和高度认同。思想政治教育话语不能局限于热频词语的符号特性和表征意义,要科学阐释清楚"口罩""疫苗""安康码"等词语背后是综合国力的强力支撑。疫情防控期间,一"罩"难求。"口罩"虽小,但原材料采集、制造工艺、制造设备、从业人员及生产环境等多方面制约着超规模化的量产,难以满足全国人民的超量需求。但中国是全世界唯一拥有联合国现有产业分类中所列出的全部工业门类的国家,这在应对疫情中发挥了极其重要的作用,企业转型、增设和转化生产线、合理配置生产要素、优先供应武汉及各地重点医院和重点人员,体现出了国家强大的工业生产力。"疫苗"研制的领先和中西结合的病情治疗方案背后是中国日益提升的医疗水平;"安康码"的快速研发和广泛应用背后是"互联网+科技实力"的缩影。思想政治教育话语要阐释清楚"最美逆行者""下沉基层""社区网格化"等词语背后是社会

---

① 颜晓峰.国家制度和治理体系在战"疫"中经受考验[J].人民论坛,2020(22):10-12.
② 孟宪平,王永贵.当前思想理论宣传的话语选择[J].红旗文稿,2017(6):24-26.

主义核心价值观的本源体现，是党的根本宗旨、初心和使命的全面体现，是国家治理能力和治理水平的"微观化"呈现。以"社区网格化"一词为例，习近平总书记指出，"社区是疫情联防联控的第一线，也是外防输入、内防扩散最有效的防线"①，社区是城市治理过程中最小的单元格，在本次疫情防控期间，社区成为最为关键的"前沿阵地"。一方面，党员干部下沉基层、深入社区与社区管理人员、志愿者共同筑起社区防疫前线；另一方面，社区还承担着防疫人员信息采集、摸排和报送、基本物资协调供应、规范封闭期间的人员合理流通、联通上级相关机构与社区住户等多重任务。社区网络化治理及其效果，彰显出中国国家治理理念及治理水平，为疫情的有效防控及风险化解提供了坚实保障。总之，思想政治教育话语要将习近平新时代中国特色社会主义思想宣传教育融入抗击疫情的具体实践之中，不仅要讲清楚理论的魅力所在，指明"中国共产党领导是中国特色社会主义最本质的特征"②，还要阐释疫情治理方案和社会热频词背后隐藏的理论品质和精髓。同时，思想政治教育话语要做好在抗击疫情防控期间能够体现出社会主义核心价值观的典型人物和事例的信息采集和故事书写，用身边人、身边事来阐发思想理论文本的核心价值和理念以武装头脑、铸魂育人。

新冠肺炎是世界共性难题，各国的做法各有所取，对于国家间共同抗疫的相处和合作态度、模式也不同。思想政治教育话语不仅要阐发"人类命运共同体"倡议在重大疫情中的作用和意义，还要认清充斥于国际社会中的不同思想观念间的碰撞与话语交锋，澄清中国在新冠肺炎疫情抗击中做出的贡献的正当性、合理性和有效性，用智慧化解话语间的纠缠与对抗，吹散笼罩于社会大众的思想迷雾，解蔽其认知偏差和认同阻隔。中国作为疫情初期情况最为严重的国家，在党和国家的领导下齐心合力、团结一致、凝结共识，统一调度、集中全国力量、充分发挥制度的优越性，及时遏制住了疫情的蔓延和裂变，阻断了疫情海外扩散的路径，将疫情防控及风险化解控制在国内本土，展现出中国负责任大国的勇气和担当。同时，中国主动向世界卫生组织、国际社会通报疫情发生及防控进展情况，主动分享新型冠状病毒基因组测序情况、病例病症及治疗方案等信息、资源和中国关于重大疫情的防控、治理方案，在控制本国疫

---

① 夏静.武汉社区疫情防控模式的实践探索 [N].光明日报，2020-5-8（05）.
② 中共中央宣传印.习近平新时代中国特色社会主义思想学习问答 [M].北京：学习出版社，人民出版社，2021：425.

情之后通过捐赠医疗物资设备、派遣专家组远赴他国等举措力所能及地为其他国家提供帮助，正如习近平总书记所言，"新冠肺炎疫情的发生再次表明，人类是一个休戚与共的命运共同体。在经济全球化时代，这样的重大突发事件不会是最后一次，各种传统安全和非传统安全问题还会不断带来新的考验，国际社会必须树立人类命运共同体意识，守望相助，携手应对风险挑战，共建美好地球家园"①。世界重大疫情的研判、防控及化解，必须依赖国际社会的共同努力和密切合作。但同时，国际社会舆论中关于中国在疫情中的贡献和做法存在认知差异化：一方面，世界卫生组织、有关国家和地区组织基于客观事实对于中国在抗击疫情中所做的牺牲和奉献给予高度认可和评价，许多国家主动谋求中国的医疗物资和专业技术人员的援助，积极借鉴中国抗击疫情的方案和做法并将其运用于本国的疫情防控之中，取得了较好的成效，进一步深化了对中国负责任大国形象的塑造和认同；另一方面，以美国为首的西方少数国家对于中国则持否定态度并极尽污蔑抹黑之能事。其中，具有代表性的话语论调有：第一，"阴谋论"。这种话语观点的鲜明特性是污名化，指的是在疫情暴发源头仍未查清之际，罔顾事实将疫情扩散的责任强加到中国身上，视中国为本次疫情暴发和扩散的"发源地"，个别国家的机构及人员不顾基本事实和国际法原则叫嚣着要向中国索取巨额赔偿，有的言论甚至声称新冠病毒是由中国科学院武汉病毒研究所自发研制并被中国用来对付他国的"生化武器"。第二，"政治化"。这种话语观点是指个别国家在面对本国疫情时罔顾国民生命健康和安全不积极作为，为了其政府政治利益和目的违背科学常识发表不当言论和出台不利于疫情防控的政策，玩弄政治操纵游戏，并将本国疫情的蔓延和裂变原因推卸至中国身上，并污蔑中国在疫情合作中的努力和贡献是为了政治目的和经济利益，将正常的国际社会疫情合作变成国家政治博弈的场所。第三，"病态化"。这种话语观点将疫情的发生、蔓延和"中国威胁论"进行捆绑，利用疫情散播"中国威胁论"，否定中国在疫情中做出的一切，认为中国提出的倡议和治理方案是借机对其他国家增强影响力和控制力，其根本目的是改变现有国际格局，谋求国际事务的主导权和话语权。目前，以美国为首的西方，正在借用其领先的互联网技术以及 Twitter、Facebook 等新型社会媒介软件来建构网络舆论霸权，通过主导话语权消解中国话语和方案的影响力，以其西方价值观和话语心理、思维习惯来引领舆论风向，"围攻"中国话语权以消解中国国家

① 习近平同联合国秘书长古特雷斯通电话 [N].人民日报，2020-3-13（01）.

形象和情感认同。"西方资本主义的舆论误导客观上成为中国特色社会主义制度认同的外部阻抗因素，中国特色社会主义制度在'他者'眼中的形象，影响到制度的'自我'认同，'自我'迷失在'他者'的世界中，'自我'失去了赖以确定自身社会归属和身份的认同标准。"①客观而言，此类话语言论极具迷惑性和煽动性，在西方国家和民众中具有较强的影响力，被视作凝聚"民心"、维持"政权"的有效工具。思想政治教育话语基于国内外社会语境既正视话语争锋的常态化、长期化，又深入分析其产生的原因及目的，向社会大众阐发清楚此类话语的逻辑进路、本质及悖论，揭示其丑陋的政治面目和隐匿的新冷战思维，使社会大众坚守本心，涤荡污浊。同时，思想政治教育话语要阐释清楚"人类命运共同体"倡议在国际疫情防控合作中的必要性、必然性和可行性，让话语观念的对冲在具体的实践操作中得以妥善化解，以基本事实为参照来说明中国方案的科学性和合理性，既要尊重不同国家由于文化、制度不同产生的话语观念差异化，又要在合作、对抗中赢得发展共识。疫情是人类共同面临的一次艰难考验。"坚持科学理性还是制造政治分歧？加强团结合作还是寻求脱钩孤立？推进多边协调还是奉行单边主义？"②这是每一个国家和每一位人民都需要理性思考和认真作答的问题，而问题的答案将决定着未来国际政治格局以及国家间关系的相处状态。

二、基于思想政治教育话语现代化视域下的习近平新时代中国特色社会主义思想宣传教育

思想政治教育话语转型的基本表征是由传统社会向现代社会转型过程中呈现出来的"现代化"。思想政治教育话语现代转型是一个具有复合概念的词语，它不是西方现代化语境和语系的简单复刻，也不是对传统性的本质颠覆或泯灭。"人们自己创造自己的历史，但是他们并不是随心所欲地创造，并不是在他们自己选定的条件下创造，而是在直接碰到的、既定的、从过去承继下来的条件下创造"③。思想政治教育话语现代转型是基于现代社会语境追寻传统

---

① 郭莉，骆郁廷.中国特色社会主义制度认同的舆论引导 [J].江西社会科学，2015（8）：214-221.

② 中华人民共和国国务院新闻办公室.抗击新冠肺炎疫情的中国行动 [N].人民日报，2020-6-8（10）.

③ 中共中央马克思恩格斯列宁斯大林著作编译局.马克思恩格斯选集（第一卷）[M].北京：人民出版社，1995：603.

社会话语发展、演变轨迹及规律，整合马克思主义经典理论话语、传统文化话语、现代德育话语、党的理论文本话语和现代教育话语，在承继传统话语理念和风格的基础上，融入现代社会的话语新理念、新思想、新要素、新媒介，改变原有话语的言说风格和方式，建构起具有科学化、大众化、生活化特征的现代话语叙事风格样态。基于思想政治教育话语现代化视域下的习近平新时代中国特色社会主义思想宣传教育出现了新特性，传统的思想政治教育话语言说思路和方式发生了转化。习近平新时代中国特色社会主义思想宣传教育中的话语言说目的是教育者基于思想理论文本深入学习研究的基础上领悟和掌握理论精髓，并将之通过话语媒介、以多样化形态向受众进行阐释、转译，以达到理论武装头脑、铸魂育人、指导实践的目的。其关键环节是话语如何能够被受众接受并产生认同，关键问题是差异化、小众化的受众的需求必然是多样化的。因此，思想政治教育话语现代化视域首先要实现话语言说思路和方式的现代化，即思想政治教育话语要以受众作为中心，以受众的成长环境、文化修养、兴趣爱好、心理习惯、生活方式、话语风格等作为基本参照，以现代化技术的革新、话语媒介的创新、话语叙事风格的清新为重要依托，对思想理论文本进行再生产和加工，从整体性、系统化的宏大叙事向直观化、微观化的生活叙事转化，既保留思想理论文本的本义和真谛，又创新承载理论"微化"式样的文本格式，以期满足受众多样化的需求。

　　处于新时代社会话语语境中的传统媒介从原本的价值失却向意义复归转化。媒介是思想政治教育话语阐释、转译和宣传思想理论文本的核心载体和辅助性工具。报纸、广播、电视、网络被称为现代社会的"四大媒介"，但媒介场域中的市场占比和受众接受度存在差异，每一次媒介形态的革新背后皆隐藏着媒介间的观念碰撞、话语交锋、权力转移和价值失却，媒介技术的革新和形态的进化同时促进媒介主体的自我革命，使其存在的价值和意义能够符合和适应现代化社会语境的基本原则和社会大众的心理习惯与话语期望。以报纸为例，报纸以文字书写为主，文字话语是联通书写者和阅读者之间思想的桥梁，其原初优势是成本低微、易复制传播、思想境界高、权威可信、通俗可读，是一种"细嚼慢咽"式的"慢文化"，根本目的在于由文字间流露出的思想理论精髓被阅读者理解及认同，这在闭塞的信息"孤岛"时期是社会大众最喜好的一种思想理论传播方式。不足之处在于：传播速度慢、单向性、路径少，易受文化水平和地域间隔等客观因素制约；"想象性"情感的自构性；书写者、文字话语、阅读者"沟通"界面的"断裂";生活性的剥离等。这一时期的思想政治教育话语在思想理论文本的宣传教育过程中呈现出平铺直白、滞后被动、政治灌输、正面显性等特质。基于新时代社会语境，报纸作为思想理论文本宣传教育的关键性媒介发生多维变化，思想政治教育话语形态也随之而变。其中，报纸的呈现形式从单一的纸质化向"报网端微屏"一体化、多元化建构转化，提升了传播速度，丰富了传播路径，跨越了地域和文化间隔，推进了"大格局"和"小生活"的融合，实现了基于思想理论文本的理论共识和情感共鸣，增进了社会大众的理论认同和国家认同。思想政治教育话语形态从文字、图像二元化向文字、图像、声音、视觉、影像多元化转换，话语形式从政治话语向生活话语、从文本话语向媒介话语、从理论话语向日常话语、从刚性话语向柔性话语等多维度转换，话语内容从精英化、官本化、生硬化向大众化、通俗化、趣味化进行转换。同时，思想政治教育话语的专业性、学理性、科学性使报纸的权威性、正向性得以彰显，实现了思想理论文本多领域、多维度、多视角的阐释解读和宣介推进，进而既达到了理论入脑入心、武装头脑的目的，又满足了社会大众差异化、多样化的理论和话语期许。

当前，基于新时代社会话语语境的思想政治教育话语现代转型进入深化变革期，使习近平新时代中国特色社会主义思想的宣传教育形态出现多样化景观。第一，视听化。习近平新时代中国特色社会主义思想是习近平总书记在党的十九大报告中提出的，但关于其理论框架、研究边界、核心内容、逻辑方法、意义价值等基本范畴皆未科学界定。《习近平新时代中国特色社会主义思想三十讲》一书的出版首开先河，它"以'八个明确'和'十四个坚持'为核心内容和主要依据，分30个专题，全面、系统、深入阐释了习近平新时代中国特色社会主义思想的重大意义、科学体系、丰富内涵、精神实质、实践要求"[①]，是一本专业性、学理性、普及性兼备的辅助性读物。同时，《习近平新时代中国特色社会主义思想三十讲》作为国家新闻出版署2019年度数字出版精品项目以原有图书为基本参照，根据图书的内容和结构制作了30个专题共计166小节的短音频，录制工作由具有影响力的播音主持专业人员担任，在其极具感染性、吸引力的声音中将专题内容娓娓道来。《习近平新时代中国特色社会主义思想》有声读物通过扫二维码、关注微信公众号等方式进行免费收听，使社会大众"声临其境"地享用了一场"思想"饕餮盛宴。思想政治教育

---

① 《习近平新时代中国特色社会主义思想三十讲》出版发行 [N]. 人民日报，2018-5-18（01）.

话语摆脱了枯燥的理论文本话语言说，改变了思想理论文本的文字叙事形式，向文字、声音相叠加的"视听化"言说方式转化，通过言说者的声音渲染、吸引社会大众的关注，使其能够融入其中去体味思想理论的魅力。

第二，影片化。基于新时代社会话语语境，习近平新时代中国特色社会主义思想的文本话语和有声读物的融合为思想政治教育话语言说方式提供了新思路。由于充斥于社会的享乐主义、娱乐主义、消费主义等观念冲击和销蚀着社会主流话语。因此，思想政治教育话语进行思想理论文本阐释和宣介的形式和路径也需要符合时代发展潮流和社会大众的多样化需求，影视化是其中一种选择和转向。《我和我的祖国》《厉害了，我的国》等影视节目的制作和播出改变了思想政治教育话语口头式、直白式、平面式的言说形态，思想理论文本进行影视化的剧本编辑和书写、人物角色建构和塑造、故事阐述及呈现，将枯燥的理论融入中国伟大的社会实践进程之中，将理论精髓通过话语阐释和转译后融入故事化的剧本，通过形象化、具象化、立体化、通俗化的影视话语向社会大众讲述中国故事。以《我和我的祖国》为例，电影分为《前夜》《相遇》《夺冠》《回归》《北京 你好》《白昼流星》和《护航》等七个独立的故事篇章，分别选取开国大典、原子弹研发、女排夺冠、香港回归、北京奥运、神舟十一号飞船回地着陆、纪念抗战胜利70周年阅兵等新中国成立历史进程中的经典瞬间，通过普通小人物的"在场"与"亲身"叙说，从内心深处唤醒了全民关于新中国成立和发展的历史、社会记忆，巧妙地将小人物所承载的奉献、牺牲、拼搏、捍卫、坚守的时代精神在历史时空中进行"迁移"和"深植"，将个人之"小我"融入国家之"大我"，将显性"演绎"和隐性"教育"融合于场景布设、情节设计、人物演绎和话语言说之中。《我和我的祖国》是一场通过电影媒介来开展地面对全体社会大众的"生动的、鲜活的"爱国主义教育课，它的故事核心是爱国主义，但是舍弃了常见主旋律电影中大人物、大视野、大道理的刻板、说教式的叙事方式，而是将爱国主义视作一种常态化、日常化、大众化的生活形态。从电影上映的票房收入、市场反应和社会大众接受度来看，这种影视化的改编和展示效果远超灌输式、说教式的爱国主义教育。影视化是思想政治教育话语提高思想理论宣传教育有效性的积极取向，虽然影视形式的复制或建构成本高、难度大，但是可以将其价值性元素剥离并基于现实生活进行融合尝试，进行精致化、微众化的"场域"模拟构造，"要深入挖掘图像符号表意、叙事、审美的功能，避免简单化、直观化的审美情趣，同时要杜绝一味沉醉视觉狂欢，迷失于人造图像王国，导致精神审美的迷失"①。

第三，节目化。近年来，党的思想理论宣传教育形式日益丰富、多元，既有《新闻联播》类主流新闻节目的一以贯之的长期坚持、坚守和革故鼎新，如其片头音乐犹如"闹钟"般一旦响起就唤起社会大众的社会记忆、身体记忆和情感共鸣，又有层出不穷的理论宣传载体，其中，节目化是具有特殊性的一种方式，如《马克思靠谱》之《马上学习》《社会主义"有点潮"》《厉害了，我们的新时代》《平"语"近人——习近平总书记用典》《理响新时代》《理响中国》等。其中《社会主义"有点潮"》是全国首档"三新"进校园电视理论节目，共分为六期，全面讲述了社会主义五百年来波澜壮阔的发展历程，主要内容是"乌托邦是座什么岛"《共产党宣言》是一本什么书""阿芙乐尔号为什么开炮""南湖的红船为什么能破浪前行""中国特色社会主义特在哪""中国梦是个什么梦"等。节目改变了原有理论宣讲时那种面对镜头正襟危坐、口若悬河、长篇大论、严肃古板的风格，采用流动化的主持和嘉宾进行"一对三"面对面访谈模式，现场的观众主体是青年大学生，话题围绕社会主义五百年发展历程中的经典问题，主持人和嘉宾基于专业化的视角和扎实的理论功底将理论问题通俗化，通过抽丝剥茧般的层层分析让厚重的理论在互动沟通中变得浅显易懂，并借助全息技术让观众能够"身临其境"。在建构和还原的历史场景中体悟社会主义发展的艰辛不易及科学理论的精髓和真谛，在"潮"的节目策划和形式创新承载中通过话语来阐释科学社会主义的发展历程，为受众讲清楚中国特色社会主义的历史由来和演进路径，讲清楚中国特色社会主义与世界社会主义之间的关系，讲清楚中国特色社会主义理论体系的理论精髓和意义价值等。

《平"语"近人——习近平总书记用典》是一档针对性强、形式新颖的阐释和宣传习近平新时代中国特色社会主义思想的节目，节目策划另辟蹊径，放弃了整体化、大格局、大视野的叙事风格，而将焦点放在"用典"，即节目组从习近平总书记系列重要讲话、文章、谈话中的原始文本中将所引用的"典籍"话语及习语"经典"话语选摘而出，通过微视频来呈现习近平总书记用典的情景场面，由权威理论专家作为思想解读人来诠释"经典"话语的科学内涵及所指意义，由文史学者作为经典释义人来阐释"经典"原义和时代价值，通

① 梁军，陈丽娇.视觉重构理论下红色文化数字化传播策略 [J].思想教育研究，2020（1）：140−143.

过现场"身边人、身边事"的微访谈在回忆中勾勒习近平总书记生活中的"点滴"日常以追思其思想萌生之基、话语建构之源，最后由经典诵读人来声情并茂地诵读"经典"文本，节目进度和情节转换由节目主持人把控，并融入与观众的互动。整档节目犹如一幕大型实景现场"思政课"，不同于传统的一支粉笔、一张嘴的"独角戏"，这是一场由主客体、理论文本、情境、媒介、话语及语境等各要素建构起的"共享课堂"，理论话语、生活话语、媒介话语、宣传话语等皆融入思想政治教育话语共同谱写、演奏"经典"文本话语阐释的"交响乐"。在节目的场景构建中，"理论与图像、情感以及后现代话语等互相渗透、交织相融，其接受与认同不仅依托于理性叙事的逻辑演绎与引导，而且借助于情感共鸣、图像想象与感官愉悦等非语言的隐喻路径得以实现"①。

　　基于时代发展、科技进步与观念变迁，关于党的指导思想的阐释和宣传还出现了一些其他新的形式和变化。其中，《那年那兔那些事》以新中国成立前后国内外发生的一些军事、外交大事件为创作范本，将人物角色"动物化"，配以简单的情境变化，通过呆萌的动物间的话语互动和言说将复杂的政治事件"条理化"，其优点在于以二次元创作形式将书本中的历史人物和事件以动态化的形态建构起来，以一种轻松、愉悦的方式来阐释大道理，既迎合了青年大众的兴趣爱好和生活方式，又承载着厚重的历史情感和民族情结。《领风者》是为了纪念马克思诞辰 200 周年推出的一部网络动画，它是马克思主义大众化的一次新尝试，它以马克思一生的故事为创造蓝本，分设"不一样的青春""捍卫自由""全新的世界观""科学社会主义闪耀登场""《资本论》越世而出""'第一国际'风云""永远的马克思"等七个篇章，通过人物角色创设和性格赋予，建构起一个历经迷惘、经受挫折、体悟友情、收获爱情、生活困顿、性格坚韧、追逐梦想、引领时代的鲜活人物形象——马克思，整个篇章既有对深奥理论深入浅出的阐释和解读，又加入穿针引线式的旁白，将马克思的一生在七个篇章的故事推进中呈现在社会大众眼前，让社会大众在人物角色的具体成长历程中领悟新思想的萌生及成熟、重大事件的发生及演绎和角色的人格魅力。"基于新型技术基础上的文字、声音、图像等介质集聚为一体，构成了一种立体化的传播形态，把马克思主义理论文本语言通过流动媒体，由传统的静止形态转换为立体、动感的形式，彻底突破了以往平面媒介传播的局限

---

① 陈红娟.马克思主义理论影像化传播的表征、问题与优化策略[J].思想理论教育，2020（2）：51-56.

性，让经典理论从厚重的书本中走出来、活起来，多维度、立体化地展现在大众面前，让不同受教育程度以及不同生活经历的人，从不同的认知层面感受马克思主义理论的深刻性和解释力"①。《十九大党章知识精粹》系列微动漫以新元素、新形式、新视角来解读党章内容，《习近平新时代中国特色社会主义思想》是其中一个故事单元。它改变了长动漫的叙事风格和形式，采用制作不足五分钟的"微"动漫来阐释习近平新时代中国特色社会主义思想的历史地位、"8+14"基本内容及相互关系、实践之基、理论之源、时代价值和未来意义等，内容短小、话语精炼、声音图像一体化，符合当前社会大众的阅读习惯和理论接受方式。基于现代化、科技化、媒介化的社会语境变革，思想政治教育话语的在阐释和宣介马克思主义理论尤其是习近平新时代中国特色社会主义思想进程中的承载平台和言说方式发生了根本性的转化，从"三尺讲堂"延伸至公共生活领域，从文本化"灌输"向情境化"启发"转换，从平铺直叙、直白式的言说向形象化、动态化、立体化的语境"渲染"转换，提高了社会大众对思想理论宣传教育话语形态的适应度、接受度和认可度，在话语建构的语境中使人们既能"赏心悦目"地欣赏"经典故事"，又能愉悦地享用思想洗礼和知识浇灌。

三、基于思想政治教育话语网络化视域下的习近平新时代中国特色社会主义思想宣传教育

在信息传播的四大媒体中，互联网具有特殊性。一方面，它从现实世界中剥离出"元素体"，建构起虚拟的网络空间和世界，这个世界根植于现实世界，但有其特殊性；另一方面，网络世界改变了信息承载的方式，从"有形"转向"无形"，将复杂的信息构成在网络中变成"0"和"1"的原始转译，人际间的相处模式和交流方式发生了根本性变化，网络跨越了时空的限制，将层级化的社会样态压缩为扁平化的空间架构，信息传播在网络中呈现出即时性、自主性、交互性、立体式、全面性等，互联网成为容纳报纸、广播、电视等传统媒体功能的"聚集地"和"百宝箱"。

根据《第51次中国互联网络发展状况统计报告》，"我国手机网民规模达10.65亿，较2021年12月新增手机网民3636万，网民中使用手机上网的比

---

① 牛海，刘诗铭. 新媒体时代马克思主义理论之"轻"传播 [J]. 传媒，2019（18）：94-96.

例为 99.8%"①。网络成为人们日常生活中不可分割的一部分，是人们获取新闻信息及资料的主渠道，是实现马克思主义中国化、时代化、大众化的必选路径。网络时代进入深化变革期，新概念、新词语、新元素层出不穷，并衍生出许多流行的网络媒介形态，媒介网络化改变了信息生产、加工和传播的形式及路径，解构了传统社会的信息传播的"塔式"结构，消解了权威话语的"唯一性"和"主导性"，打破了信息传递的时空阻隔，提高了人际间信息传递和沟通的效率，互联网成为社会大众的"狂欢地带"。网络时代的思想政治教育话语摆脱了"缺场""失语"和"依附"，不仅实现了"在场"和"发声"，还建构起网络思想政治教育话语的空间场域，思想政治教育话语网络化改变了原有严肃、刻板和生硬的话语样式，向轻松、灵活、幽默转化，为思想理论文本的阐释和宣介提供了网络化视域参照。习近平新时代中国特色社会主义思想在网络空间的宣传教育基本前提是要吸引社会大众的关注，"因为对于任何一种理论而言，吸引是接受的第一步，如果不能首先从形式上吸引大众激发大众兴趣的话，尽管是'科学理论''先进文化'也会降低被大众感知的机会，当然也难以达成认同"②。理论要吸引社会大众的关注，必须全面、精准地分析和认知受众在网络时代的兴趣爱好、接受方式、设备偏好和视听习惯，精准传播要"以'差异化'为逻辑起点""以'靶向性'为策略理念"。③"差异化"源于受众的成长背景、年龄结构、文化程度、生活习惯、兴趣爱好等的不同，习近平新时代中国特色社会主义思想的宣传教育既要遵循差异化、大众化的基本原则，又要制定分众化策略，根据不同人群的特性对思想理论文本进行再生产和加工，制作"小众化"的"靶向性""微"化文本，"小众传播具有传播内容细化、受众主动性增强、互动性频繁和传受一体化的特点"④，要实现差异化、分众化、精准化的文本制作和信息推送，离不开网络大数据分析和智能化推荐。

　　互联网用户在网上浏览信息时会留下足迹，各种设备会记录用户的行为数

① 中国互联网络信息中心 . 第 51 次《中国互联网络发展状况统计报告》[EB/OL].（2023-3-2）
[2023-4-8].http://www.cnnic.net.cn/n4/2023/0303/c88-10757.html.

② 谢春红，曾令辉 . 网络文化传播与当代中国马克思主义大众化的实现 [J]. 云南行政学院学报，
2010（1）：78-80.

③ 刘康 . "互联网+"时代马克思主义大众化的精准传播策略探析 [J]. 理论月刊，2018（3）：
37-44.

④ 陈力丹，霍仟 . 互联网传播中的长尾理论与小众传播 [J]. 西南民族大学学报（人文社科版），
2013（4）：148-152.

据并将这些数据反馈到机器学习系统进行训练，通过大数据的采集和分析来描绘和勾勒出用户的行为画像和知识图谱，进而将与用户兴趣关联度高的相关新闻和信息推送给用户。这种数据采集和精准化推荐系统在网络媒介中初显锋芒，它"充分运用智能分发算法，将信息传播的内容特征、用户特征与目标特征进行匹配，在某种程度上打破了预设用户观点、回避用户相对观点的'信息茧房'，并且通过用户相关行为识别'标题党'，提出修改标题的意见和建议，使新闻更加平实"①。网络空间中的思想政治教育话语既要保持话语的专业性、学理性和科学性，又要遵循网络空间话语沟通基本理念和原则建构起网络思想政治教育话语体系；既要充分利用大数据采集、分析和研究互联网用户对思想理论文本的兴趣焦点、阅读习惯和心理期望，又要提高话语的吸引力、感染力、公信力，增强智能传播的效率和效力；既要将习近平新时代中国特色社会主义思想制作成符合"小众化"需求的"靶向性"文本，又要防止思想理论文本整体性的不合理切割所造成的内容缺失、结构失衡、文义扭曲、价值虚无等问题的出现。"广泛流行的新媒体话语，解构着传统政治话语和学术话语，影响着以理论化、逻辑化为特征的中国特色社会主义理论体系的传播效果"②。因此，思想政治教育话语要适应网络空间话语言说的原则和规律，通过吸纳、融合和自我革新来建构新的话语体系，推动现实话语向媒介话语、文本话语向大众话语、官方话语向日常话语进行转换，让习近平新时代中国特色社会主义思想的宣传教育"飞入寻常百姓家"，融入社会大众的网络化日常生活，通过精准化的信息"投送"，使其在熟悉的话语语境中体悟理论的魅力及价值。同时，思想政治教育话语要克服信息"碎片化"、话语"阻隔"、意义"断裂"等困境，既要主动革新以适应社会大众的"网络话语"期许，又要维护话语的专业性、学理性和科学性，科学设计和制作精致化、故事化、生活化、网络化的"微"化文本，将习近平新时代中国特色社会主义思想的主要内容、理论精髓和时代价值阐释、转译给社会大众。

互联网的出现打破了国际间、人际间交往的"边界"壁垒，网络空间中的信息传播跨越了"国界"和"私人界限"，实现了话语交流和沟通的自主性、瞬时性，为习近平新时代中国特色社会主义思想的宣传提供了"网络化"契

---

① 曾静平. 智能传播的实践发展与理论体系初构 [J]. 学术前沿，2018（24）：67-73.
② 蒋成贵，李春华. 提升中国特色社会主义理论体系传播效果 [J]. 中国高等教育，2016（Z1）：69-71.

机，习近平总书记在党的十九届四中全会上指出，要"构建网上网下一体、内宣外宣联动的主流舆论格局，建立以内容建设为根本、先进技术为支撑、创新管理为保障的全媒体传播体系"①。网络世界中不仅有主流意识形态思想和话语观念，还充斥着各种社会思潮异质化的言论和观点，侵蚀和解构着主流思想，不同话语争辩的根本目的是话语权的争夺。思想政治教育话语要清晰认知网络空间世界中不同思想观念间的对冲和话语争辩的客观性与严峻性，充斥其中的社会思潮借助于网络的隐匿性、隐蔽性来遮蔽其真实利益诉求，消解、削弱了主流社会意识形态思想和话语的权威地位，通过话语权的争夺来实现其思想和话语的主导地位。"大众传媒在任何时刻都成为判断真与假、现实与虚构、重要与琐细的权威，在形成公众观念上，没有比这更强大的力量；甚至残暴的力量也只有通过创造一种接受残暴者的态度才能获得胜利"②。世界未来走向不仅取决于国家间硬实力的博弈，还要参照不同文化、制度、道路间软实力的对抗，国家间治理理念的阐释和治理能力的展示，是分化认同和凝聚共识的有效手段，网络变革和优化了思想理论文本的宣传理念、策略和实现路径。网络媒体对于社会公众的观念引导和认同塑造具有基础性作用，话语对思想理论的阐释和转译不仅有利于建构国家形象，增强受众的接受和认同，还有利于通过话语争锋来廓清关于理论本质的话语和观念纠缠，澄清理论的世界价值和意义，从而在舆论战中占据主导性。

当今世界，面临经济萎缩和非传统安全的双重威胁，"人类命运共同体"是习近平新时代中国特色社会主义思想中关于国家间相处的一种新型国际关系观，它的核心理念是"和平、发展、合作、共赢"，为世界和人类的未来发展提供了一种不同于霸权主义、强权政治的共处方案。但以美国为首的少数西方国家否定中国在疫情中做出的贡献。他们一方面"甩锅"于中国，将中国塑造成不负责任的、具有严重威胁的"极权国家"，极尽污蔑之能事。另一方面，将疫情问题、科技问题政治化，将政治问题扩大化，以新冷战思维来关照中美关系，违背了最基本的历史常识，掀起一场以信息科技竞争为核心的舆论战：以西方理念、原则、话语来阐释《中华人民共和国香港特别行政区维护国家安

---

① 习近平. 中共中央关于坚持和完善中国特色社会主义制度 推进国家治理体系和治理能力现代化若干重大问题的决定 [N]. 人民日报，2019-11-6（01）.

② 龙小农. 从形象到认同——社会传播与国家认同建构 [M]. 北京：中国传媒大学出版社，2012：199.

全法》的合法性，并制裁香港及其政府官员，严重干涉中国内政；以威胁国家安全、信息安全为由，制裁和打击华为技术有限公司、中兴通讯股份有限公司等高科技公司；以非法收集用户数据、侵犯公民隐私及国家安全为由，借助于行政命令或紧急经济权封禁 Tik Tok（抖音短视频国际版），封杀微信海外业务；在中国周边沿海进行军事侦察、骚扰和挑衅等，在外交策略和话语言论中以"正义者"自居，颠倒是非黑白，将责任全部推卸至中国。以美国为首的少数西方国家以霸权主义、强权政治的冷战思维惯式来审视国家间关系，坚持国家利益至上、本国利益优先的处世原则，借以国家安全、民主、自由、平等等理由来打压他国高科技领域优势、对他国内政指手画脚，既维持了本国政治、经济、军事、文化等领域的优势和利益，又掩盖了其国际社会地位及综合国力的相对滑落以及在抗击疫情、振兴本国经济、科技竞争等方面的失败或不足，进而"伪装"出领导者的强硬态度和强悍作风，诱导、控制、操纵舆论，以满足其国民对西方"绝对优势"的心理渴望和价值需求。

面对以美国为首的西方社会掀起的外交战、舆论战和信息科技战，网络世界中网民的观念和看法不一，对此，思想政治教育话语不仅要阐释清楚习近平新时代中国特色社会主义思想的理论本质和意义精髓，还要厘清充斥于不同话语观点的分类及其本质所指，引导网民用理论来武装头脑，使他们既能分清是非，又能将理论应用于主观世界的建构。在这个过程中，要注意如下几种论点。第一，盲目自信论。这种观点将习近平新时代中国特色社会主义思想进行"绝对化"拔高，视之为一种普世价值论，将复杂的国际形势简单化，认为"人类命运共同体""一带一路"倡议等中国方案是解决世界性难题的唯一选择，将中国作为世界"中心"，惯之以"天朝"视角来审视国家间的交往实践，为"中国威胁论"的话语言论提供了口实之词。第二，过度自卑论。面对西方强势的政治施压、经济制裁和舆论宣传攻势，尤其是对于中美之间经济、军事、科技等实力对比的客观差距，小部分人从心理上倾向于妥协，他们矮化中国、唱衰中国、否定中国的发展成就和"四个自信"，过度解读客观差距，夸大西方理论、制度、道路、文化、社会等优势，倡导遵循西方的"民主、自由、平等"核心理念，虚化社会主义核心价值观，否定国家在外交战、经济战和舆论战中做出的各种科学判断和提出的合理解决方案，其过度自卑的思想和话语言论为"中国崩溃论"提供了"养料"和市场。第三，理性认知论。这种观点比较理性客观，既客观承认了中国与西方发达国家间存在的差距，坚持社会主义初级阶段的科学定位，清晰认知中国的发展中国家地位，又揭露了西方舆论战的本质，认为习近平新时代中国特色社会主义思想的外宣目的不在于宣示理论的唯一性，而是主动向国际社会宣介中国的治理理念和治理方案，对于世界性难题提出融合中国智慧、中国精神、中国风格的"中国方案"以供参照，确证中国道路的合理性与社会主义制度的优越性，"求同存异，赢得共识，共同发展"是中国方案的话语和理念精髓。

思想政治教育话语的网络化既要遵循网络语言言说风格，建构符合网络流行并易被网民接受和认可的话语体系，以实现在话语沟通中引导舆论风向，在话语引导中实现理论认同和价值意义的共享，又要解蔽被西方理论和话语体系遮蔽的事实真相和话语魅力，在话语争锋中要澄清观念认知偏差和话语"失向"，通过"宏观"语境构筑网络世界话语叙事风格和言说原则，在"微观"语境中消融"视界间隔"和"话语壁垒"，以实现言说者、语义文本、语境、沟通、聆听者等要素之间的互动"实践"。

参考文献

【经典文献】

[1] 中共中央马克思恩格斯列宁斯大林著作编译局 . 马克思恩格斯选集 [M]. 北京：人民出版社，1995.

[2] 中共中央马克思恩格斯列宁斯大林著作编译局 . 马克思恩格斯全集（第一卷）[M]. 北京：人民出版社，1995.

[3] 中共中央马克思恩格斯列宁斯大林著作编译局 . 马克思恩格斯全集（第二卷）[M]. 北京：人民出版社，1995.

[4] 中共中央马克思恩格斯列宁斯大林著作编译局 . 马克思恩格斯文集（第一卷）[M]. 北京：人民出版社，2009.

[5] 中共中央马克思恩格斯列宁斯大林著作编译局 . 马克思恩格斯文集（第二卷）[M]. 北京：人民出版社，2009.

[6] 中共中央马克思恩格斯列宁斯大林著作编译局 . 列宁选集 [M]. 北京：人民出版社，2012.

[7] 毛泽东 . 毛泽东选集（第一卷）[M]. 北京：人民出版社，1991.

[8] 邓小平 . 邓小平文选（第三卷）[M]. 北京：人民出版社，1994.

[9] 江泽民 . 江泽民文选 [M]. 北京：人民出版社，2006.

[10] 改革开放以来历届三中全会文件汇编 [M]. 北京：人民出版社，2012.

[11] 习近平 . 习近平谈治国理政 [M]. 北京：外文出版社，2014.

【主要论著】

[1] 张蔚萍，张俊南．思想政治工作概论 [M]．西安：陕西人民出版社，1983.

[2] 邱伟光，张耀灿．思想政治教育学原理 [M]．北京：高等教育出版社，1999.

[3] 陈万柏，张耀灿．思想政治教育学原理 [M]．北京：高等教育出版社，2001.

[4] 王勤．思想政治教育学新论 [M]．杭州：浙江大学出版社，2004.

[5] 祖嘉合．思想政治教育方法教程 [M]．北京：北京大学出版社，2004.

[6] 张耀灿，郑永廷等．现代思想政治教育学 [M]．北京：人民出版社，2006.

[7] 张耀灿．思想政治教育学前沿 [M]．北京：人民出版社，2006.

[8] 李松林．思想政治课教学模式研究 [M]．北京：首都师范大学出版社，2006.

[9] 陈华洲．思想政治教育资源论 [M]．北京：中国社会科学出版社，2007.

[10] 李合亮．思想政治教育探本——关于其源起及本质的研究 [M]．北京：人民出版社，2007.

[11] 陈万柏，张耀灿．思想政治教育学原理（第二版）[M]．北京：高等教育出版社，2007.

[12] 万美容．思想政治教育方法发展研究 [M]．北京：中国社会科学出版社，2007.

[13] 高天明．质效教学研究：教学反思与反思性教学 [M]．兰州：甘肃教育出版社，2007.

[14] 沈壮海．思想政治教育有效性研究（第二版）[M]．武汉：武汉大学出版社，2008.

[15] 邱柏生．高校思想政治教育的生态分析 [M]．上海：上海人民出版社，2009.

[16] 苏振芳．当代国外思想政治教育比较 [M]．北京：社会科学文献出版社，2009.

[17] 郭湛．面向实践的反思 [M]．武汉：武汉大学出版社，2009.

[18] 刘海生．教师幸福论 [M]．长春：吉林大学出版社，2009.

[19] 卢岚．断裂处的光缆：现代思想政治教育生态论 [M]．武汉：湖北人民出版社，2010.

[20] 陈静静．教师实践性知识论：中日比较研究 [M]．上海：华东师范大学出版社，2011.

[21] 熊建生．思想政治教育内容结构论 [M]．北京：中国社会科学出版社，2012.

[22] 金林南．思想政治教育学科范式的哲学沉思 [M]．南京：江苏人民出版社，2013.

[23] 徐启贤．中国共产党思想政治教育史 [M].北京：中国人民大学出版社，2004.

[24] 毕红梅．全球视野中的思想政治教育 [M].北京：中国社会科学出版社，2006.

[25] 洪波．思想政治教育话语范式转换研究 [M].杭州：浙江大学出版社，2012.

[26] 陈月明．使命与主体.《人民日报》社论（1949—2008）的话语呈现 [M].上海：复旦大学出版社，2013.

[27] 田鹏颖，赵美艳．思想政治教育哲学 [M].北京：光明日报出版社，2010.

[28] 李颖．基于哲学解释学视角的思想政治教育接受研究 [M].杭州：浙江大学出版社，2013.

[29] 孙其昂等．思想政治教育现代转型研究 [M].北京：学习出版社，2015.

[30] 闫艳．交往视域中的思想政治教育 [M].北京：人民出版社，2011.

[31] 宫志峰．思与行：当代大学生思想政治教育创新研究 [M].济南：山东人民出版社，2007.

[32] 孙其昂．思想政治教育学前沿研究 [M].北京：人民出版社，2013.

[33] 沈壮海．思想政治教育有效性研究（第三版）[M].武汉：武汉大学出版社，2016.

[34] 沈壮海，王晓霞，王丹．中国大学生思想政治教育发展报告 2017[M].北京：北京师范大学出版社，2017.

[35] 孙其昂．社会学视野中的思想政治工作 [M].北京：中国物价出版社，2002.

[36] 王学俭．思想政治教育理论与实践问题的研究视角 [M].北京：中国人民大学出版社，2017.

[37] 张耀灿．思想政治教育学科建设研究 [M].北京：中国人民大学出版社，2017.

[38] 苏振芳．思想政治教育学 [M].北京：社会科学文献出版社，2006.

[39] 陈秉公．思想政治教育学原理 [M].沈阳：辽宁人民出版社，2006.

[40] 李德芳，李辽宁，杨素稳．中国共产党思想政治教育史料选编 [M].武汉：武汉大学出版社，2009.

[41] 吴琼．思想政治教育话语发展研究 [M].北京：中国社会科学出版社，2017.

[42] 葛红兵．思想政治教育话语体系研究 [M].北京：中国文史出版社，2016.

[43] 邹绍清．当代思想政治教育方法论发展研究 [M].北京：人民出版社，2013.

[44] 李林英，郭丽萍．新媒体环境下高校思想政治教育教学研究 [M].北京：人

民出版社，2015.

[45] 李合亮.解析与建构——当代中国思想政治教育的哲学反思 [M].北京：人民出版社，2010.

[46] 李颖.基于哲学解释学视角的思想政治教育接受研究 [M].杭州：浙江大学出版社，2013.

[47] 何理.思想政治理论课话语体系生成和发展研究 [M].北京：人民出版社，2015.

[48] 袁张帆.思想政治教育语言研究 [M].北京：社会科学文献出版社，2017.

[49] 陈万柏，张耀灿.思想政治教育学原理（第三版）[M].北京：高等教育出版社，2015.

[50] 于漪.教育魅力 [M].上海：华东师范大学出版社，2013.

[51] 孟祥萍.追寻智慧——思想政治课智慧教学探索与实践 [M].上海：复旦大学出版社，2014.

[52] 段鹏.传播学基础：历史、框架及外延（第二版）[M].北京：中国传媒大学出版社，2013.

[53] 孙其昂，黄世虎.思想政治教育学基本原理（第四版）[M].南京：河海大学出版社，2015.

[54] 赵静蓉.文化记忆与身份认同 [M].北京：生活·读书·新知三联书店，2015.

[55] 李红艳.传播学研究方法 [M].北京：中国传媒大学出版社，2008.

[56] 曹卫东.文化间性：记忆与反思 [M].上海：上海人民出版社，2016.

[57] 管延军.个人—文化匹配、群体态度与组织行为 [M].北京：社会科学文献出版社，2013.

[58] 施旭.文化话语研究——探索中国的理论、方法与问题 [M].北京：北京大学出版社，2010.

[59] 金生鈜.教育与正义——教育正义的哲学想象 [M].福州：福建教育出版社，2012.

[60] 李晓东.全球化与文化整合 [M].长沙：湖南人民出版社，2003.

[61] 卢岚兰.媒介消费：阅听人与日常生活 [M].台北：韦伯文化事业出版社，2005.

[62] 卢玉林.当代中国青年文化研究 [M].北京：人民出版社，2009.

[63] 龙小农. 从形象到认同 [M]. 北京：中国传媒大学出版社，2012.

[64] 刘铁芳. 公共生活与公民教育：学校公民教育的哲学探究 [M]. 北京：教育科学出版社，2013.

[65] 李春红. 自由空间与审美话语——社会领域分化中的当代中国审美文化 [M]. 北京：中国社会科学出版社，2014.

[66] 孙学玉. 当代中国民生问题研究 [M]. 北京：人民出版社，2011.

[67] 罗荣渠. 现代化新论 [M]. 北京：商务印书馆，2009.

[68] 郑杭生，杨敏. 社会互构论：世界眼光下的中国特色社会学理论的新探索 [M]. 北京：中国人民大学出版社，2010.

[69] 孙立平. 转型与断裂：改革开放以来中国社会结构的变迁 [M]. 北京：清华大学出版社，2004.

[70] 冯钢. 转型社会及其治理问题 [M]. 北京：社会科学文献出版社，2011.

[71] 俞可平. 中国治理变迁三十年 [M]. 北京：社会科学文献出版社，2008.

[72] 刘祖云. 从传统到现代：当代中国社会转型研究 [M]. 武汉：湖北人民出版社，2000.

[73] 陆学艺. 当代中国社会结构 [M]. 北京：社会科学文献出版社，2010.

[74] 刘少杰. 当代中国意识形态变迁 [M]. 北京：中央编译出版社，2012.

[75] 孟伟. 日常生活的政治逻辑 [M]. 北京：中国社会科学出版社，2007.

[76] 潘知常，林玮. 大众传媒与大众文化 [M]. 上海：上海人民出版社，2002.

[77] 彭立群. 公共领域与宽容 [M]. 北京：社会科学文献出版社，2008.

[78] 邱吉，王易，王伟伟. 轨迹——当代中国青年价值观变迁研究 [M]. 北京：人民出版社，2012.

[79] 师曾志，胡泳. 新媒介赋权及意义互联网的兴起 [M]. 北京：社会科学文献出版社，2014.

[80] 孙东哲. 新媒体与国际传播 [M]. 北京：外文出版社，2014.

[81] 吴学琴. 当代中国日常生活维度的意识形态研究 [M]. 北京：人民出版社，2014.

[82] 吴伯凡. 孤独的狂欢——数字时代的交往 [M]. 北京：中国人民大学出版社，1998.

[83] 赵毅衡. 符号学 [M]. 南京：南京大学出版社，2012.

[84] 宣兆凯. 中国社会价值观现状及演变趋势 [M]. 北京：人民出版社，2011.

[85] 杨韶刚.精神的追求神秘的荣格 [M].哈尔滨：黑龙江人民出版社，2002.

[86] 周晓明.人类交流与传播 [M].上海：上海文艺出版社，1990.

[87] 张凤阳.现代性的谱系 [M].南京：南京大学出版社，2004.

[88] 张品良.网络文化传播：一种后现代的状况 [M].南昌：江西人民出版社，2007.

[89] 费尔克拉夫.话语与社会变迁 [M].殷晓蓉，译.北京：华夏出版社，2003.

[90] 阿尔弗雷德·格罗塞.身份认同的困境 [M].王琨，译.北京：社会科学文献出版社，2010.

[91] 阿尔君·阿帕杜莱.消散的现代性：全球化的文化维度 [M].刘冉，译.上海：上海三联书店，2012.

[92] 弗·兹纳涅茨基.知识人的社会角色 [M].郏斌祥，译.上海：译林出版社，2000.

[93] 安东尼·吉登斯.现代性的后果 [M].田禾，译.上海：译林出版社，2000.

[94] 缪尔·P·亨廷顿.变化社会中的政治秩序 [M].王冠华，刘力，译.北京：生活·读书·新知三联书店，1996.

[95] 卡尔·雅斯贝斯.时代的精神状况 [M].王德峰，译.上海：上海译文出版社，1997.

[96] 查尔斯·霍顿·库利.人类本性与社会秩序 [M].包凡一，王湲，译.北京：华夏出版社，1999.

[97] 大卫·理斯曼.孤独的人群 [M].王崑，译.南京：南京大学出版社，2002.

[98] 道格拉斯·凯尔纳.媒体文化：介于现代与后现代之间的文化研究、认同性与政治 [M].丁宁，译.北京：商务印书馆，2004.

[99] 格雷姆·伯顿.媒体与社会：批判的视角，史安斌译 [M].北京：清华大学出版社，2007.

[100] 依·谢·科恩.自我论 [M].佟景韩，范国恩，许宏治，译.北京：生活·读书·新知三联书店，1986.

[101] 玛格丽特·米德.文化与承诺——一项有关代沟问题的研究 [M].周晓虹，周怡，译.石家庄：河北人民出版社，1987.

[102] 上寺久雄.教师的心灵与风貌 [M].赵天民，赵一奇，额尔敦，译.北京：春秋出版社，1989.

[103] N·恩特威斯特.学与教的风格——兼作教育心理学综合评述 [M].于禾，

译.北京：春秋出版社，1989.

[104] 卡尔·雅斯贝尔斯.什么是教育 [M].邹进，译.北京：生活·读书·新知三联书店，1991.

[105] 阿列克斯·英克尔斯，戴维·H.史密斯.从传统人到现代人——六个发展中国家中的个人变化 [M].顾昕，译.北京：中国人民大学出版社，1992.

[106] 瞿葆奎.教育学文集：国际教育展望 [M].北京：人民教育出版社，1993.

[107] 佐藤正夫.教学论原理 [M].钟启泉，译.北京：人民教育出版社，1996.

[108] 布迪厄，华康德.实践与反思——反思社会学导引 [M].李猛，李康，译.北京：中央编译出版社，1998.

[109] 海德格尔.存在与时间 [M].陈嘉映，王庆节，译.北京：生活·读书·新知三联书店，2000.

[110] 巴班斯基.教学教育过程最优化 [M].吴文侃，译.北京：教育科学出版社，2001.

[111] 米歇尔·福柯.词与物——人文科学考古学 [M].莫伟民，译.上海：上海三联书店，2002.

[112] 怀特海.教育的目的 [M].徐汝舟，译.北京：生活·读书·新知三联书店，2002.

[113] 爱弥尔·涂尔干.教育思想的演进 [M].李康，译.上海：上海人民出版社，2006.

[114] 肖恩·加拉格尔.解释学与教育 [M].张光陆，译.上海：华东师范大学出版社，2009.

[115] 詹姆斯·库兰.大众媒介与社会，[M].杨击，译.北京：华夏出版社，2006.

[116] 罗洛·梅.人寻找自己 [M].冯川，陈刚，译.贵阳：贵州人民出版社，1991.

[117] 利萨·泰勒，安德鲁·威利斯.媒介研究：文本、机构与受众 [M].吴靖，译.北京：北京大学出版社，2005.

[118] 罗洛·梅.心理学与人类困境 [M].郭本禹，方红，译.北京：中国人民大学出版社，2010.

[119] 马丁·布伯.我与你 [M].陈维纲，译.北京：生活·读书·新知三联书店，1986.

[120] 马尔库塞 . 单向度的人 [M]. 刘继，译 . 上海：上海译文出版社，2006.

[121] 尼尔·波兹曼 . 娱乐至死 [M]. 章艳，译 . 桂林：广西师范大学出版社，2004.

[122] 詹姆斯·保罗·吉 . 话语分析导论：理论与方法 [M]. 杨炳钧，译 . 重庆：重庆大学出版社，2011.

[123] 乔纳森·波特，玛格丽特·韦斯雷尔 . 话语和社会心理学——超越态度与行为 [M]. 肖文明，吴新利，译 . 北京：中国人民大学出版社，2006.

[124] 于尔根·哈贝马斯 . 现代性的哲学话语 [M]. 曹卫东，译 . 南京：译林出版社，2004.

后　记

　　思想政治教育学科是一门综合性的实践性学科。话语理论本身就是一个相对复杂的理论，思想政治教育话语转型不仅是其话语本身的转型，更是深处于思想政治教育学科在社会结构调整范围内的学科话语与社会和人的发展等相融合的话语契合性发展。思想政治教育话语转型是社会结构转型背景下的必然趋势，处于政治、经济、文化、社会及生态的发展过程中。政治、经济、文化、社会及生态的发展为思想政治教育话语转型奠定了一定的基础条件，同时是思想政治教育话语转型的社会环境或语境。思想政治教育话语每一次转型的历史时期的划分，就是从已经过去的、成为历史事实的、具有历史合理性的话语转型阶段之中，重新识别或再次确认出历史的当下性、现实性，以便为正存在着的现实话语提供经验和范例，为尚处在隐藏状态的未来话语做好充分的准备。在此过程中，总体的社会与具体的话语使用者、微观的话语运用心态、隐藏着的对话关系也被相应地形塑着。由此，对于思想政治教育话语历史变迁及其过程性转型的确认，就是将其话语变化趋势的特殊性与社会、历史、文化变化的一般性相结合，这是进一步探索其话语转型这一复杂过程的必要前提。

　　从党确定思想政治教育作为"生命线"的地位以来，其话语就已积累了丰富的话语经验，创造了结构化、层次化、对象化的话语体系，形成了党的话语传统以及中国特色社会主义的话语内核。在此过程中，思想政治教育话语经历了数次的转型，每一次的话语转型都留下了深刻的印记，并将这些经验提升至理论维度，有助于人们运用话语认知科学社会主义发展史、党史、革命史、建国史、改革开放史，描绘中国特色社会主义的发展现实，澄清中国发展过程中的事实。思想政治教育话语不仅要表达出人类共同面对的世代问题，如精神污染、心灵危机、道德关怀、社会秩序等，更需要将中国社会的历史与现实描述出来，将当下中国人的政治、社会以及精神生活鲜明地反映出来以及将中国对世界的意义揭示出来。思想政治教育话语应坚持马克思主义理论，紧密结合我国社会发展实际，深入挖掘思想政治教育学科发展过程中的理论脉络，针对不同受众探究多样、有效的话语传播方式和方法，在借鉴其他学科理论基础上立足思想政治教育学科话语发展本身，在体现思想政治教育交叉学科属性的同时，注重国际学术前沿、门类齐全的哲学社会科学理论话语和实践话语研究，从而促进思想政治教育话语的科学化、现代化发展。

思想政治教育是做人的思想工作的，是对人精神世界进行建构的一门学科。思想政治教育话语一定是启迪人心灵、给人以温暖的话语；一定是立足社会现实，又指向未来的话语；一定是掷地有声的话语，是响彻大地和震撼心灵的话语。但在现实生活中，思想政治教育话语依然面临"话语失语""话语阻隔""话语疲劳""话语断裂"等话语困境。目前，思想政治教育话语主要以文献研究为主，实证研究有待加强，现代思想政治教育话语创新成果也亟待加强等。在撰写这本专著的过程中，本着立足思想政治教育话语的现实困境的原则，试图通过探索为思想政治教育话语解困，但由于自身能力有限，依然囿于困境之中，希望在以后的学习和研究中能为此解惑。

本书得到了国家社会科学基金青年项目"思想政治教育话语转型研究"（15CKS033）和安徽工程大学马克思主义学院一流学科建设的资助，感谢课题组成员欧彦伶（第三章思想政治教育话语转型的历史考察）和孙艳秋（第六章思想政治教育话语转型的风格）的支持，感谢安徽工程大学马克思主义学院领导和同事的关心和照顾，感谢我的家人一直以来给予我无私的爱和默默的支持！

孙丽芳

2023 年 2 月 8 日于芜湖